ERP
정보관리사

회계 2급

Always **with you**

사람이 길에서 우연하게 만나거나 함께 살아가는 것만이 인연은 아니라고 생각합니다.
책을 펴내는 출판사와 그 책을 읽는 독자의 만남도 소중한 인연입니다.
(주)시대고시기획은 항상 독자의 마음을 헤아리기 위해 노력하고 있습니다.
늘 독자와 함께 하겠습니다.

머리글

현재의 기업들은 내·외부적인 환경의 급격한 변화를 겪고 있다. 이로 인해 기업들은 변화에 신속히 대응해야 하고, 효율적인 경영을 위해 신속한 의사결정을 해야 하는 문제에 당면하게 되었다. 이를 위한 수단으로 기술적인 방법과 인터넷 환경을 이용하는 방법을 도입하게 되었고, 전사적자원관리(ERP ; Enterprise Resource Planning)가 그 대표적인 역할을 하게 되었다.

ERP란 경영혁신과 관련한 업무흐름재설계(BPR)의 목적과 함께 선진 업무프로세스(Best Practice)를 도입하여 기업의 전반적인 업무(인사, 회계, 자재, 생산, 물류 등) 프로세스를 하나의 체계로 통합 및 재구축함으로써 관련 정보를 서로 공유하게 하여 신속한 의사결정을 할 수 있도록 해주었다. 그러나 실제적으로 전반적인 ERP 체계를 이해하고 운용할 수 있는 인적자원이 너무나도 부족한 상태이다.

그래서 현재 특성화 고등학교, 전문대학, 대학교 등에서도 취업센터 등에서 주관하여 ERP시험을 취득하도록 하고 있으며, 학점을 부여하는 등의 정책으로 점점 확대시키고 있다. 또한 ERP를 사용하고 있는 일반 기업체에서도 ERP 자격증을 요구하고 있는 추세이다.

이러한 이유로 본 교재는 ERP 체계를 이해하고 운용할 수 있는 실질적인 인적자원을 양성하고자 함을 목적으로 집필되었으며, 국가직무능력표준(NCS ; National Competency Standards)의 능력단위, 능력단위요소, 수행준거 및 평가요소에 맞추었기에 해당되는 교육기관에서 넓게 활용될 수 있도록 하였다.

해당 교재의 장점은 다음과 같다.

첫째 이론부분은 단원별로 평가문제를 수록하고, 실무부분은 유형별 실습예제를 통해 접근 경로뿐만 아니라 캡처화면까지 제공하여 더욱 이해가 쉽도록 하였다.

둘째 이론부분을 검정과목별 출제내용에 맞게, 그리고 NCS 기준에 부합하도록 구성함으로써 별도의 전공서적이나 참고서적을 볼 필요가 없도록 충실히 내용을 담았다.

셋째 실무부분은 더존 i-CUBE 프로그램을 입력하는 것으로 교재를 집필하여 실무에도 바로 프로그램을 사용할 수 있도록 실용적으로 구성하였다. 또한 시험에 나오는 출제유형을 함께 실어 놓았기에 실무 입력을 통한 프로그램 운영능력과 더불어 시험유형까지도 즉각적으로 알 수 있도록 하였다.

마지막으로 본 교재를 집필하기 위해 도움을 주시고 고단함을 감내해 주신 (주)시대고시기획의 모든 관계자분들과 사랑하는 가족들에게 감사의 마음을 전하며, 본 교재가 수험생 여러분들에게 합격의 영광을 가져다주는 희망이 되기를 바란다.

저자 *최민주*

ERP 정보관리사 자격시험안내

■ **응시자격** : 제한 없음

■ **시험과목**

자격종목	과 목	등 급	응시교시	시험시간
ERP 정보관리사	회 계	1급	1교시	이론 40분 실무 40분
		2급		
	생 산	1급		
		2급		
	인 사	1급	2교시	
		2급		
	물 류	1급		
		2급		

➜ 시험방식 : CBT(Computer Based Testing) 방식, IBT(Internet Based Testing) 방식

➜ 실무능력평가 솔루션은 더존다스의 핵심ERP와 영림원의 SystemEver 중 선택

➜ 같은 교시의 응시과목은 동시신청 불가(예 : 회계, 생산모듈은 동시 응시 불가)

■ **합격 결정기준**

구 분	합격점수	문항수
1급	평균 70점 이상 (이론형, 실무형 각 60점 미만 시 과락)	이론문제 32문항(인사모듈은 33문항), 실무문제 25문항 (이론문제는 해당 과목의 개론 수준 출제)
2급	평균 60점 이상 (이론형, 실무형 각 40점 미만 시 과락)	이론문제 20문항, 실무문제 20문항 (이론문제는 해당 과목의 원론 수준 출제)

■ **2021년 시험일정**

회 차	원서접수		시험일	성적발표일
	인터넷	방 문		
1회	2020.12.23. ~ 2020.12.30.	2020.12.30.	01.23.	02.09. ~ 02.16.
2회	2021.02.24. ~ 2021.03.03.	2021.03.03.	03.27.	04.13. ~ 04.20.
3회	2021.04.21. ~ 2021.04.28.	2021.04.28.	05.22.	06.08. ~ 06.15.
4회	2021.06.23. ~ 2021.06.30.	2021.06.30.	07.24.	08.10. ~ 08.17.
5회	2021.08.25. ~ 2021.09.01.	2021.09.01.	09.25.	10.12. ~ 10.19.
6회	2021.10.27. ~ 2021.11.03.	2021.11.03.	11.27.	12.14. ~ 12.21.

※ 상기 시험일정은 시행처의 사정에 따라 변동될 수 있사오니 한국생산성본부 자격시험 사이트(https://license.kpc.or.kr)로 접속하여 확인하여 주십시오.

구성과 특징

STEP 1
기출 핵심이론을 도표로 쉽게 정리

STEP 2
단원평가문제로 이해도 체크

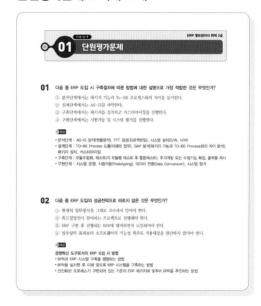

STEP 3
프로그램화면을 통한 정확한 설명

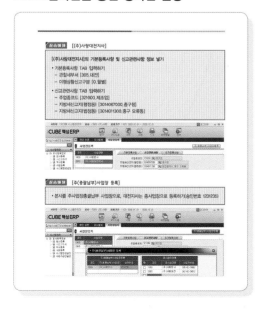

STEP 4
온라인카페를 통한 기출 무료특강

출제경향 및 학습전략

▥ ERP 정보관리사 이론 및 실무 범위에 대한 출제경향 및 학습전략

기업 업무 프로세스에 대한 각 모듈별 기본적인 이론에 대해 이해하고 있는지, 그리고 실제적으로 ERP 시스템을 운용할 수 있는지에 대한 실무능력을 평가한다.

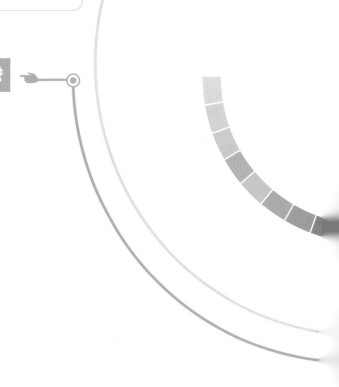

이론 범위 출제경향

이론의 범위는 1급은 개론수준에서 2급은 원론수준의 문제를 출제하여 실제로 해당기업에서 업무를 할 때 필요한 기본적인 사항들을 이해하고 있는지 평가하는 수준에서 이론문제가 출제되고 있다.

◉ **학습전략** : 개론과 원론수준의 문제를 출제하므로 기본적인 용어에 대한 이해 위주로 공부한다.

실무 범위 출제경향

ERP는 기업에서 실제적으로 ERP 시스템을 운용하여 업무를 바로 수행할 수 있는 정도의 수준을 요하는 실무 운용능력 평가시험이기 때문에 프로그램에 대한 이해와 빠른 구동 능력이 필요하다.

2018년도 5월 시험을 기점으로 실무이론 유형의 문제가 전면 폐지되고, 100% 시뮬레이션 문제만 출제되기 때문에 실무부분에 대한 중요도가 더욱 높아지고 있다고 볼 수 있다.

◉ **학습전략** : 실무부분 파트에 있는 실습예제를 꼼꼼히 입력해보고 연습하여, 해당 메뉴에 대해 이해하고 숙지하는 노력이 필요하다.

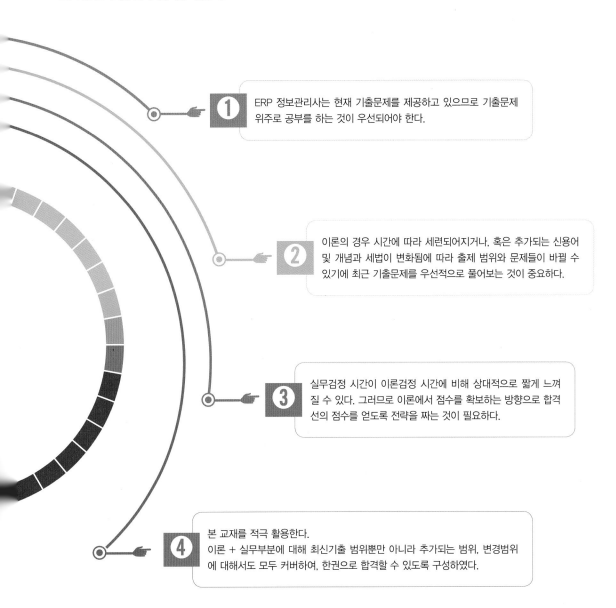

▥ 저자가 알려주는 합격전략

1 ERP 정보관리사는 현재 기출문제를 제공하고 있으므로 기출문제 위주로 공부를 하는 것이 우선되어야 한다.

2 이론의 경우 시간에 따라 세련되어지거나, 혹은 추가되는 신용어 및 개념과 세법이 변화됨에 따라 출제 범위와 문제들이 바뀔 수 있기에 최근 기출문제를 우선적으로 풀어보는 것이 중요하다.

3 실무검정 시간이 이론검정 시간에 비해 상대적으로 짧게 느껴 질 수 있다. 그러므로 이론에서 점수를 확보하는 방향으로 합격 선의 점수를 얻도록 전략을 짜는 것이 필요하다.

4 본 교재를 적극 활용한다. 이론 + 실무부분에 대해 최신기출 범위뿐만 아니라 추가되는 범위, 변경범위 에 대해서도 모두 커버하여, 한권으로 합격할 수 있도록 구성하였다.

CONTENTS

제1편

경영혁신과 ERP

ERP
회계 2급

제1장 ERP의 개념 및 특징

1 ERP의 정의 및 역할

1 ERP의 정의(Enterprise Resource Planning)

ERP란 기업의 자원을 전사적으로 통합하여 관리할 수 있는 시스템을 의미하는 것으로 전사적 자원관리라고 불린다. 이러한 시스템이 도입된 이유는 고객과 기술의 다양화 등 변화가 심해짐에 따라 기업체들이 기술의 혁신을 통한 경영혁신이 절실해졌기 때문이다.

이를 통해 기업은 생산, 판매, 자재, 인사, 회계 등의 전반적인 기업의 업무프로세스가 하나의 체계로 통합 및 재구축되고, 실시간 정보를 상호간 공유할 수 있게 됨에 따라 의사결정에 필요한 자료를 얻어 신속하게 업무수행이 가능해지게 되었다. 즉, 데이터의 통합으로 인해 업무가 단순화되고 표준화되어 신속한 업무처리가 가능해짐에 따라 의사결정이 용이해지고, 그 의사결정이 업무에 즉각적으로 반영되어 외부 변화에 신속하게 대응이 가능하게 됨으로써 기업의 경쟁력이 강화되는 효과를 얻을 수 있다.

2 ERP 시스템의 도입목적 및 역할

(1) ERP 시스템의 도입목적

ERP 시스템 도입의 궁극적인 목적은 고객만족과 이윤극대화에 있다.

(2) ERP 시스템의 역할

① 선진 업무프로세스의 도입 가능(Best Practice) : ERP 패키지는 최신정보기술을 가지고 있고 선진 기업에서 이미 선행된 선진 업무프로세스가 기본적으로 내장이 되어 있기 때문에 패키지 도입만으로도 업무처리 능률이 좋아질 수 있다.

② 업무프로세스 재설계(BPR ; Business Process Reengineering) : BPR은 기업의 업무프로세스를 혁신적으로 다시 계획하고 설계함으로 인해 수익을 극대화하는 것을 의미한다. 비용, 품질, 서비스, 속도 등 핵심적 성과측정치의 극적인 개선이 필요하게 되었고, 이를 정보기술을 통해 경영혁신을 이루고자 하였다. 그런 의미에서 ERP는 기업의 리엔지니어링 기법(Reengineering)이라고 할 수 있다.

③ 인터넷 비즈니스 구현(e-Business) : 인터넷이나 디지털 기술 등을 기반으로 기업의 전반적인 업무수행을 하게 되는 것을 의미한다.

④ **원장형 통합데이터베이스를 통한 기업내부의 정보 인프라 구축** : ERP 시스템에서는 데이터를 어느 한 시스템에서 입력하게 되면 그 입력정보는 어느 업무에서도 참조할 수 있도록 데이터베이스에 보관되어지기 때문에 별도의 정보처리가 필요 없는 통합운영이 가능한 시스템이다. 이를 통해 기업 내부의 정보가 축적되게 된다.

⑤ **기업의 경쟁력 강화** : ERP 시스템을 통해 신속한 업무처리 및 의사결정이 가능하게 되어 궁극적으로 기업의 경쟁력 우위를 확보할 수 있다.

⑥ **그룹웨어(Groupware)와 연동 가능** : 기업 내 부서 간 서로 협력이 가능하도록 전자결제, 전자우편 등의 기능이 있는 시스템을 그룹웨어라고 하는데, 이는 ERP 시스템과의 연동을 통해 더욱 효과적으로 수행될 수 있다.

2 ERP의 특징 및 발전과정

1 ERP의 특징

(1) 기능적 특징

① 다국적, 다통화, 다언어 지원
② 중복업무의 배제 및 실시간 정보처리 체계 구축
③ 표준을 지향하는 선진프로세스 수용(Best Practice)
④ 비즈니스 프로세스 모델에 의한 리엔지니어링(BPR 지원)
⑤ 파라미터 지정에 의한 프로세스 정의
⑥ 경영정보 제공 및 경영조기경보체계 구축
⑦ 투명경영의 수단으로 활용
⑧ 오픈, 멀티벤더(Open, Multi-vender) 시스템

(2) 기술적 특징

① 4세대 언어(4GL)
② CASE TOOL 사용
③ 관계형 데이터베이스(RDBMS) 채택
④ 객체지향기술 사용
⑤ 인터넷 환경의 e-비즈니스를 수용할 수 있는 Multi-tier 환경 구성

2 ERP의 발전과정

시대에 따라 MRP → MRP Ⅱ → ERP → 확장형 ERP의 단계로 발전되었다.

시 대	1970년대	1980년대	1990년대	2000년대
구 분	MRP (자재소요량계획)	MRP Ⅱ (생산자원계획)	ERP (전사적 자원관리)	확장형 ERP
주요기능	• 자재수급관리 • 재고의 최소화	• 제조자원관리 • 원가절감	• 전사적 자원관리 • 경영혁신, BPR	• 기업 간 최적화 • Win-Win 전략 • e-Business

 알아두기

MIS(경영정보시스템)
효율적인 의사결정을 위해 경영 내부와 외부의 관련 정보를 필요에 따라 수집·전달하여 처리하고 저장하여 이용할 수 있도록 구성한 시스템

ERP(전사적 자원관리)와 MIS(경영정보시스템)의 비교

구 분	ERP(전사적 자원관리)	MIS(경영정보시스템)
시스템 구조	개방형 및 유연성	폐쇄성
업무처리	수평적 업무처리	수직적 업무처리
의사결정방식	Top-Down	Bottom-Up
업무 가치기준	외부(고객) 중심	내부통제(상하관계) 중심
소비자 의식	다양화 및 개성화	획일화
업무처리형태	전체 최적화	부서 최적화

알아두기

클라우드 ERP의 특징 및 효과
• ERP 구축 시 드는 비용과 유지보수 비용 절감
• 안정적 데이터 관리와 뛰어난 보안성
• IT자원관리의 효율화와 관리비용의 절감
• 원격근무 환경 구현을 통한 스마트워크 환경 정착

❸ BPR과의 연계에 따른 경영혁신 도구로서의 ERP의 의미

(1) BPR(Business Process Reengineering)의 의미

BPR은 미국의 마이클 해머 박사에 의해 처음으로 개념화되었으며 업무흐름재설계라고 한다. 경영혁신의 일환으로써 기업의 업무프로세스를 혁신적으로 다시 계획하고 재설계함으로 인해 수익을 극대화하는 것을 의미한다. 이를 위해서 비용, 품질, 서비스, 속도 등 핵심적 성과측정치의 극적인 개선이 필요하게 되었고, 단순한 개선이 아닌 정보처리기술을 유기적으로 결합시켜 경영혁신을 이루고자 하였다. 즉, ERP는 BPR과의 연계에 따른 경영혁신의 도구로써 중요한 역할을 하게 되었다.

(2) BPR의 필요성

① 내·외부적 경영환경의 변화에 대응

② 점차 글로벌화되고 복잡해지는 조직의 증대에 따른 경영의 효율성 저하에 대처

③ 정보기술을 통해 새로운 기회를 모색

(3) 경영혁신 도구로서의 ERP 도입 시 방법

① BPR과 ERP 시스템 구축을 병행하는 방법

② BPR을 실시한 후 이에 맞도록 ERP 시스템을 구축하는 방법

③ 선진화된 프로세스가 구현되어 있는 기존의 ERP 패키지에 맞추어 BPR을 추진하는 방법

3 ERP 시스템 도입

❶ ERP 시스템 도입 시 유의점과 예상효과

(1) ERP 시스템 도입 시 선택기준

① 자사에 맞는 패키지 선정

② TFT(Task Force Team)는 최고 엘리트 사원으로 구성

③ 경영진의 확고한 의지

④ 현업 중심의 프로젝트 진행

⑤ 경험 있고 유능한 컨설턴트 활용

⑥ 구축방법론에 의해 체계적으로 프로젝트 진행

⑦ 커스터마이징의 최소화

⑧ 전사적인 참여를 유도

⑨ 가시적 성과를 거둘 수 있는 부분에 집중

⑩ 변화관리기법 도입

⑪ 지속적인 교육 및 워크숍 필요

⑫ 자료의 정확성을 위해 철저한 관리 필요

(2) ERP 시스템 도입 시 예상효과

① 통합업무시스템 구축

② 재고 물류비용 감소(재고 감소, 장부재고와 실물재고의 일치)

③ 고객서비스의 개선

④ 수익성 개선

⑤ 생산성 향상 및 매출증대

⑥ 비즈니스 프로세스 혁신

⑦ 생산계획의 소요기간 단축

⑧ 리드타임(LT ; Lead Time) 감소

⑨ 결산작업의 단축

⑩ 원가절감(부품 및 자재조달비용의 감소)

⑪ 투명한 경영

⑫ 표준화, 단순화, 코드화

⑬ 사이클타임(Cycle Time) 단축

⑭ 최신 정보기술 도입

용어정리

- **커스터마이징(Customizing)**
  생산업체나 수공업자들이 고객의 요구에 따라 제품을 만들어주는 일종의 맞춤제작 서비스를 말하는 것으로 '주문 제작하다'라는 뜻의 Customize에서 유래한 말이다. 최근에는 IT산업의 발전으로 개발된 솔루션이나 기타 서비스를 소비자의 요구에 따라 원하는 형태로 재구성·재설계하여 판매하는 것으로 그 의미가 확장되었고, 또한 타사의 솔루션을 가져와 자사의 제품에 결합하여 서비스하는 것 역시 커스터마이징이라고 한다.

- **리드타임(LT ; Lead Time)**
  일반적으로 시작부터 완성까지의 소요시간을 의미한다. 특히 제품에 대한 생산 시작부터 완성까지 걸리는 시간을 생산 LT라 하며, 유통용어로는 구매할 품목을 발주한 시점부터 실제로 배달될 때까지 걸리는 시간을 주문 LT라 한다.

- **사이클타임(Cycle Time)**

  어떤 상황이 발생한 후 똑같은 상황이 다음에 다시 발생할 때까지의 시간적 간격을 의미한다. 어떤 제품을 한번 생산한 후 동일 제품을 두 번째 생산할 때까지의 주기를 생산주기라 하며, 어떤 업무가 수행되고 같은 업무가 다시 수행될 때까지 소요되는 시간을 업무주기라 한다.

  예 제품납기주기, 제품개발주기, 서비스주기, 고장주기 등

2 ERP의 성공·실패요인 및 성공전략 십계명

(1) ERP의 성공요인

① 경영자의 계속적인 관심과 기업 전원이 참여하는 분위기 조성

② 풍부한 경험과 지식을 겸비한 인력으로 구성

③ 우수한 ERP 패키지를 선정

④ 지속적인 교육과 훈련을 실시

⑤ IT부서 중심 또는 업무단위별로 프로젝트를 진행하지 않음

⑥ 커스터마이징의 최소화

(2) ERP의 실패요인

① **기능부족** : H/W, S/W 관련 지원기능의 부족

② **자질부족** : 프로젝트 참여인력의 자질 부족

③ **사용자 능력부족** : 사용자가 ERP 시스템의 기능을 제대로 사용하지 못하는 경우

④ **기업의 관심부족** : 시스템 사용에 소극적인 경우

(3) ERP 도입 시 성공전략 십계명

① 현재의 업무방식을 그대로 고수하지 말라.

② IT중심으로 프로젝트를 추진하지 말라.

③ 사전준비를 철저히 하라.

④ 업무상의 효과보다 소프트웨어의 기능적 위주로 적용대상을 판단하지 말라.

⑤ 프로젝트팀은 현업 중심의 멤버로 구성하고, 관리자와 팀 구성원의 자질과 의지를 충분히 키워라.

⑥ 단기간의 효과 위주로 구현하지 말라.

⑦ 기존업무에 대한 고정 관념에서 ERP를 보지 말라.

⑧ 최고경영진을 프로젝트에서 배제하지 말라.

⑨ 업무단위별로의 추진은 실패의 지름길이다.

⑩ BPR을 통한 완전한 기업업무 프로세스 표준화가 선행 또는 동시에 진행되어야 한다.

제2장 ERP 시스템 구축

1 ERP 시스템의 구축 절차 및 내용

분석(Analysis)	설계(Design)	구축(Construction)	구현(Implementation)

• AS-IS 분석(현황분석)
• TFT 결성(프로젝트팀)
• 현재 시스템의 문제파악
• 주요 성공요인 도출
• 목표와 범위설정
• 경영전략 및 비전도출
• 현업요구분석
• 세부 추진일정 계획수립
• 시스템 설치(S/W, H/W)
• 교 육
	• TO-BE Process 도출
	  (미래의 업무)
	• GAP 분석(패키지 기능과
	  TO-BE Process와 차이
	  분석)
	• 패키지 설치
	• 패키지 파라미터 설정
	• 추가개발 및 수정·보완
	  문제 논의
	• 인터페이스 문제 논의
	• 사용자요구 대상 선정
	• 커스터마이징
	• 교 육
		• 모듈조합화
		  (Configuration : TO-BE
		  Process에 맞게 모듈을
		  조합)
		• 테스트(각 모듈별 테스트
		  후 통합테스트)
		• 추가개발 또는 수정 기능
		  확정
		• 인터페이스 프로그램 연계
		  및 테스트
		• 출력물 제시
		• 교 육
			• 시스템운영(실제 데이터
			  입력 후 테스트)
			• 시험가동(Prototyping)
			• 데이터 전환
			  (Data Conversion)
			• 시스템 평가
			• 유지보수
			• 향후 일정수립
			• 교 육

제3장 확장형 ERP

1 확장형 ERP의 필요성 및 포함되어야 할 내용

1 확장형 ERP의 필요성

(1) 확장형 ERP의 도입 이유

경영환경의 변화로 인해 기업 외부의 프로세스와의 통합이 필요하게 됨에 따라 기존 ERP의 고유기능에 고객관계관리(CRM), 지식경영시스템(KMS), 공급망관리시스템(SCM) 등의 내용들을 추가하여 기업의 전체적인 업무 시스템을 더욱 포괄적으로 지원하고 기업경영에 효율성을 더해주게 되었다.

(2) 확장형 ERP의 특징

외부 프로세스를 웹 환경을 이용해 지원할 수 있으며, 해당 상거래에 적합한 프로세스로 통합을 시킬 수 있다. 또한 기업의 고유 운영범위에서 확장하여 e-비즈니스에 대비할 수 있는 기능을 지원할 수 있다. 이를 통해 더욱 향상된 의사결정이 가능하게 되었다.

2 확장형 ERP에 포함되어야 할 내용

(1) 고유기능의 추가

(2) 경영혁신 지원

(3) 선진정보화 지원기술 추가

(4) 산업유형 지원 확대

(5) 전문화 확대 적용

2 확장형 ERP의 구성요소

1 e-비즈니스 지원시스템

(1) 지식경영시스템(KMS)

기업 내 모든 사원들이 축적한 지식들을 모아 경영지표로 활용

(2) 고객관계관리시스템(CRM)

고객의 관련된 자료를 DB화하고 분석하여 전략적으로 활용

(3) 공급망관리시스템(SCM)

원재료에서 생산, 유통되기까지의 모든 공급망 단계를 최적화

(4) 의사결정지원시스템(DSS)

의사결정에 필요한 데이터와 모델을 제공

(5) 경영자정보시스템(EIS)

최고경영자의 의사결정 지원을 위한 정보시스템

(6) 전자상거래시스템(EC)

인터넷을 통한 상거래 기능 수행

예 인터넷 쇼핑몰 등

2 SEM 시스템(전략적기업경영)

(1) 성과측정관리(BSC)

조직의 비전과 전략목표 실현을 위해 재무, 고객, 내부프로세스, 학습과 성과의 4가지 관점에서 성과지표를 도출하여 성과를 관리하는 시스템

(2) 부가가치경영(VBM)

의사결정기준을 회계상의 수치적인 지표에만 두지 않고 기업의 이익요소를 부가가치 측면까지 고려하여 의사결정을 하고 관리하는 방법

(3) 전략계획수립 및 시뮬레이션(SFS)

계획을 수립하고 그에 따라 시뮬레이션하는 방법

(4) 활동기준경영(ABM)

제품생산 활동을 기준으로 상품별, 기관별, 부문별 목표 및 실적을 측정하여 성과차이와 원가차이를 분석하는 원가관리시스템

3 클라우드 컴퓨팅(Cloud Computing)

1 클라우드 컴퓨팅의 정의

(1) 클라우드 컴퓨팅(Cloud Computing)이란 인터넷 기술을 활용하여 가상화된 IT자원을 서비스로 제공하는 컴퓨팅 기술을 말한다.

(2) 클라우드 컴퓨팅은 사용자가 클라우드 컴퓨팅 네트워크에 접속하여 응용프로그램, 운영체제, 저 장장치, 유틸리티 등 사용자가 필요로 하는 IT자원을 원하는 시점에 필요한 만큼만 골라서 사용 하고 사용량에 기반하여 대가를 지불하는 형태를 취한다.

2 클라우드 컴퓨팅의 장단점

(1) 클라우드 컴퓨팅의 장점

① 사용자가 하드웨어(HW)나 소프트웨어(SW)를 직접 디바이스에 설치할 필요가 없이 자신의 필요에 따라 언제든지 컴퓨팅 자원을 사용할 수 있다.

② 모든 데이터와 소프트웨어가 클라우드 컴퓨팅 내부에 집중되고 이기종 장비 간의 상호연동이 유연 하기 때문에 손쉽게 다른 장비로 데이터와 소프트웨어를 이동할 수 있어 장비관리업무와 PC 및 서버자원 등에 들어가는 시간과 비용을 줄일 수 있다.

③ 사용자는 서버 및 SW를 클라우드 컴퓨팅 네트워크에 접속하여 제공받을 수 있으므로 서버 및 SW 를 구입해서 설치할 필요가 없어 사용자의 IT 투자비용이 줄어든다.

(2) 클라우드 컴퓨팅의 단점

① 서버공격 및 서버손상으로 인한 개인정보가 유출 및 유실될 수 있다.

② 모든 애플리케이션을 보관할 수 없으므로 사용자가 필요로 하는 애플리케이션을 지원 받지 못하거 나 또는 애플리케이션을 설치하는 데 제약이 있을 수 있다.

❸ 클라우드 컴퓨팅에서 제공하는 서비스

(1) SaaS(Software as a Service)

클라우드 컴퓨팅 서비스 사업자가 클라우드 컴퓨팅 서버에 소프트웨어를 제공하고, 사용자가 원격으로 접속해서 해당 소프트웨어를 활용하는 모델이다.

(2) PaaS(Platform as a Service)

사용자가 소프트웨어를 개발할 수 있는 토대를 제공해주는 서비스모델이다.
예 웹프로그램, 제작툴, 개발도구지원, 과금모듈, 사용자관리모듈 등

(3) IaaS(Infrastructure as a Service)

서버인프라를 서비스로 제공하는 것으로 클라우드를 통하여 저장장치(storage) 또는 컴퓨팅 능력(compute)을 인터넷을 통한 서비스 형태로 제공하는 서비스모델이다.

❹ 클라우드 ERP의 특징

(1) 클라우드의 가장 기본적인 서비스인 SaaS, PaaS, IaaS를 통해 ERP 서비스를 제공받는다.

(2) 4차 산업혁명 시대에 경쟁력을 갖추기 위해서는 기업들이 지능형 기업으로 전환해야 하며, 클라우드 ERP의 이용을 통해 지능형 기업을 운영할 수 있게 된다.

(3) 클라우드 도입을 통해 ERP 진입장벽을 획기적으로 낮출 수 있다.

(4) 클라우드를 통해 제공되는 ERP는 전문 컨설턴트의 도움 없이도 설치 및 운영이 가능하다는 장점이 있다.

(5) 클라우드 ERP는 디지털 지원, 인공지능(AI) 및 기계학습(machine learning), 예측분석 등과 같은 지능형 기술을 사용하여 미래에 대비한 즉각적인 가치를 제공할 수 있다.

4 차세대 ERP

1 차세대 ERP의 인공지능(AI), 빅데이터(BigData), 사물인터넷(IoT) 기술적용

(1) 향후 ERP는 4차 산업혁명의 핵심기술인 인공지능(Artificial Intelligence, AI), 빅데이디(Big Data), 사물인터넷(Internet of Things, IoT), 블록체인(Blockchain) 등의 신기술과 융합하여 보다 지능화된 기업경영이 가능한 통합시스템으로 발전되게 된다.

(2) 차세대 ERP에서는 생산관리시스템(MES), 전사자원관리(ERP), 제품수명주기관리시스템(PLM) 등을 통해 각 생산과정을 체계화하고 관련 데이터를 한곳으로 모음으로써 빅데이터 분석이 가능해진다. 이러한 인공지능 기반의 빅데이터 분석을 통해 생산과정의 최적화와 예측분석이 이루어지게 됨으로써 과학적이고 합리적인 의사결정지원이 가능해진다.

(3) 제조업에서는 빅데이터 처리 및 분석기술을 기반으로 생산자동화를 구현하고 ERP와 연계하여 생산계획의 선제적 예측과 실시간 의사결정이 가능해진다.

(4) ERP에서 생성되고 축적된 빅데이터를 활용하여 기업의 새로운 업무개척이 가능해지고, 비즈니스 간 융합을 지원하는 시스템으로 확대가 가능해진다.

(5) 차세대 ERP는 인공지능 및 빅데이터 분석기술과의 융합으로 전략경영 등의 분석도구를 추가하게 되어 상위계층의 의사결정을 지원할 수 있는 스마트(smart) 시스템으로 발전하게 된다.

2 차세대 ERP의 비즈니스 애널리틱스(Business Analytics)

(1) ERP 시스템 내의 빅데이터 분석을 위한 비즈니스 애널리틱스(Business Analytics)가 차세대 ERP 시스템의 핵심요소가 된다.

(2) 비즈니스 애널리틱스(Business Analytics)는 의사결정을 위한 데이터 및 정량분석과 광범위한 데이터 이용을 의미한다.

(3) 비즈니스 애널리틱스에서는 조직 내 기존 데이터를 기초로 최적 또는 현실적 의사결정을 위한 모델링을 이용하도록 지원해준다.

(4) 비즈니스 애널리틱스는 질의 및 보고와 같은 기본적인 분석기술과 예측모델링과 같은 수학적으로 정교한 수준의 분석을 지원할 수 있다.

(5) 비즈니스 애널리틱스는 과거 데이터 분석뿐만 아니라 이러한 분석을 통한 새로운 통찰력 제안과 미래사업을 위한 시나리오를 제공한다.

(6) 비즈니스 애널리틱스는 구조화된 데이터(structured data)와 비구조화된 데이터(unstructured data)를 동시에 이용한다.

① 구조화된 데이터는 파일이나 레코드 내에 저장된 데이터로 스프레드시트와 관계형 데이터베이스(RDBMS)를 포함하고 있다.

② 비구조화된 데이터는 전자메일, 문서, 소셜미디어 포스트, 오디오 파일, 비디오 영상, 센서데이터 등을 의미한다.

(7) 비즈니스 애널리틱스는 미래예측을 지원해주는 데이터 패턴분석과 예측모델을 위한 데이터마이닝(Data Mining) 등과 같은 고차원 분석기능을 포함하고 있다.

(8) 비즈니스 애널리틱스는 리포트, 쿼리, 알림, 대시보드, 스코어카드뿐만 아니라 데이터마이닝 등의 예측모델링과 같은 진보된 형태의 분석기능도 제공한다.

01 다음 중 ERP 도입 시 구축절차에 따른 방법에 대한 설명으로 가장 적합한 것은 무엇인가?

① 분석단계에서는 패키지 기능과 To-BE 프로세스와의 차이를 분석한다.
② 설계단계에서는 AS-IS를 파악한다.
③ 구축단계에서는 패키지를 설치하고 커스터마이징을 진행한다.
④ 구현단계에서는 시험가동 및 시스템 평가를 진행한다.

해설

- 분석단계 : AS-IS 분석(현황분석), TFT 결성(프로젝트팀), 시스템 설치(S/W, H/W)
- 설계단계 : TO-BE Process 도출(미래의 업무), GAP 분석(패키지 기능과 TO-BE Process와의 차이 분석), 패키지 설치, 커스터마이징
- 구축단계 : 모듈조합화, 테스트(각 모듈별 테스트 후 통합테스트), 추가개발 또는 수정기능 확정, 출력물 제시
- 구현단계 : 시스템 운영, 시험가동(Prototyping), 데이터 전환(Data Conversion), 시스템 평가

02 다음 중 ERP 도입의 성공전략으로 바르지 않은 것은 무엇인가?

① 현재의 업무방식을 그대로 고수하지 말아야 한다.
② 최고경영진이 참여하는 프로젝트로 진행해야 한다.
③ ERP 구현 후 진행되는 BPR에 대비하면서 도입하여야 한다.
④ 업무상의 효과보다 소프트웨어의 기능성 위주로 적용대상을 판단하지 말아야 한다.

해설

경영혁신 도구로서의 ERP 도입 시 방법
- BPR과 ERP 시스템 구축을 병행하는 방법
- BPR을 실시한 후 이에 맞도록 ERP 시스템을 구축하는 방법
- 선진화된 프로세스가 구현되어 있는 기존의 ERP 패키지에 맞추어 BPR을 추진하는 방법

03 다음 중 클라우드 ERP의 특징 혹은 효과에 대하여 설명한 것이라 볼 수 없는 것은 무엇인가?

① 안정적이고 효율적인 데이터 관리
② IT자원관리의 효율화와 관리비용의 절감
③ 원격근무 환경 구현을 통한 스마트워크 환경 정착
④ 폐쇄적인 정보접근성을 통한 데이터 분석기능

해설

클라우드 ERP의 특징 및 효과
• ERP 구축 시 드는 비용과 유지보수 비용 절감
• 안정적 데이터 관리와 뛰어난 보안성
• IT자원관리의 효율화와 관리비용의 절감
• 원격근무 환경 구현을 통한 스마트워크 환경 정착

04 다음 중 ERP의 기능적 특징으로 적절하지 않은 것은?

① 선진 프로세스의 내장   ② 기업의 투명경영 수단으로 활용
③ 객체지향기술의 사용   ④ 실시간 정보처리 체계 구축

해설

기술적 특징
4세대 언어(4GL), CASE TOOL 사용, 관계형 데이터베이스(RDBMS) 채택, 객체지향기술 사용, 인터넷 환경의
e-비즈니스를 수용할 수 있는 Multi-tier 환경 구성

05 원가, 품질, 서비스, 속도와 같은 주요 성과측정치의 극적인 개선을 위해 업무프로세스를 급진적으로
재설계하는 것으로 정의할 수 있는 것은 무엇인가?

① BSC(Balanced Score Card)
② BPR(Business Process Reengineering)
③ CALS(Commerce At Light Speed)
④ EIS(Executive Information System)

06 ERP에 대한 설명으로 적절하지 않은 것은?

① 프로세스 중심의 업무처리방식을 갖는다.
② 개방성, 확장성, 유연성이 특징이다.
③ 의사결정방식은 Bottom-Up 방식이다.
④ 경영혁신 수단으로 사용된다.

■해설

MIS(경영정보시스템)가 Bottom-Up 방식이며, ERP는 Top-Down 방식이다.

07 다음은 조직의 효율성을 제고하기 위해 업무흐름뿐만 아니라 전체 조직을 재구축하려는 혁신전략기법들이다. 이 중 주로 정보기술을 통해 기업경영의 핵심과 과정을 전면 개편함으로써 경영성과를 향상시키려는 경영기법으로 매우 신속하고 극단적인, 그리고 전면적인 혁신을 강조하는 이 기법은 무엇인가?

① 지식경영   ② 벤치마킹
③ 리스트럭처링   ④ 리엔지니어링

08 다음 중 'Best Practice' 도입을 목적으로 ERP 패키지를 도입하여 시스템을 구축하고자 할 경우 가장 바람직하지 않은 방법은 무엇인가?

① BPR과 ERP 시스템 구축을 병행하는 방법
② ERP 패키지에 맞추어 BPR을 추진하는 방법
③ 기존 업무처리에 따라 ERP 패키지를 수정하는 방법
④ BPR을 실시한 후에 이에 맞도록 ERP 시스템을 구축하는 방법

■해설

경영혁신 도구로서의 ERP 도입 시 방법
• BPR과 ERP 시스템 구축을 병행하는 방법
• BPR을 실시한 후 이에 맞도록 ERP 시스템을 구축하는 방법
• 선진화된 프로세스가 구현되어 있는 기존의 ERP 패키지에 맞추어 BPR을 추진하는 방법

09 다음 중 ERP 구축절차의 구축단계에 해당되지 않는 것은 무엇인가?

① 모듈조합화
② 출력물 제시
③ 패키지 설치
④ 추가개발 또는 수정기능 확정

해설

- 분석단계 : AS-IS 분석(현황분석), TFT 결성(프로젝트팀), 시스템 설치(S/W, H/W)
- 설계단계 : TO-BE Process 도출(미래의 업무), GAP 분석(패키지 기능과 TO-BE Process와의 차이 분석), 패키지 설치, 커스터마이징
- 구축단계 : 모듈조합화, 테스트(각 모듈별 테스트 후 통합테스트), 추가개발 또는 수정기능 확정, 출력물 제시
- 구현단계 : 시스템 운영, 시험가동(Prototyping), 데이터 전환(Data Conversion), 시스템 평가

10 다음 중 ERP 도입의 예상효과로 가장 적절하지 않은 것은 무엇인가?

① 투명한 경영
② 결산작업의 단축
③ 사이클 타임(Cycle Time) 감소
④ 개별업무시스템의 효율적 운영

해설

ERP 시스템 도입 시 예상효과
- 통합업무시스템 구축
- 재고 물류비용 감소(재고 감소, 장부재고와 실물재고의 일치)
- 고객서비스의 개선
- 수익성 개선
- 생산성 향상 및 매출증대
- 비즈니스 프로세스 혁신
- 생산계획의 소요기간 단축
- 리드타임(LT ; Lead Time) 감소
- 결산작업의 단축
- 원가절감(부품 및 자재조달비용의 감소)
- 투명한 경영
- 표준화, 단순화, 코드화
- 사이클 타임(Cycle Time) 단축
- 최신 정보기술 도입

11 다음 중 성공적인 ERP 구축의 지침으로 가장 적합하지 않은 것은 무엇인가?

① 현재의 업무방식만을 고수해서는 안 된다.
② IT 중심으로만 프로젝트를 추진해서는 안 된다.
③ 기업업무 프로세스별로 추진해서는 안 된다.
④ 기존업무에 대한 고정관념에서 ERP 시스템을 보면 안 된다.

■해설

기업업무 프로세스별이 아닌 업무단위별로의 추진은 실패의 지름길이다.

12 ERP의 의미에 대한 다음 설명 중 기업의 경영활동과 연계하여 볼 때 가장 적절하지 않은 설명은?

① 산업별 Best Practice를 내재화 하여 업무 프로세스 혁신을 지원할 수 있다.
② 기업 경영활동에 대한 시스템을 통합적으로 구축함으로써 생산성을 극대화 시킨다.
③ 기업 내의 모든 인적, 물적 자원을 효율적으로 관리하여 기업의 경쟁력을 강화시켜주는 역할을 한다.
④ ERP는 패키지화되어 있어서 신기술을 도입하여 적용시키는 것은 어렵다.

■해설

ERP 패키지 시스템이 선진화된 업무프로세스를 내재하고 있어 업무프로세스의 혁신을 가져올 뿐만 아니라, 오픈-멀티벤더가 가능하기 때문에 신기술 도입을 통한 시스템 확장이나 변경이 용이하다.

13 다음 중 ERP 구축순서로 맞는 것은 무엇인가?

① 설계 - 분석 - 구현 - 구축
② 설계 - 분석 - 구축 - 구현
③ 분석 - 설계 - 구축 - 구현
④ 분석 - 설계 - 구현 - 구축

14 다음 중 ERP에 대한 설명으로 가장 옳지 않은 것은 무엇인가?

① 기업 내부의 정보인프라 구축이다.
② BPR을 위해서 도입하는 것은 적절치 않다.
③ ERP는 '전사적 자원관리시스템'이라고 불린다.
④ 회사의 업무프로세스가 하나로 통합된 시스템이다.

■해설

BPR은 내·외부적 경영환경의 변화에 대응하기 위해서, 그리고 점차 글로벌화 되고 복잡해지는 조직의 증대에 따른 경영의 효율성 저하에 대처하기 위해서, 또한 정보 기술을 통해 새로운 기회를 모색하기 위해 필요하다. 즉, ERP는 BPR과의 연계에 따른 경영혁신의 도구로서 중요한 역할을 한다.

15 다음 중 ERP의 특징으로 가장 바르지 않은 설명은 무엇인가?

① 통합업무시스템으로 중복업무에 들어가는 불필요한 요소를 줄일 수 있다.
② 원장형 통합데이터베이스를 통하여 자동적으로 가공된 데이터가 저장된다.
③ 각종 업무에서 발생하는 데이터를 하나의 데이터베이스로 저장하여 정보공유에 용이하다.
④ 다양한 운영체제하에서도 운영이 가능하고 시스템을 확장하거나 다른 시스템과의 연계도 가능하다.

■해설

ERP 시스템에서는 데이터를 어느 한 시스템에서 입력하게 되면 그 입력정보는 어느 업무에서도 참조할 수 있도록 데이터베이스에 보관되어지기 때문에 별도의 정보처리가 필요 없는 통합운영이 가능한 시스템이다. 이를 통해 기업 내부의 정보가 축적된다.

16 다음 중 ERP 도입의 성공요인이라고 볼 수 없는 것은 무엇인가?

① 사전준비를 철저히 한다.
② 현재의 업무방식을 그대로 고수한다.
③ 단기간의 효과위주로 구현하지 않는다.
④ 최고 경영진을 프로젝트에서 배제하지 않는다.

■해설

현재의 업무방식을 그대로 고수하면 안 된다.

17 다음 중 클라우드 ERP와 관련된 설명으로 가장 적절하지 않은 것은 무엇인가?

① 클라우드를 통해 ERP 도입에 관한 진입장벽을 높일 수 있다.
② IaaS 및 PaaS 활용한 ERP를 하이브리드 클라우드 ERP라고 한다.
③ 서비스형 소프트웨어 형태의 클라우드로 ERP을 제공하는 것을 SaaS ERP라고 한다.
④ 클라우드 ERP는 고객의 요구에 따라 필요한 기능을 선택·적용한 맞춤형 구성이 가능하다.

해설

ERP 도입에 관한 진입장벽이 낮아진다.

18 다음 중 클라우드 서비스 기반 ERP와 관련된 설명으로 가장 적절하지 않은 것은?

① ERP 구축에 필요한 IT인프라 자원을 클라우드 서비스로 빌려쓰는 형태를 IaaS라고 한다.
② ERP 소프트웨어 개발을 위한 플랫폼을 클라우드 서비스로 제공받는 것을 PaaS라고 한다.
③ PaaS에는 데이터베이스 클라우드 서비스와 스토리지 클라우드 서비스가 있다.
④ 기업의 핵심 애플리케이션인 ERP, CRM 솔루션 등의 소프트웨어를 클라우드 서비스를 통해 제공받는 것을 SaaS라고 한다.

해설

데이터베이스 클라우드 서비스와 스토리지 클라우드 서비스는 IaaS에 속한다.

19 클라우드 서비스 사업자가 클라우드 컴퓨팅 서버에 ERP소프트웨어를 제공하고, 사용자가 원격으로 접속해 ERP 소프트웨어를 활용하는 서비스를 무엇이라 하는가?

① IaaS(Infrastructure as a Service)
② PaaS(Platform as a Service)
③ SaaS(Software as a Service)
④ DaaS(Desktop as a Service)

해설

SaaS(Software as a Service) : 클라우드 컴퓨팅 서비스 사업자가 클라우드 컴퓨팅 서버에 소프트웨어를 제공하고, 사용자가 원격으로 접속해 해당 소프트웨어를 활용하는 모델이다.

20 다음 중 차세대 ERP의 인공지능(AI), 빅데이터(BigData), 사물인터넷(IoT) 기술의 적용에 관한 설명으로 가장 적절하지 않은 것은 무엇인가?

① 현재 ERP는 기업 내 각 영역의 업무프로세스를 지원하고, 단위별 업무처리의 강화를 추구하는 시스템으로 발전하고 있다.

② 제조업에서는 빅데이터 분석기술을 기반으로 생산자동화를 구현하고 ERP와 연계하여 생산계획의 선제적 예측과 실시간 의사결정이 가능하다.

③ 차세대 ERP는 인공지능 및 빅데이터 분석기술과의 융합으로 상위계층의 의사결정을 지원할 수 있는 지능형시스템으로 발전하고 있다.

④ ERP에서 생성되고 축적된 빅데이터를 활용하여 기업의 새로운 업무개척이 가능해지고, 비즈니스 간 융합을 지원하는 시스템으로 확대가 가능하다.

해설

통합적인 업무처리의 강화를 추구한다.

21 다음 중 ERP 아웃소싱(Outsourcing)의 장점으로 가장 적절하지 않은 것은 무엇인가?

① ERP 아웃소싱을 통해 기업이 가지고 있지 못한 지식을 획득할 수 있다.

② ERP 개발과 구축, 운영, 유지보수에 필요한 인적 자원을 절약할 수 있다.

③ IT아웃소싱 업체에 종속성(의존성)이 생길 수 있다.

④ ERP 자체개발에서 발생할 수 있는 기술력 부족의 위험요소를 제거할 수 있다.

해설

아웃소싱을 통해 효율적으로 업무의 분담화를 하는 것뿐 종속성과는 무관하다.

22 다음 중 차세대 ERP의 비즈니스 애널리틱스(Business Analytics)에 관한 설명으로 가장 적절하지 않은 것은 무엇인가?

① 비즈니스 애널리틱스는 구조화된 데이터(structured data)만을 활용한다.
② ERP 시스템 내의 방대한 데이터 분석을 위한 비즈니스 애널리틱스가 ERP의 핵심요소가 되었다.
③ 비즈니스 애널리틱스는 질의 및 보고와 같은 기본적 분석기술과 예측모델링과 같은 수학적으로 정교한 수준의 분석을 지원한다.
④ 비즈니스 애널리틱스는 리포트, 쿼리, 대시보드, 스코어카드뿐만 아니라 예측모델링과 같은 진보된 형태의 분석기능도 제공한다.

🟦해설
비즈니스 애널리틱스는 구조화된 데이터(structured data)와 비구조화된 데이터(unstructured data)를 동시에 이용한다.

23 다음 [보기]의 괄호 안에 들어갈 용어로 가장 적절한 것은 무엇인가?

─ 보 기 ─
ERP 시스템 내의 데이터 분석 솔루션인 (   )은(는) 구조화된 데이터(structured data)와 비구조화된 데이터(unstructured data)를 동시에 이용하여 과거 데이터에 대한 분석뿐만 아니라 이를 통한 새로운 통찰력 제안과 미래사업을 위한 시나리오를 제공한다.

① 리포트(Report)
② SQL(Structured Query Language)
③ 비즈니스 애널리틱스(Business Analytics)
④ 대시보드(Dashboard)와 스코어카드(Scorecard)

🟦해설
비즈니스 애널리틱스에 대한 내용이다.

24 ERP 시스템의 프로세스, 화면, 필드, 그리고 보고서 등 거의 모든 부분을 기업의 요구사항에 맞춰 구현하는 방법을 무엇이라 하는가?

① 정규화(Normalization)
② 트랜잭션(Transaction)
③ 컨피규레이션(Configuration)
④ 커스터마이제이션(Customization)

해설

컨피규레이션(Configuration)은 사용자가 원하는 작업방식으로 소프트웨어를 구성하는 것으로 파라미터 (parameters)를 선택하는 과정이다.

25 다음 중 ERP의 장점 및 효과에 대한 설명으로 가장 적절하지 않은 것은 무엇인가?

① ERP는 다양한 산업에 대한 최적의 업무관행인 베스트 프랙틱스(Best Practices)를 담고 있다.
② ERP 시스템 구축 후 업무재설계(BPR)를 수행하여 ERP 도입의 구축성과를 극대화할 수 있다.
③ ERP는 모든 기업의 업무프로세스를 개별 부서원들이 분산처리하면서도 동시에 중앙에서 개별기능 들을 통합적으로 관리할 수 있다.
④ 차세대 ERP는 인공지능 및 빅데이터 분석기술과의 융합으로 선제적 예측과 실시간 의사결정지원이 가능하다.

해설

일반적으로 ERP 시스템이 구축되기 전에 업무재설계를 수행해야 ERP 구축성과가 극대화될 수 있다.

26 다음 중 ERP 시스템 구축의 장점으로 볼 수 없는 것은?

① ERP 시스템은 비즈니스 프로세스의 표준화를 지원한다.
② ERP 시스템의 유지보수비용은 ERP 시스템 구축 초기보다 증가할 것이다.
③ ERP 시스템은 이용자들이 업무처리를 하면서 발생할 수 있는 오류를 예방한다.
④ ERP 구현으로 재고비용 및 생산비용의 절감효과를 통한 효율성을 확보할 수 있다.

해설

구축 초기에 비용이 많이 발생하므로 유지보수비용은 점차 감소하게 된다.

27 다음 중 ERP 구축 전에 수행되는 단계적으로 시간의 흐름에 따라 비즈니스 프로세스를 개선해가는 점증적 방법론은 무엇인가?

① BPI(Business Process Improvement)
② BPR(Business Process Re-Engineering)
③ ERD(Entity Relationship Diagram)
④ MRP(Material Requirement Program)

해설

BPR은 급진적으로 비즈니스 프로세스를 개선하는 방식인데 반해 BPI는 점증적으로 비즈니스 프로세스를 개선하는 방식이다.

28 다음 중 ERP와 CRM 간의 관계에 대한 설명으로 가장 적절하지 않은 것은 무엇인가?

① ERP와 CRM 간의 통합으로 비즈니스 프로세스의 투명성과 효율성을 확보할 수 있다.
② ERP 시스템은 비즈니스 프로세스를 지원하는 백오피스 시스템(Back-Office System)이다.
③ CRM 시스템은 기업의 고객대응활동을 지원하는 프런트오피스 시스템(Front-Office System)이다.
④ CRM 시스템은 조직 내의 인적자원들이 축적하고 있는 개별적인 지식을 체계화하고 공유하기 위한 정보시스템으로 ERP 시스템의 비즈니스 프로세스를 지원한다.

해설

조직 내의 인적자원들이 축적하고 있는 개별적인 지식을 체계화하고 공유하기 위한 정보시스템은 지식관리시스템(Knowledge Management System)이다.

29 다음 중 확장된 ERP 시스템의 SCM 모듈을 실행함으로써 얻는 장점으로 가장 적절하지 않은 것은 무엇인가?

① 공급사슬에서의 가시성 확보로 공급 및 수요변화에 대한 신속한 대응이 가능하다.
② 정보투명성을 통해 재고수준 감소 및 재고회전율(inventory turnover) 증가를 달성할 수 있다.
③ 공급사슬에서의 계획(plan), 조달(source), 제조(make) 및 배송(deliver) 활동 등 통합프로세스를 지원한다.
④ 마케팅(marketing), 판매(sales) 및 고객서비스(customer service)를 자동화함으로써 현재 및 미래 고객들과 상호작용할 수 있다.

■해설

확장된 ERP 환경에서 CRM 시스템은 마케팅(marketing), 판매(sales) 및 고객서비스(customer service)를 자동화한다.

30 다음 [보기]의 괄호 안에 들어갈 용어로 맞는 것은 무엇인가?

─ 보 기 ─
확장된 ERP 시스템 내의 (   )모듈은 공급자부터 소비자까지 이어지는 물류, 자재, 제품, 서비스, 정보의 흐름 전반에 걸쳐 계획하고 관리함으로써 수요와 공급의 일치를 최적으로 운영하고 관리하는 활동이다.

① ERP(Enterprise Resource Planning)
② SCM(Supply Chain Management)
③ CRM(Customer Relationship Management)
④ KMS(Knowledge Management System)

■해설

확장형 ERP 중 공급망관리인 SCM에 대한 내용이다.

제2편

핵심이론

제1장 재무회계의 이해

ERP
회계 2급

제1장 재무회계의 이해

1 재무회계의 기초개념

1 회계의 정의

회계란 기업이 경영을 하는 과정에서 발생한 유용한 경제적 정보를 식별하고 측정하여 그 결과를 기업의 이해관계자에게 전달해주는 일련의 과정을 의미한다.

(1) 부 기

기업실체의 경제적 사건 또는 회계상의 거래를 단순히 장부에 기록하는 과정이다.

(2) 복식부기제도

일정한 원리원칙에 따라 자산·부채·자본의 증가, 감소와 수익·비용의 발생, 소멸을 기록하는 것을 말하며, 모든 기록을 대차로 이중 기록하는 방법이다(거래의 이중성, 대차평균의 원리, 자기검증의 기능).

2 회계의 목적과 분류

(1) 회계의 목적

① 미래 현금흐름 예측을 위한 유용한 정보제공의 목적

② 기업 내 자원의 효율적 관리와 운용에 관한 정보제공의 목적

③ 투자 및 신용의사결정에 유용한 정보제공의 목적

④ 경영자의 수탁책임 평가에 유용한 정보제공의 목적

(2) 회계의 분류

회계정보이용자들의 목적에 따라 세 가지로 분류할 수 있다.

구 분	재무회계	관리회계	세무회계
정보이용자	외부정보이용자 (주주, 채권자, 거래처 등)	경영자 내부정보이용자	국세청, 세무서 등의 정부기관
목 적	경제적 의사결정에 유용한 정보제공	관리적 의사결정에 유용한 정보제공	과세표준 및 세액 산출 등의 신고목적

보고양식	재무제표	일정한 양식 없음	법인세신고서 소득금액조정합계표
특 징	과거지향적, 화폐적	미래지향적, 비화폐적	과거지향적

❸ 회계의 공준(기본가정)

회계업무를 수행하는 과정에서 당연히 전제하고 있는 회계상의 가정을 의미하며, 다음의 세 가지로 나누어 볼 수 있다.

(1) 기업실체의 가정

기업 그 자체가 소유주와는 별개인 독립적인 하나의 존재라고 간주하는 것으로 이로 인해 회계기록이나 보고서는 기업실체의 회계기록이 되는 것을 말한다.

(2) 계속기업의 가정

기업은 영속적으로 존재한다고 가정하고 있으며 이로 인해 기업의 자산을 취득원가, 즉 역사적 원가로 평가하게 되고, 감가상각 등의 회계처리방식이 필요하게 된다.

(3) 회계기간의 가정

기업의 존속기간을 일정기간 단위로 분할하여 회계보고서를 작성해야 하는 것을 의미한다.

예 제10기 2020.01.01부터 2020.12.31까지(회계기간 : 1월 1일 ~ 12월 31일)

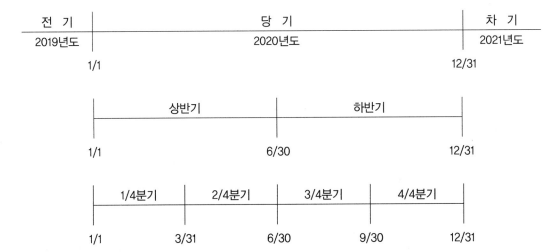

4 회계정보(재무제표)의 질적특성

회계정보가 유용성을 갖기 위해 지녀야 할 속성을 의미한다. 질적특성으로는 신뢰성과 목적적합성 두 가지가 있으며 상충관계가 발생하게 되므로 균형이 필요하다.

[재무제표의 질적특성]

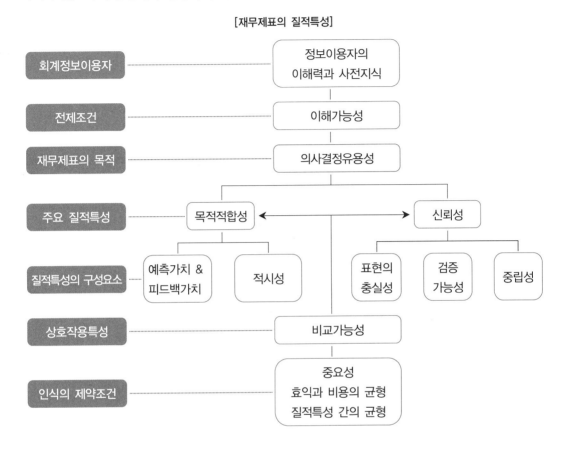

(1) 이해가능성

정보이용자들의 이해가 쉽도록 재무제표가 작성되어야 함을 의미한다.

(2) 목적적합성

정보이용자들의 의사결정에 영향을 주는 정보가 되기 위해서는 정보이용자들의 목적에 부합되도록 해야 하며 다음과 같은 속성을 지닌다.

① **예측가치** : 정보이용자가 기업 미래의 재무상태, 경영성과, 순현금흐름을 예측할 수 있도록 해야 한다.

② **피드백가치** : 제공되는 회계 관련 정보가 정보이용자의 당초의 예측치(기대치)를 확인 또는 수정할 수 있도록 제공되어야 한다.

③ **적시성** : 정보이용자의 의사결정 시점에 필요한 정보를 필요한 시기에 제공해야 한다.

(3) 신뢰성

정보이용자들에게 유용한 정보가 되기 위해서는 그 정보가 신뢰할만해야 한다.

① **표현의 충실성** : 회계상의 측정치가 그 정보를 믿을 수 있도록 표현되어야 한다.

② **중립성** : 특정 정보이용자들에게 편중된 정보가 아닌 진실한 정보가 되어야 한다.

③ **검증가능성** : 다수의 정보의 측정치가 다른 측정자에 의해 동일한 방법으로 측정되어도 동일한 결과가 나와야 한다.

> **The 알아두기**
>
> 질적특성 간의 상충관계(목적적합성 vs 신뢰성)
>
> | 구 분 | 목적적합성 | 신뢰성 |
> |---|---|---|
> | 자산의 평가방법 | 공정가액법(시가법) | 원가법 |
> | 수익의 인식방법 | 진행기준 | 완성기준 |
> | 손익의 인식방법 | 발생주의 | 현금주의 |
> | 정보의 보고시점 | 중간보고서(분기, 반기 등) | 연차보고서 |

(4) 비교가능성

기간별 또는 기업 간 비교가 가능해야 한다.

(5) 비용효익의 균형(경제성)

회계정보를 제공하기 위해 소요되는 비용보다 특정정보에서 얻는 효익이 더 커야 한다.

(6) 중요성

재무제표에 왜곡되거나 누락될 경우 의사결정에 영향을 미치는 중요성이 큰 정보에 대해서는 엄격한 회계원칙의 적용을 받아 정확하고 명확하게 기재되어야 한다.

(7) 발생기준

모든 수익과 비용이 실질적으로 발생된 시점을 기준으로 정당하게 배분되도록 처리되어야 하며, 이로 인해 이연의 개념이 나오게 된다.

(8) 보수주의

어떤 거래나 사건에 대해 두 가지 이상의 대체적인 회계처리 방법이 있는 경우에는 재무적 기초를 견고히 하는 관점에서 이익을 낮게 보고한다.

보수주의에 의한 회계처리 사례
- 저가주의에 의한 재고자산의 평가
- 자본적 지출로 처리하는 대신 수익적 지출로 처리함
- 우발이익은 인식하지 않으나 우발손실은 인식함
- 물가상승 시에는 재고자산 평가방법을 후입선출법으로 적용함
- 자산 취득 시 초기 감가상각방법을 정액법 대신에 정률법을 적용함
- 사채할인발행차금상각을 유효이자율법 대신에 정액법으로 상각함
- 재고자산평가손실 측정 시 총계기준 대신에 종목별 기준을 적용함
- 진행기준 대신에 완성기준에 의한 장기간 공사의 수익을 인식함
- 판매기준 대신에 회수기일 도래기준에 의한 장기할부판매로 처리함

(9) 재무제표의 인식

재무제표의 인식이란 특정한 거래나 사건의 경제적 결과를 자산, 부채, 자본, 수익, 비용으로 재무제표에 표시하는 것을 의미하며, 특정항목이 인식되면 그 명칭과 측정값이 재무제표에 표시된다.

① **역사적 원가의 원칙** : 모든 자산과 부채는 그것의 취득 또는 발생시점의 취득원가로 평가한다는 원칙이다.

② **수익인식의 원칙** : 수익은 경제적 효익이 유입됨으로써 자산이 증가하거나 부채가 감소하며, 그 금액을 신뢰성 있게 측정할 수 있을 때 인식을 한다는 원칙을 의미한다.

　㉠ 실현요건(측정요건) : 수익의 발생과정에서 수취 또는 보유한 자산이 일정액의 현금 또는 현금청구권으로 즉시 전환될 수 있음을 의미한다.

　㉡ 가득요건(발생요건) : 기업의 수익창출활동은 재화의 생산 또는 인도, 용역 제공 등으로 나타내며, 수익창출에 따른 경제적 효과를 이용할 수 있다고 주장하기에 충분한 정도의 활동을 수행했을 때 가득과정이 완료되었다고 본다.

③ **수익·비용 대응의 원칙** : 일정한 기간 동안 인식된 수익과 수익을 획득하기 위해 발생한 비용을 확정하여 이를 서로 대응시킴으로써 당기순이익을 산출하여 보고한다는 원칙이다.

④ **완전공시의 원칙** : 정보이용자의 의사결정에 영향을 줄 수 있는 모든 경제적인 정보는 모두 공시되어야 한다는 원칙이다.

(10) 재무제표의 측정

재무제표의 측정이란 재무제표의 기본요소에 대해 화폐금액을 결정하는 것을 의미한다.

구 분	내 용
취득원가 (역사적 원가)	자산 취득 시 그 대가로 지급한 현금, 현금성자산 또는 그 외 지급수단의 공정가치로 기록하는 것을 의미한다.
공정가액 (현행원가)	현재의 시점에서 취득하거나 매각되는 자산을 현재 유·출입되는 현금이나 현금성자산의 금액으로 평가하는 것을 말한다.
실현가능가치 (이행가치)	기업의 정상적인 경영활동에서 미래의 당해 자산이 처분됨에 따라 발생할 현금 또는 현금성자산으로 예상금액에서 처분에 따라 소요될 비용을 차감한 금액을 의미한다.
기업특유가치 (현재가치)	자산이 창출될 것으로 예상되는 미래의 순현금 유입액을 현재가치로 평가하는 것을 말하며, 사용가치라고도 한다.

2 재무제표

■ 재무제표의 의의 및 종류

(1) 재무제표의 의의

재무제표는 기업의 외부정보이용자에게 재무정보를 제공하는 중요한 수단으로 재무상태표, 손익계산서, 자본변동표, 현금흐름표, 주석으로 구성된다.

(2) 재무제표의 종류

① **재무상태표** : 기업의 특정시점의 재무상태를 나타낸다.

② **손익계산서** : 기업의 특정기간 동안의 경영성과를 나타낸다.

③ **자본변동표** : 자본의 크기와 그 변동에 관한 정보를 제공하는 재무보고서로 자본금, 이익잉여금, 결손금 등의 변동에 대한 정보가 포함된다.

④ **현금흐름표** : 기업의 현금흐름을 나타내며, 해당 회계기간 동안의 현금 유입과 현금 유출 내용이 표시된다.

⑤ **주석** : 재무제표의 보고상의 한계를 보완하고자 사용되는 방법으로 추가적인 정보를 제공하며, 기타부속 명세서로는 제조원가명세서, 이익잉여금 처분계산서, 결손금처리계산서 등이 있다.

2 재무상태표

기업의 재무상태를 명확히 보고하기 위해 특정시점의 모든 자산·부채·자본을 표시하는 정태적 보고서를 말하며, 구성요소는 자산·부채·자본 세 가지로 구성된다.

(1) 재무상태표의 작성기준

구 분	내 용
구분표시	자산, 부채, 자본 항목을 구분하여 표시함을 의미한다. • 자산 : 유동자산, 비유동자산 • 부채 : 유동부채, 비유동부채 • 자본 : 자본금, 자본잉여금, 자본조정, 기타포괄손익누계액, 이익잉여금
총액표시	• 자산, 부채, 자본은 총액에 의해 기재함을 원칙으로 하고 각 항목 간을 상계함으로써 그 일부 또는 전부를 제외해서는 안 된다.
유동·비유동	• 유동과 비유동의 기준을 1년 또는 영업주기로 구분·표시한다.
유동성배열법	• 자산과 부채항목은 현금화가 높은 유동성 순서로 배열하여 표시한다.
잉여금구분	• 자본거래에서 발생한 자본잉여금과 손익거래에서 발생한 이익잉여금을 구분하여 표시해야 한다.
미결산 계정, 비망계정 표시금지	• 가지급금, 가수금, 현금과부족, 미결산 등의 항목은 그 내용을 표현하는 적절한 계정으로 표시해야 한다.

(2) 재무상태표의 구성요소

① 자산(자기자본 + 타인자본) : 기업이 소유하고 있는 유형 또는 무형의 모든 경제적 자원을 자산으로 인식한다.

구 분	계정과목 종류			
유동 자산	당좌자산	현금및 현금성 자산	현 금	• 통화 : 동전, 지폐 • 통화대용증권 : 타인(동점)발행당좌수표, 송금수표, 은행발행 자기앞수표, 가계수표, 여행자수표, 우편환증서, 전신환증서, 만기가 된 공사채 이자표, 만기가 된 어음, 배당금지급통지표 등
			요구불 예금	• 당좌예금 : 은행과 당좌계약을 통해 수표발행을 한다. • 보통예금 : 입출금이 자유로운 예금
			현금성 자산	• 취득 당시 만기가 3개월 이내인 채권, 단기금융상품 • 환매채(3개월 이내의 환매조건) • 투자신탁의 계약기간이 3개월 이하인 초단기수익증권
		단기투자자산		• 단기금융상품(예금, 적금), 단기매매증권, 단기대여금 • 매도가능금융자산, 만기보유금융자산(단, 1년 이내 만기도래/처분이 확실한 주식 및 채권)
		매출 채권	외상 매출금	• 상품(제품)을 매출하고 외상으로 한 경우
			받을어음	• 상품(제품)을 매출하고 타인이 발행한 약속어음을 받는 경우
		기타의 채권		• 미수금, 미수수익, 선급금, 선급비용, 부가세대급금, 선납세금, 대여금, 가지급금 등
	재고자산			• 원재료, 저장품(소모품 포함), 재공품, 반제품, 제품, 상품, 미착품, 시송품, 적송품 등

비유동 자산	투자자산	• 매도가능증권, 만기보유증권, 지분법적용투자주식, 장기성금융상품, 장기대여금, 투자부 동산 등
	유형자산	• 토지, 건물, 구축물, 기계장치, 건설중인자산, 차량운반구, 비품, 설비자산, 선박, 비행기 등
	무형자산	• 영업권, 산업재산권(특허권, 실용실안권, 의장권, 상표권), 개발비, 광업권, 어업권, 프렌 차이즈권, 소프트웨어권, 저작권 등
	기타의 비유동자산	• 보증금(전세권, 임차보증금, 영업보증금, 회원권 등) • 이연법인세자산, 장기미수금, 부도어음과수표, 장기매출채권 등

> **The 알아두기**
>
> 현금 및 현금성 자산으로 보지 않는 항목
> • 우표·수입인지 → 통신비, 세금과공과 등
> • 직원가불금 → 단기대여금 등
> • 선일자수표 → 매출채권(받을어음)
> • 당좌차월 → 단기차입금

② **부채** : 타인에게 제공받은 타인자본으로 추후 갚아야 할 채무 또는 의무를 의미한다.

구 분	내 용
유동 부채	• 매입채무(외상매입금, 지급어음), 미지급금, 단기차입금, 예수금, 부가세예수금, 선수금, 미지급세금, 미 지급비용, 선수수익, 유동성장기부채 등
비유동 부채	• 사채, 장기차입금, 장기매입채무, 임대보증금, 퇴직급여충당부채, 장기미지급금, 장기선수금, 이연법 인세부채, 장기제품보증충당부채 등

③ **자본** : 자산에 대한 소유자의 지분으로 자산총액에서 부채총액을 차감한 금액을 의미한다.

자본 = 자산 − 부채

구 분		내 용
자본금		보통주자본금, 우선주자본금, 자본금 = 발행주식수 × 1주당 액면가액
자본잉여금		주식발행초과금, 감자차익, 자기주식처분이익
자본조정	가산항목	주식매수선택권, 신주청약증거금, 미교부주식배당금 등
	차감항목	주식할인발행차금, 자기주식처분손실, 감자차손, 자기주식 등
기타포괄 손익누계액		매도가능증권평가손익, 해외사업환산손익, 자산재평가잉여금, 현금흐름위험회피 파생상품평가손익 등
이익잉여금 (결손금)	이익준비금 (법정적립금)	상법에 의해 자본금의 1/2에 도달할 때까지 현금배당의 10% 이상을 적립해야 한다.
	기타법정적립금	재무구조개선적립금(현재 폐지됨)
	임의적립금	사업확장적립금, 감채적립금, 결손보전적립금, 배당평균적립금, 퇴직급여적립금 등
	이월이익잉여금	미처분이익잉여금(미처리결손금)

(3) 재무상태표의 회계등식

① 재무상태표 등식

$$자산 = 부채 + 자본$$

② 자본 등식

$$자본 = 자산 - 부채$$

③ 재산법 등식

ⓘ 기말자본 - 기초자본 = 당기순이익   ⓒ 기초자본 - 기말자본 = 당기순손실

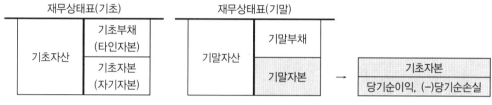

※ 기말자본 = 기초자본 + 당기순이익 or 기초자본 - 당기순손실

예제풀기

(주)사랑의 2020년 1월 자산이 10,000원, 부채가 5,500원이었으며 2020년 한 해 동안의 재무성과로 수익이 10,000원, 비용 6,000원이 발생하였다. 2020년 12월 31일의 자본은 얼마인가?

① 4,500원   ② 6,500원
③ 8,500원   ④ 10,500원

해설
- 기초자산 10,000원 = 기초부채 5,500원 + 기초자본 (4,500)원
- 총수익 10,000원 - 총비용 6,000원 = 당기순이익 4,000원
- 당기순이익 4,000원 = 기말자본 (8,500)원 - 기초자본 4,500원

정답 ③

다음 자료에 의해 ⓐ, ⓑ, ⓒ의 합계액을 구하면 얼마인가?

• 기말자산	710,000원	• 기말부채	130,000원
• 기말자본	(ⓐ)	• 기초자본	200,000원
• 총비용	(ⓑ)	• 총수익	600,000원
• 순이익	(ⓒ)		

- 기말자산 710,000원 − 기말부채 130,000원 = 기말자본 580,000원(㉠)
- 총수익 600,000원 − 순이익 380,000원 = 총비용 220,000원(㉡)
- 기말자본 580,000원 − 기초자본 200,000원 = 순이익 380,000원(㉢)
  ㉠ 580,000원 + ㉡ 220,000원 + ㉢ 380,000원 = 1,180,000

정답 1,180,000원

발생주의로 작성하는 재무제표가 아닌 것은 무엇인가?

① 손익계산서　　　　　　　② 자본변동표
③ 재무상태표　　　　　　　④ 현금흐름표

재무상태표·손익계산서·자본변동표는 발생주의를 기준으로 하여 작성하고, 현금흐름표는 현금흐름을 나타내는 표이며 회계기간 동안에 속하는 현금의 유입과 유출내용을 나타낸다.

정답 ④

다음 중 재무상태표에서 현금으로 분류될 수 없는 항목은?

① 지 폐　　　　　　　　　② 보통예금
③ 자기앞수표　　　　　　　④ 타인발행수표

당좌예금과 보통예금은 요구불예금에 해당한다.

정답 ②

다음 중 재무제표로 분류할 수 없는 것은?

① 주 기　　　　　　　　　② 현금흐름표
③ 자본변동표　　　　　　　④ 손익계산서

재무제표의 종류에는 재무상태표, 손익계산서, 자본변동표, 현금흐름표, 주석이 있다.

정답 ①

❸ 손익계산서

손익계산서는 일정기간 동안 기업의 경영활동에 따른 성과에 대한 정보를 제공하는 동태적 보고서이며, 해당 회계기간에 속하는 수익과 비용을 표시하고 수익에서 비용을 차감한 이익이나 손실을 일정한 형식에 따라 나타내고 있다.

(1) 손익계산서 작성기준

① **발생주의** : 수익과 비용은 해당 건이 발생한 기간에 정당하게 배분되어야 한다.

② **실현주의** : 수익은 실현시기를 기준으로 계상하여야 한다.

③ **총액주의** : 수익과 비용은 각각 총액으로 표시해야 한다.

④ **구분표시** : 손익은 구분하여 계산하고 표시되어야 한다(매출총손익, 영업손익 등).

⑤ **수익·비용대응의 원칙** : 비용은 관련한 수익이 인식된 기간에 함께 인식해야 한다.

(2) 수익과 비용의 정의 및 주요계정

① **수익** : 일정기간 동안 기업의 경영활동 결과로 얻게 된 경제적 효익의 총유입

구 분	내 용
매출액 (영업수익)	• 기업의 주된 영업활동에서 얻게 된 이익 • (순)매출액 = 총매출액 − 매출할인 및 매출에누리 − 매출환입(매출차감)
영업외수익	• 기업의 주된 영업활동 이외에서 얻게 된 이익 • 이자수익, 임대료, 단기매매증권평가이익, 단기투자자산처분이익, 잡이익 등 예 ~수익, ~이익, ~임대료

② **비용** : 일정기간 동안 기업의 경영활동을 위해 사용하게 된 경제적 효익의 총유출

구 분	내 용
매출원가	• 상품매출 또는 제품매출로 인한 매출액에 대응되는 원가 • 상품매출원가(도·소매업 해당) = 기초상품재고액 + 당기상품매입액 − 기말상품재고액 　※ 당기상품매입액 = 총매입액(제비용 포함) − 매입할인 및 매입에누리 − 매입환출 • 제품매출원가(제조업 해당) = 기초제품재고액 + 당기제품제조원가 − 기말제품재고액
판매비와 관리비	• 제품, 상품, 용역 등의 판매활동과 기업의 관리활동에서 발생하는 비용으로 매출원가에 속하지 않는 모든 영업비용을 포함한다. • 급여, 퇴직급여, 복리후생비, 여비교통비, 접대비, 대손상각비, 보험료, 지급임차료, 세금과공과 등 예 ~여, ~비, ~료, ~과
영업외비용	• 기업의 주된 영업활동 이외에 발생한 경비를 의미한다. • 이자비용, 단기매매증권평가손실, 기부금, 재고자산감모손실, 잡손실 등 예 ~비용, ~손실, 기부금
법인세비용	• 기업이 일정기간 동안 발생시킨 소득에 대해 부과되는 세금으로 법인세가 해당된다(법인세율 과표 2억 이하 10%, 2억 초과 200억 이하 20%, 200억 초과 3,000억 이하 22%, 3,000억 초과 25% − 2018.01. 일부 개정).

(3) 손익계산서의 계산 및 흐름

매출액 —— (순)매출액 = 총매출액 − 매출할인 및 에누리 − 매출환입(매출차감)

(−) 매출원가 ┬ 상품매출원가 = 기초상품재고액 + 당기상품매입액 − 기말상품재고액
                                − 타계정으로 대체액 + 타계정에서 대체액

매출총손익 └ 제품매출원가 = 기초제품재고액 + 당기제품제조원가 − 기말제품재고액

(−) 판매비와관리비

영업손익

(±) 영업외수익및비용

법인세차감전순손익

(−) 법인세

당기순손익

(÷) 주식 수

주당순손익 —— 주당순손익은 보통주 1주당 귀속되는 순손익이 얼마인가를 나타냄

(4) 손익계산서 등식

① 총수익 − 총비용 = 당기순이익

② 총비용 − 총수익 = 당기순손실

손익계산서(이익발생)

발생비용	발생수익
(당기순이익)	

손익계산서(손실발생)

발생비용	발생수익
	(당기순손실)

4 자본변동표

자본의 크기와 그 변동에 대한 자료를 제공하는 재무보고서로 자본금, 자본잉여금, 자본조정, 기타포괄손익누계액, 이익잉여금(결손금)과 같은 자본의 구성요소의 변동에 대한 포괄적인 정보를 제공한다.

5 현금흐름표

기업의 현금흐름을 나타내는 것으로 변동내역을 정확하게 보고하기 위해서는 영업활동, 투자활동, 재무활동 등으로 인해 유입·유출된 현금내용을 적정하게 표시해야 한다.

영업활동으로 인한 현금흐름

기업 본연의 활동인 영업활동과 관련된 현금흐름과 관련된 것이고, 일반적으로 제품의 생산과 상품 및 용역의 판매, 구매활동을 말한다. 투자활동과 재무활동에 속하지 않는 모든 거래가 속한다.

- **예** • 현금유입 : 제품판매, 이자수익, 배당금수익
- • 현금유출 : 원재료 구입, 상품 구입, 이자비용 지급 등

투자활동으로 인한 현금흐름

각종 자산이나 매각활동과 관련된 현금흐름과 관련된 것이고, 재무상태표의 자산계정과 관련이 있다. 일반적으로 현금의 대여와 회수활동, 유가증권, 투자자산, 무형자산의 취득과 처분에 관한 활동 등이 속한다.

- **예** • 현금유입 : 대여금 회수, 처분(단기금융상품, 유가증권, 투자자산), 유형&무형자산 매각처분, 기타 비유동자산 처분, 예금인출 등
- • 현금유출 : 현금대여, 취득(단기금융상품, 유가증권, 투자자산), 유형&무형자산 취득, 기타비유동 자산 취득, 공장신축, 예금 등

재무활동으로 인한 현금흐름

기업에 필요한 자금 조달과 상환과 관련된 현금흐름과 관련된 것이고, 현금의 차입 및 상환, 신주발행 이나 배당급 지급 등 재무상태표의 부채 및 자본계정과 관련이 있다.

- **예** • 현금유입 : 단기차입금, 장기차입금, 사채발행, 주식발행 등
- • 현금유출 : 배당금지급, 유상감자, 자기주식취득, 차입금 상환, 대출 상환 등

6 주 석

재무제표를 통해서도 완전하게 보고되지 못하는 정보들이 있을 수 있기 때문에 이를 보완하기 위해 사용되는 방법으로 주기, 주석, 부속명세서가 있다. 단, 이 중에서 주석만이 재무제표에 포함된다.

다음을 보고 당기순손익을 계산하면 얼마인가?

• 복리후생비	200,000원	• 여비교통비	150,000원
• 이자수익	300,000원	• 임대료	300,000원
• 단기매매증권처분이익	410,000원	• 임차료	100,000원
• 세금과공과	100,000원		

해설
- 총수익 : 1,010,000원 = 이자수익 300,000원 + 임대료 300,000원 + 단기매매증권처분이익 410,000원
- 총비용 : 550,000원 = 복리후생비 200,000원 + 여비교통비 150,000원 + 임차료 100,000원 + 세금과공과 100,000원
- 1,010,000원 − 550,000원 = 460,000원

정답 460,000원

손익계산서상의 영업이익은 얼마인가?

• 매출액	220,000원	• 미수수익	10,000원
• 매출원가	120,000원	• 급 여	30,000원
• 매출할인	20,000원	• 선급보험료	3,000원
• 광고비	10,000원	• 이자비용	7,000원
• 접대비	15,000원	• 감가상각비	10,000원
• 단기매매증권평가이익	5,000원		

해설
- 영업이익 = 매출액 − 매출원가 − 판매관리비
- 매출총이익 : 80,000원 = (매출액 220,000원 − 매출할인 20,000원) − 매출원가 120,000원
- 판매비와관리비 : 65,000 = 급여 30,000원 + 광고비 10,000원 + 접대비 15,000원 + 감가상각비 10,000원

정답 15,000원

다음의 자료로 계산한 상품매출원가는 얼마인가?

• 기초상품재고액	300,000원	• 기말상품재고액	300,000원
• 총매입액	600,000원	• 환출액	100,000원
• 환입액	100,000원	• 매출총이익	50,000원

해설
• 상품매출원가 = 기초상품재고액 + 당기상품순매입액 − 기말상품재고액
• 총매입액 600,000원 − 환출액 100,000원 = 당기상품순매입액 500,000원
• 상품매출원가 = 기초상품재고액 300,000원 + 당기상품순매입액 500,000원 − 기말상품재고액 300,000원
        = 500,000원

정답 500,000원

3 회계순환과정

1 회계순환의 의의와 순환과정

(1) 회계순환의 의의

회계는 계속기업의 가정하에서 이루어지는 매 회계기간을 단위로 순환을 반복하고 있으며, 이 기간 안에서 발생하는 거래를 기중에 기록하고 결산시점에 결산보고서의 작성을 끝으로 하는 하나의 회계 처리과정을 회계순환이라고 한다.

(2) 회계순환과정의 요약

① 거래의 발생

② 거래인식 여부에 따라 분개(전표기입)

③ 총계정원장에 전기

④ 결산예비절차(수정전시산표 → 재고조사표 → 기말수정분개 → 수정후시산표 → 정산표)

⑤ 결산본절차(총계정원장 작성 및 마감)

⑥ 결산후절차(재무제표 작성 및 마감)

⑦ 이월시산표

2 회계상 거래의 인식

(1) 회계상 거래로 인식하지 않는 경우
구두계약, 주문, 약속, 고용계약의 체결, 교환 등 실제적으로 자산, 부채, 자본의 증가 또는 감소가 발생하는 경우가 아니면 거래로 인식하지 않는다.

(2) 회계상 거래로 인식하는 경우
실제적으로 자산·부채·자본의 증가 또는 감소가 발생하는 경우를 거래로 인식하며, 화재·도난·분실·파손 등에 의한 경우도 자산이 감소하므로 거래에 해당된다.

3 거래의 8요소

차변요소		대변요소	
자 산	증 가	자 산	감 소
부 채	감 소	부 채	증 가
자 본	감 소	자 본	증 가
비 용	발 생	수 익	발 생

4 거래의 종류

(1) 교환거래 : 자산·부채·자본의 증감만이 발생하는 거래

(2) 손익거래 : 거래의 총액이 모두 수익 또는 비용으로 발생하는 거래

(3) 혼합거래 : 교환거래와 손익거래가 동시에 혼합되어 있는 거래

5 회계장부의 종류

재무적 목적을 위한 주요부와 관리의 목적을 위한 보조부로 구분된다.

(1) 주요부(재무적 목적)
① 분개장
② 총계정원장

(2) 보조부(관리적 목적)
① **보조기입장** : 현금출납장, 당좌예금출납장, 소액현금출납장, 매입장, 매출장 등
② **보조원장** : 상품재고장, 매입처원장, 매출처원장, 적송품원장 등

6 기중 회계절차와 기말 회계절차

(1) 기중 회계절차(거래발생 → 분개 → 분개장 → 총계정원장)

① **분개** : 하나의 거래가 발생했을 때 차변요소와 대변요소로 나누고, 그에 맞는 계정과목과 금액을 결정하는 것을 의미한다.

② **분개장** : 분개한 거래를 순서대로 기입한 것을 의미한다.

③ **총계정원장** : 분개장에 기입된 것을 계정과목별로 집계한 장부를 의미한다.

(2) 결산예비절차(수정전시산표 → 재고조사서 → 기말수정분개 → 수정후시산표 → 정산표)

① **수정전시산표** : 분개장과 총계정원장에 전기된 금액이 정확한지 확인하기 위한 용도의 자료이며, 합계시산표, 잔액시산표, 합계잔액시산표가 있다.

구 분	내 용
시산표 등식	• 기말자산 + 총비용 = 기말부채 + 기초자본 + 총수익
시산표의 오류	• 발견할 수 없는 오류의 종류(차 · 대변 동시발생으로 발생함) 　– 거래 자체의 분개를 누락하거나 이중으로 분개된 경우 　– 분개장에서 원장에 전기할 때 차 · 대변을 반대로 전기한 경우 　– 분개장에서 원장에 전기할 때 차 · 대변을 틀린 금액으로 전기한 경우 　– 분개장에서 원장에 전기할 때 차 · 대변을 틀린 계정으로 전기한 경우

② **재고조사표작성** : 부정확한 계정의 잔액을 실제금액과 일치시키기 위해 장부의 수정에 필요한 결산정리사항만을 기재한 일람표이다.

③ **기말수정분개** : 오류가 발생한 부분을 수정분개한다.

④ **수정후시산표** : 수정분개가 된 시산표이다.

⑤ **정산표** : 잔액시산표를 기초로 하여 결산 전에 손익계산서와 재무상태표를 작성한다.

(3) 결산본절차(총계정원장 작성 및 마감)

① **손익계산서 마감** : 총계정원장과 수익계정의 원장잔액을 손익으로 마감한다.

② 손익계정에서 당기순손익 계산한 후 미처분이익잉여금 원장으로 대체기입한다.

③ **재무상태표 마감** : 자산, 부채, 자본계정을 차기이월하여 마감한다.

(4) 결산후절차(재무제표 작성 및 마감)

(5) 이월시산표

재무상태표에 있는 것을 모두 차기로 이월시킨다.

다음은 거래의 8요소 결합관계를 나타내고 있다. 잘못 결합된 것은?

	차 변	대 변		차 변	대 변
①	자산의 증가	부채의 증가	②	비용의 발생	자산의 감소
③	부채의 감소	자산의 감소	④	자본의 감소	자산의 증가

해설
자본이 감소할 때 자산도 감소한다.

차변요소		대변요소	
자 산	증 가	자 산	감 소
부 채	감 소	부 채	증 가
자 본	감 소	자 본	증 가
비 용	발 생	수 익	발 생

정답 ④

다음 중 회계상의 거래에 해당하는 것은 무엇인가?

① 회사는 홈쇼핑에서 전화로 냉장고 1대(₩800,000)를 주문하였다.
② 회사 창고에 화재가 발생하여 ₩20,000,000의 제품 및 상품이 소실되었다.
③ 신입직원에게 월급으로 ₩3,000,000을 지급하기로 근로계약을 맺었다.
④ 본사 사무실을 이전하기 위해 상가건물을 임차하기로 계약하고, 계약금은 다음 날 계좌이체를 통하여 지급하기로 하였다.

해설
계약, 약속, 주문 등의 경우는 회계상의 거래에 해당하지 않는다.

정답 ②

회계순환과정에 대한 설명으로 가장 적절하지 않은 것은 다음 중 무엇인가?

① 회계순환과정은 회계기간 중의 분개와 전기라는 체계적 기록과정과 회계기간 말에 최종적으로 재무제표가 작성되는 결산과정으로 구분된다.
② 회계기간 동안 거래를 기록하여 재무제표를 작성하는 반복적인 과정을 말한다.
③ 회계순환과정 중 회계기간 말에 이루어지는 결산과정 중에는 분개와 전기가 발생하지 않는다.
④ 회계순환과정의 결과는 재무제표라는 회계보고서로 나타난다.

해설
분개와 전기는 결산과정 중에도 수시로 발생한다.

정답 ③

4 회계정보의 계정별 처리

1 유동자산의 계정과목

구 분				계정과목 종류
유동자산	당좌자산	현금및 현금성자산	현 금	• 통화 : 동전, 지폐 • 통화대용증권 : 타인(동점)발행당좌수표, 송금수표, 은행발행자기앞수표, 가계수표, 여행자수표, 우편환증서, 전신환증서, 만기가 된 공사채 이자표, 만기가 된 어음, 배당금지급통지표 등
			요구불예금	• 당좌예금 : 은행과 당좌계약을 통한 수표발행 • 보통예금 : 입출금이 자유로운 예금
			현금성자산	• 취득 당시 만기가 3개월 이내인 채권, 단기금융상품 • 환매채(3개월 이내의 환매조건) • 투자신탁의 계약기간이 3개월 이하인 초단기수익증권
		단기투자자산		• 단기금융상품(예금, 적금), 단기매매증권, 단기대여금 • 매도가능금융자산, 만기보유금융자산(단, 1년 이내 만기도래/처분이 확실한 주식 및 채권)
		매출채권	외상매출금	• 상품(제품)을 매출하고 외상으로 한 경우
			받을어음	• 상품(제품)을 매출하고 타인이 발행한 약속어음을 받는 경우
		기타의 채권		• 미수금, 미수수익, 선급금, 선급비용, 부가세대급금, 선납세금, 대여금, 가지급금 등
	재고자산			• 원재료, 저장품(소모품 포함), 재공품, 반제품, 제품, 상품, 미착품, 시송품, 적송품 등

(1) 현금및현금성자산

① 현금및현금성자산 계정과목 종류

계정과목 종류		
현금및 현금성자산	현 금	• 통화 : 동전, 지폐 • 통화대용증권 : 타인(동점)발행당좌수표, 송금수표, 은행발행자기앞수표, 가계수표, 여행자수표, 우편환증서, 전신환증서, 만기가 된 공사채 이자표, 만기가 된 어음, 배당금지급통지표 등
	요구불예금	• 당좌예금 : 은행과 당좌계약을 통한 수표발행 • 보통예금 : 입출금이 자유로운 예금
	현금성자산	• 취득 당시 만기가 3개월 이내인 채권, 단기금융상품 • 환매채(3개월 이내의 환매조건) • 투자신탁의 계약기간이 3개월 이하인 초단기수익증권

아래의 내용을 보고 재무상태표에 표시될 현금및현금성자산은 얼마인지 계산하시오.

• 통 화	400,000원	• 배당금지급 통지표	200,000원
• 당좌차월	10,000원	• 송금환	150,000원
• 타인발행 당좌수표	100,000원	• 우편환증서	50,000원
• 공사채만기이자표	100,000원		

해설

통화 400,000원 + 배당금지급 통지표 200,000원 + 우편환증서 50,000원 + 송금환 150,000원 + 타인발행 당좌수표 100,000원 + 공사채만기이자표 100,000원 = 1,000,000원

정답 1,000,000원

② 당좌예금

㉠ 당좌거래개설보증금 계정처리 → 특정현금과 예금

㉡ 예금 잔액을 초과하여 수표로 발행된 금액 계정처리 → 당좌차월(단기차입금)

㉢ 은행계정조정표 : 회사장부의 예금 잔액과 은행장부상의 예금 잔액의 차이를 조정하는 표

은행 측 잔액		회사 측 잔액	
가 산	미기입예금	가 산	미통지예금 기발행인도수표 이자수익
차 감	기발행수표미지급	차 감	은행수수료 당좌차월이자 부도수표

③ 현금과부족

㉠ 장부의 금액과 실제의 금액이 다른 경우 원인을 모를 때 일시적으로 쓰는 가계정이다(기중에 일시적으로 사용해야 하며 결산 시엔 사용할 수 없는 계정).

㉡ 현금 실제잔액 부족 시 계정처리

예 장부 20,000원, 실제금액 18,000원

구 분	차 변		대 변	
차액 발생 시	현금과부족	2,000원	현 금	2,000원
원인 확인 시	원인계정	2,000원	현금과부족	2,000원
결산 시 원인불명	잡손실	2,000원	현금과부족	2,000원

ⓒ 현금 실제잔액 초과 시 계정처리

예 장부 18,000원, 실제금액 20,000원

구 분	차 변		대 변	
차액 발생 시	현 금	2,000원	현금과부족	2,000원
원인 확인 시	현금과부족	2,000원	원인계정	2,000원
결산 시 원인불명	현금과부족	2,000원	잡이익	2,000원

(2) 단기투자자산

① 단기투자자산 계정과목 종류

계정과목 종류	
단기투자자산	• 단기금융상품(예금, 적금), 단기매매증권, 단기대여금 • 매도가능금융자산, 만기보유금융자산(단, 1년 이내 만기도래/처분이 확실한 주식 및 채권)

② 단기금융상품(예금, 적금) : 금융기관이 취급하는 정형화된 상품으로 단기적 자금운용목적으로 소유하거나 만기가 1년 이내에 도래하는 것을 말한다.

ⓐ 저축성예금 : 정기예금, 정기적금 등

ⓑ 사용이 제한된 예금 : 감채기금, 특정현금과예금 등

ⓒ 기타 정형화된 금융상품 : 기업어음(CP), 양도성예금증서(CD), 환매체(RP), 어음관리계좌(CMA), 금전신탁(MMF) 등

③ 단기매매증권

ⓐ 단기간의 매매차익을 목적으로 취득한 유가증권을 의미한다.

> **The 알아두기**
>
> 유가증권의 종류 및 분류
>
> | 구 분 | 당좌자산 | 투자자산 | | |
> |---|---|---|---|---|
> | | 단기매매증권 | 매도가능증권 | 만기보유증권 | 지분법적용투자주식 |
> | 지분증권(주식) | ○ | ○ | × | ○ |
> | 채무증권
(국채, 공채, 사채) | ○ | ○ | ○ | × |
> | 분류기준 | 단기차익목적,
빈번한 거래 | 다른 증권에
미해당하는 경우 | 만기까지 보유할
능력이 있는 경우 | 의결권주식 20%
이상 중대한 영향력 |

ⓛ 단기매매증권 취득 시 회계처리 : 단기매매증권의 취득원가는 매입가액으로 하며, 취득 시 발생하는 거래수수료 등의 비용은 별도의 당기비용으로 회계처리한다.

차 변		대 변	
단기매매증권	×××	현 금	×××
지급수수료(영업외비용)	×××		

ⓒ 배당금수익 및 이자수익 발생 시 회계처리
• 소유한 주식에 대한 현금배당을 받는 경우

차 변		대 변	
현 금	×××	배당금수익(영업외수익)	×××

• 소유한 국채, 공채, 사채 등에 대한 이자를 받는 경우

차 변		대 변	
현 금	×××	이자수익(영업외수익)	×××

ⓔ 단기매매매증권 평가 시 회계처리 : 결산일의 공정가치로 평가하며 장부금액과 공정가치의 차이에 대해서는 단기매매증권평가손익(영업외손익)계정으로 처리한다.
• 장부금액 < 공정가치

차 변		대 변	
단기매매증권	×××	단기매매증권평가이익(영업외수익)	×××

• 장부금액 > 공정가치

차 변		대 변	
단기매매증권평가손실(영업외비용)	×××	단기매매증권	×××

ⓜ 단기매매매증권 처분 시 회계처리 : 처분금액과 장부금액의 차액은 단기매매증권처분손익(영업외손익)으로 처리하며 처분 시 매각수수료는 처분이익에서 차감하거나 처분손실에 가산하여 처리한다.
• 장부금액 < 처분금액 : 처분이익(영업외수익)이 발생하는 경우

차 변		대 변	
현금(처분금액)	×××	단기매매증권	×××
		단기매매증권처분이익	×××

• 장부금액 > 처분금액 : 처분손실(영업외비용)이 발생하는 경우

차 변		대 변	
현금(처분금액)	×××	단기매매증권	×××
단기매매증권처분손실	×××		

(주)미화의 2020년 12월 31일 결산 전 단기매매증권의 장부가액은 5,400,000원이다. 2020년 3월 10일 주당 2,700원에 매입하였으며, 결산일 현재 단기매매증권의 1주당 공정가액이 3,200원인 경우 손익계산서에 단기매매증권평가이익으로 인식될 금액은?

해설
- 5,400,000원 ÷ 2,700원 = 2,000주
- 2,000주 × (3,200원 − 2,700원) = 1,000,000원 → 평가이익으로 인식된다.

정답 1,000,000원

다음 유가증권의 분류에 대한 설명 중 가장 적절한 것은?

① 만기보유증권은 지분증권으로 분류가 가능하다.
② 단기매매증권은 지분증권으로만 분류가 가능하다
③ 매도가능증권은 채무증권으로 분류가 가능하다.
④ 지분법적용투자주식은 채무증권으로 분류가 가능하다.

해설
① 채무증권으로만 분류가 가능하다.
② 단기매매증권은 지분증권과 채무증권 모두 분류가 가능하다.
④ 지분증권으로만 분류가 가능하다.

정답 ③

(주)미화는 2020년 3월 25일에 (주)서한의 보통주 200주(주당 액면금액 5,000원)를 주당 10,000원씩 매입하였다. 매입부대비용으로 매입수수료 20,000원, 중개수수료 5,000원이 발생하였다. (주)미화가 (주)서한의 주식을 단기매매금융자산(단기매매증권)으로 분류할 경우 취득원가는 얼마인가?

해설
- 단기매매증권 취득원가 = 200주 × 10,000원 = 2,000,000원
- 매입부대비용 25,000원은 수수료비용으로 영업외비용으로 처리한다.

정답 2,000,000원

(3) 매출채권

일반적인 상거래에서 발생한 채권으로 외상매출금과 받을어음으로 구분된다.

① 매출채권 계정과목 종류

계정과목 종류		
매출채권	외상매출금	• 상품(제품)을 매출하고 외상으로 한 경우
	받을어음	• 상품(제품)을 매출하고 타인이 발행한 약속어음을 받는 경우

② 외상매출금

⊙ 발생 시 회계처리

차 변		대 변	
외상매출금	×××	상품(제품)매출	×××

ⓛ 회수 시 회계처리

차 변		대 변	
현금 등	×××	외상매출금	×××

③ 받을어음

⊙ 발생 시 회계처리

차 변		대 변	
받을어음	×××	상품(제품)매출	×××

ⓛ 회수 시 회계처리

차 변		대 변	
현금 등	×××	받을어음	×××

ⓒ 어음만기 추심 시 회계처리 : 어음의 만기일에 거래 은행에 추심의뢰하여 대금을 회수하는 것을 의미한다.

구 분	차 변		대 변	
받을어음 회수	보통예금	×××	받을어음	×××
지급수수료 처리	지급수수료	×××	현 금	×××

ⓔ 어음할인 시 회계처리(매각거래)

어음금액 × 할인율 × 잔여개월수/12 = 할인료(매출채권처분손실 계정 사용)

차 변		대 변	
매출채권처분손실	×××	받을어음	×××
보통예금 등	×××		

ⓒ 어음의 배서양도 시 회계처리 : 어음소지인이 만기일 이전에 어음상의 권리를 타인에게 양도하는 것을 의미한다.

차 변		대 변	
외상매입금 등	×××	받을어음	×××

(4) 기타의 채권

일반적인 상거래 이외에 발생한 거래 시 발생하는 채권을 의미한다.

기타의 채권	미수금, 미수수익, 선급금, 선급비용, 부가세대급금, 선납세금, 대여금, 가지급금 등

(5) 매출채권의 대손회계(대손상각비 및 대손충당금)

대손이란 거래처의 파산 등의 사유로 회수불능이 된 경우 발생하는 손실을 의미하며, 이에 대한 대손의 문제를 처리하는 회계를 의미한다.

① 대손충당금 설정법

구 분	내 용
매출액기준법	매출액의 일정비율을 대손상각비로 계상하는 방법
채권잔액 비례법	기말매출채권에 대해 일률적으로 과거 대손경험률로 설정하는 방법 • 대손충당금 설정액 = (기말채권잔액 × 대손추정률) − 대손충당금 잔액
연령분석법	매출채권을 경과일수별로 분류하여 각기 다른 대손율을 곱하여 산정함

② 대손충당금 설정 시 회계처리

구 분	차 변	대 변
대손예상액 100 > 대손충당금 잔액 0	대손상각비 100	대손충당금 100 (자산의 차감계정)
대손예상액 100 > 대손충당금 잔액 80	대손상각비 20	대손충당금 20
대손예상액 100 < 대손충당금 잔액 120	대손충당금 20	대손충당금환입 20

③ 대손충당금 확정 시 회계처리

구 분	차 변	대 변
대손확정액 700 < 대손충당금 잔액 900	대손충당금 700	매출채권 700
대손확정액 700 > 대손충당금 잔액 500	대손충당금 500 대손상각비 200	매출채권 700

④ 대손충당금 회수 시 회계처리 : 전기에 이미 대손처리한 매출채권 회수 시엔 대손충당금 계정으로 처리해야 한다.

거래처 (주)미화 파산으로 인하여 외상매출금 2,000,000원이 회수불능으로 대손처리된 경우에 회계처리하시오(단, 대손충당금잔액은 1,000,000원).

해설 및 정답

(차)	대손충당금	1,000,000	(대)	외상매출금	2,000,000
	대손상각비	1,000,000			

(주)미화의 2020년도 12월 31일 현재의 기말매출채권계정 잔액은 60,000,000원이었다. 매출채권잔액은 2%로 기말결산 시 대손예상 시에 회계처리하시오(단, 대손충당금잔액은 200,000원).

해설 및 정답

- (60,000,000원 × 2%) = 1,200,000원 대손예상
- 1,200,000원 − 200,000원 = 1,000,000원 대손상각비 추가계상

(차)	대손상각비	1,000,000	(대)	대손충당금	1,000,000

(주)사랑의 받을어음 현황이다. (주)사랑은 자금부족으로 본 어음을 만기까지 보유하지 못하고 2020년 5월 20일에 할인하였다. 이때 본 할인거래와 관련하여 손익계산서상 매출채권처분손실로 기록될 금액 및 회계처리는? (단, 연이율은 12%이며 기간계산방법은 월할계산한다)

- 어음금액 : 4,000,000원
- 만기일 : 2020년 7월 20일

해설 및 정답

- 매출채권처분손실 80,000원 = 4,000,000원 × 12% × 2/12

(차)	매출채권처분손실	80,000	(대)	받을어음	4,000,000
	현 금	3,920,000			

(6) 재고자산

① **재고자산 계정과목 종류** : 재고자산이란 정상적인 영업과정에서 판매를 위해 보유하고 있거나 생산의 과정에 있는 자산 및 생산 또는 서비스 제공과정에 투입될 원재료나 소모품 형태로 존재하는 자산을 의미한다.

구 분	내 용
상 품	판매를 목적으로 외부에서 구입한 상품
원재료	제품 제조를 위해 구입한 원료 및 재료
제 품	판매를 목적으로 제조한 생산품 등
재공품	제품제조를 위해 재공과정에 있는 것을 의미하며, 판매가 불가능하다.
반제품	제품제조를 위해 재공과정에 있는 것을 의미하며, 판매가 가능하다.
저장품	생산과정이나 서비스 제공에 투입된 부분품, 소모품, 비품 및 수선용 부분품 등
미착품	상품을 주문하였으나 운송 중이나 통관 등으로 회사에 입고되지 않은 상품 • 선적지 인도조건 : 선적지에서 소유권이 이전되어, 매입자의 재고자산에 포함된다. • 도착지 인도조건 : 도착지에서 소유권이 이전되어, 판매자의 재고자산에 포함된다.
시송품	매입자에게 일정기간 사용한 후에 매입을 결정하도록 하는 조건으로 판매한 상품을 말하여, 매입자가 구매의사를 밝힐 때까지는 판매자의 재고자산에 포함된다.
적송품	• 위탁자(본인)가 수탁자(타인)에게 판매를 위탁하기 위해 보낸 상품을 의미한다. • 수탁자(타인)가 제3자에게 판매하기 전까지는 위탁자의 재고자산에 포함된다.
할부판매 상품	재고자산을 고객에게 인도하고 대금회수는 추후에 분할하여 회수하기로 한 경우엔 인도시점에 매출로 모두 인식하기 때문에 재고자산에 미포함된다.

② **재고자산 취득원가의 측정**

구 분		취득원가
상품, 원재료	매입원가	• 매입가액 + 매입운반비, 하역료, 보험료 등 취득 관련 부대비용 ※ 순매입액 : 매입원가 − 매입에누리와 환출 및 매입할인
제품, 재공품 등	제조원가	직접재료비 + 직접노무비 + 제조간접비배부액

③ **재고자산 수량결정방법**

구 분	내 용
계속기록법	• 재고자산의 입고와 출고가 일어날 때마다 장부에 계속적으로 기록한다. • 기초재고수량 + 당기매입수량 − 당기판매(출고)수량 = 기말재고수량 • 감모손실수량이 기말재고에 포함되므로 기말재고와 이익이 과대계상된다.
실지재고 조사법	• 기말에 실지재고조사를 통해 기말재고수량을 파악하는 방법이다. • 기초재고수량 + 당기매입수량 − 기말실지재고수량 = 당기판매(출고)수량 • 감모손실수량이 매출원가에 포함되므로 매출원가가 과대계상된다.
혼합법	• 두 가지 방법을 혼합하는 방법으로 감모수량 파악이 가능하게 된다. • 기초재고수량 + 당기매입수량 − 당기판매(출고)수량 + 재고자산감모손실수량

④ 재고자산 단가결정방법

구 분	내 용
개별법	• 재고자산별로 매입가격을 결정하는 방법으로 실제 물량흐름과 일치하므로 이론상 가장 이상적인 방법이며 귀금속, 자동차 등 고가의 판매업에서 적용이 가능하다.
선입선출법	• 가장 최근에 매입 또는 생산된 재고자산부터 판매된다는 가정하에 단위원가를 계산하는 방법이다. • 일반적인 물량흐름과 일치한다는 장점이 있다. • 물가상승 시 현재수익에 과거 원가가 대응하지 않아 이익이 과대계상된다는 단점이 있다(수익·비용 대응의 원칙에 위배).
후입선출법	• 가장 나중에 매입 또는 생산된 재고자산부터 판매된다는 가정하에 단위원가를 계산하는 방법이다. • 일반적인 물량흐름과 일치하지 않는다. • 수익과 비용이 대응된다는 장점이 있다. • 물가 상승 시 매출원가가 과대계상되어 당기순이익이 과소계상된다.
이동평균법	• 매입할 때마다 단위당 원가를 재계산하여 단가를 계산하는 방법이다. • 기말재고의 평가와 매출원가의 계산이 동일한 평균원가로 측정이 가능하다. • 계속기록법을 사용하는 경우에만 적용이 가능하다. • 이동평균단가 $= \dfrac{\text{구입직전의 재고금액} + \text{당해구입금액}}{\text{구입직전의 재고수량} + \text{당해구입수량}}$
총평균법	• 재고자산 총 매입원가를 총 매입수량으로 나눠 단위당 단가를 계산한다. • 기말재고의 평가와 매출원가의 계산이 동일한 평균원가로 측정이 가능하다. • 실지재고조사법을 사용하는 경우에만 적용이 가능하다. • 총평균단가 $= \dfrac{\text{기초재고금액} + \text{당해구입금액}}{\text{기초재고수량} + \text{당해구입수량}}$
소매재고법 (매출가격 환원법)	• 판매가로 평가한 기말재고금액에 당기원가율을 곱하여 기말재고자산의 원가를 결정하는 방법으로 매출가격환원법이라고도 한다. • 백화점, 할인점 등의 유통업종에서만 사용되는 방법이다. • 원가율 $= \dfrac{\text{판매가능재고자산(기초재고 + 당기매입)의 원가}}{\text{판매가능재고자산(기초재고 + 당기매입)의 매가}}$ • 기말재고액 = 매가로 표시된 재고자산 × 원가율

⑤ 인플레이션(물가상승) 가정하에서 상호비교

구 분	내 용
기말재고액, 당기순이익 크기의 순서	선입선출법 > 이동평균법 > 총평균법 > 후입선출법
매출원가 크기의 순서	후입선출법 > 총평균법 > 이동평균법 > 선입선출법

⑥ 재고자산감모손실(수량부족) 시 회계처리 : 재고자산의 수량부족 시에 재고자산감모손실 계정으로 회계처리하며, 원가성이 있는 경우와 없는 경우를 구분하여 매출원가 또는 영업외비용으로 처리해야 한다.

재고자산감모손실 = (장부수량 − 실제수량) × 단위당 원가

㉠ 정상감모손실(원가성이 있는 경우) → 매출원가에 가산하여 처리한다.

차 변		대 변	
재고자산감모손실(매출원가)	×××	재고자산	×××

㉡ 비정상감모손실(원가성이 없는 경우) → 영업외비용으로 처리한다.

차 변		대 변	
재고자산감모손실(영업외비용)	×××	재고자산 (적요 : 8.타계정으로 대체)	×××

⑦ 재고자산 평가손실(단가하락)과 평가손실 환입 시 회계처리 : 기말에 재고자산을 저가법(순실현가
능가치)으로 평가할 때 나타나며, 재고자산의 시가인 순실현가능가치가 장부가액보다 하락한 경우
에 발생하게 된다.

㉠ 단가 하락 시 → 매출원가에 가산 / 재고자산에서 차감하여 처리

차 변		대 변	
재고자산평가손실	×××	재고자산평가충당금	×××

㉡ 단가 회복 시 → 매출원가에 차감하여 처리

차 변		대 변	
재고자산평가충당금	×××	재고자산평가충당금환입	×××

예제풀기

재고자산의 평가 시 인플레이션하에서 재고자산의 수량도 계속 증가할 경우 손익계산서에 반영되
는 매출원가의 크기를 바르게 표시한 것은?

① 선입선출법 < 이동평균법 < 총평균법 < 후입선출법
② 선입선출법 < 총평균법 < 이동평균법 < 후입선출법
③ 선입선출법 > 이동평균법 > 총평균법 > 후입선출법
④ 선입선출법 > 총평균법 > 이동평균법 > 후입선출법

해설
인플레이션 상황에서의 기말재고자산, 매출총이익, 매출원가의 순서비교
• 기말재고자산, 매출총이익 크기순서 : 선입선출법 > 이동평균법 > 총평균법 > 후입선출법
• 매출원가 크기순서 : 후입선출법 > 총평균법 > 이동평균법 > 선입선출법

정답 ①

다음 자료를 참고하여 계산한 재고자산감모손실과 재고자산평가손실은 각각 얼마인가?

- A상품의 장부상 재고수량   600개
- 창고에 보관 중인 A 상품의 실제 재고수량   590개
- A상품의 취득원가   10,000원
- A상품의 시가   9,500원

해설
- 재고자산감모손실 : (600개 − 590개) × 10,000원 = 100,000원
- 재고자산평가손실 : (10,000원 − 9,500원) × 590개 = 295,000원

정답 재고자산감모손실 : 100,000원, 재고자산평가손실 : 295,000원

다음 중 일반기업회계기준에서 재고자산에 포함시킬 수 있는 유형은?

① 상기업이 건설 중인 물류창고
② 제조기업이 생산 중에 있는 재공품
③ 상기업이 업무에 사용할 목적으로 구입한 ERP
④ 제조기업이 보유 중인 투자목적 비업무용 토지

해설
물류창고는 유형자산, ERP는 무형자산, 투자목적 비업무용 토지는 투자자산이다.

정답 ②

2 비유동자산의 계정과목

구 분		계정과목 종류
비유동자산	투자자산	• 매도가능증권, 만기보유증권, 지분법적용투자주식, 장기성금융상품, 장기대여금, 투자부동산 등
	유형자산	• 토지, 건물, 구축물, 기계장치, 건설중인자산, 차량운반구, 비품, 설비자산, 선박, 비행기 등
	무형자산	• 영업권, 산업재산권(특허권, 실용실안권, 의장권, 상표권), 개발비, 광업권, 어업권, 프랜차이즈권, 소프트웨어권 등
	기타의 비유동자산	• 보증금(전세권, 임차보증금, 영업보증금, 회원권 등) • 이연법인세자산, 장기미수금, 부도어음과수표, 장기매출채권 등

(1) 투자자산

기업의 정상적인 영업활동과는 무관하게 타 회사를 지배하거나 통제할 목적으로, 또는 장기적인 투자와 이윤을 얻을 목적으로 장기적으로 투자된 자산을 의미한다.

① 매도가능증권

㉠ 단기매매증권, 만기보유증권, 지분법적용 투자주식으로 분류될 수 없는 증권이다.

㉡ 시장성을 상실한 단기매매증권은 매도가능증권으로 재분류된다.

㉢ 시장성을 회복한 매도가능증권은 단기매매증권으로 재분류되지 못한다.

㉣ 매도가능증권 취득 시 회계처리 : 매도가능증권의 취득원가는 매입가액으로 하며, 취득 시 발생하는 거래수수료 등의 비용은 취득원가에 포함하여 회계처리한다.

차 변		대 변	
매도가능증권	×××	현 금	×××

예제풀기

매도가능증권으로 분류되는 주식 2,000주를 주당 5,000원에 취득하면서 수수료 300,000원과 증권거래세 100,000원을 지급하였다. 취득원가는 얼마인가?

해설
- (2,000주 × 5,000원) + 300,000원 + 100,000원 = 10,400,000원
- 매도가능증권 취득 시 발생하는 수수료 등의 비용은 취득원가에 포함하여 처리한다.

정답 10,400,000원

㉤ 배당금수익 및 이자수익 발생 시 회계처리
- 소유한 주식에 대한 현금배당을 받는 경우

차 변		대 변	
현 금	×××	배당금수익(영업외수익)	×××

- 소유한 국채, 공채, 사채 등에 대한 이자를 받는 경우

차 변		대 변	
현 금	×××	이자수익(영업외수익)	×××

ⓑ 매도가능증권 평가 시 회계처리 : 결산일의 공정가치로 평가하며 장부금액과 공정가치의 차이에 대해서는 매도가능증권평가손익(기타포괄손익누계액) 계정으로 처리한다.

- 장부금액 < 공정가치

차 변		대 변	
매도가능증권	×××	매도가능증권평가이익(기타포괄손익누계액)	×××

- 장부금액 > 공정가치

차 변		대 변	
매도가능증권평가손실(기타포괄손익누계액)	×××	매도가능증권	×××

ⓢ 매도가능증권 처분 시 회계처리 : 처분금액과 장부금액의 차액은 매도가능증권처분손익(영업외손익)으로 처리하며 처분 시 매각수수료는 처분이익에서 차감하거나 처분손실에 가산하여 처리한다.

- 장부금액 < 처분금액 : 처분이익(영업외수익)이 발생하는 경우

차 변		대 변	
현 금(처분금액)	×××	매도가능증권	×××
		매도가능증권처분이익	×××

- 장부금액 > 처분금액 : 처분손실(영업외비용)이 발생하는 경우

차 변		대 변	
현 금(처분금액)	×××	매도가능증권	×××
매도가능증권처분손실	×××		

② 만기보유증권
  ㉠ 만기가 확정된 채무증권으로서 상환금액이 확정되어있거나 만기까지 보유할 적극적인 의도와 능력이 있는 경우에 만기보유증권으로 분류된다.
  ㉡ 만기보유증권은 상각후원가법으로 평가하기 때문에 기말에 별도의 회계처리가 없다.
③ 지분법적용투자주식 : 타 회사에 유의적인 영향력(의결권주식 지분율 20% 이상 소유)을 행사하거나 경영권을 지배, 통제할 목적으로 보유하는 주식을 지분법적용투자주식이라 한다.
④ 장기성금융상품
  ㉠ 금융기관이 취급하는 정기예금, 정기적금, 기타 정형화된 상품 등으로 1년 이후 만기가 도래하는 장기적 자금운용목적으로 보유하는 금융상품을 의미한다.
  ㉡ 기업어음(CP), 양도성예금증서(CD), 환매체(RP), 어음관리계좌(CMA) 등
⑤ 장기대여금 : 회수기한이 보고기간 종료일부터 1년 이후에 도래하는 장기의 대여금을 말한다.
⑥ 투자부동산 : 고유의 영업활동과 관련 없이 시세차익을 얻기 위해 보유하는 부동산을 말한다.

(2) 유형자산

기업이 장기간에 걸쳐 정상적인 영업활동에 사용하기 위한 목적으로 취득한 물리적 실체가 있는 유형의 자산을 말하며, 1년을 초과하여 사용할 것이 예상되는 유형의 장기성 자산을 의미한다.

유형자산	토지, 건물, 구축물, 기계장치, 건설중인자산, 차량운반구, 비품, 설비자산, 선박, 비행기 등

 알아두기

건설중인자산 관련하여 차입한 자금에 대한 금융비용을 자금이 투입된 자산가액에 포함시켜 자본화하는 것을 '자본화대상차입원가'라고 한다.

① 유형자산의 취득원가 결정

$$취득원가 = 구입가액 + 취득 시 부대비용 - 매입할인$$

 알아두기

취득원가에 포함되는 부대비용
운반비, 하역비, 보관료, 설치비, 취득세, 등록세, 시운전비, 운송보험료 등

취득원가에 포함되지 않는 부대비용
취득 후 발생되는 세금인 재산세, 광고 · 판촉활동과 관련된 원가, 직원 교육훈련비, 관리 및 일반간접원가 등

예제풀기

(주)사랑은 기계를 구입하였다. 해당 기계구입 및 설치와 관련된 다음의 비용을 이용하여 (주)사랑이 구입한 기계의 취득원가는 얼마인가?

• 구입가액	10,000,000원	• 취득세	200,000원
• 운송비	30,000원	• 운송보험료	50,000원
• 설치비	100,000원	• 기계시험 가동비	50,000원

해설
• 10,000,000원 + 200,000원 + 30,000원 + 50,000원 + 100,000원 + 50,000원 = 10,430,000원
※ 취득원가에는 구입가격 이외의 부대비용도 모두 포함된다.

정답 10,430,000원

② 유형자산 취득원가의 유형별 회계처리

　　㉠ 건물이 있는 토지를 동시에 매입한 경우

　　　• 기존건물을 사용하는 경우 → 공정가치로 안분하여 회계처리한다.

차 변		대 변	
토 지	×××	현 금	×××
건 물	×××		

　　　• 기존건물을 철거하는 경우 → 철거비용은 토지에 가산, 폐기물 매각대금은 차감한다.

차 변		대 변	
토 지	×××	현 금	×××

　　㉡ 현물출자(주식교부) : 유형자산 취득 시 주식을 발행하여 자산을 취득하는 경우를 현물출자라고 한다.

　　　예 토지 등의 공정가치가 주식보다 높은 경우 주식발행초과금 계정을 사용한다.

차 변		대 변	
토지 등	×××	자본금(액면가액)	×××
	×××	주식발행초과금	

　　㉢ 국·공채 구입 : 불가피하게 국·공채 등을 매입하는 경우 발생하는 매입가액과 현재가치의 차액은 취득원가(예 건물, 토지 등)에 포함하여 계정처리한다.

　　㉣ 증여, 기타 무상취득 : 취득한 자산의 공정가치를 취득원가로 하고 자산수증이익으로 처리한다.

차 변		대 변	
토지 등	×××	자산수증이익	×××

　　㉤ 교환(동종, 이종)에 의한 취득

　　　• 동종자산과의 교환 : 제공한 자산의 장부금액으로 평가 → 처분손익을 인식하지 않는다.

　　　• 이종자산과의 교환 : 제공한 자산의 공정가치로 평가 → 처분손익을 인식한다(유형자산처분손익 계정).

③ 유형자산의 취득 후 원가(취득 후 지출)

　　㉠ 유형자산 취득 이후 추가적으로 지출되는 비용을 의미하며, 자본적 지출과 수익적 지출로 구분된다.

　　　• 자본적 지출과 수익적 지출의 차이

구 분	자본적 지출	수익적 지출
내 용	• 자산의 내용연수 연장, 가치 증대, 용도 변경 등의 목적으로 지출 → 자산의 취득원가에 가산한다.	• 자산의 본래 기능의 유지 및 원상회복 등의 목적으로 지출 → 당기비용으로 처리한다.
예 시	• 본래의 용도변경을 위한 개조 • 엘리베이터, 냉난방 설치 • 기타 개량, 확장, 증설, 복구 등	• 건물 또는 벽의 도장 • 기계에 소모된 부속품의 대체 • 파손된 유리나 기와의 대체 등
회계처리	유형자산 ××× / 현 금 ×××	수선비 ××× / 현 금 ×××

- 자본적 지출과 수익적 지출 반대처리 시의 효과

자본적 지출 → 수익적 지출로 처리	수익적 지출 → 자본적 지출로 처리
• 비용의 과대처리 • 자산의 과소처리 • 당기순이익이 과소처리 • 효과 : 비밀적립금 발생	• 비용의 과소처리 • 자산의 과대처리 • 당기순이익이 과대처리 • 효과 : 가공의 이익이 발생

④ 유형자산의 감가상각

㉠ 유형자산의 사용에 의한 소모 및 시간의 경과와 기술의 변화에 따른 진부화 등으로 인해 경제적 효익이 감소하며, 감가상각비의 계상을 통해 유형자산의 장부가액을 감소시키는 것을 의미한다(단, 토지와 건설중인자산은 대상에서 제외된다).

㉡ 감가상각 계산 시 결정요소

구 분	내 용
취득원가	자산을 취득하기 위해 자산의 취득시점에서 지급한 공정가액
잔존가치	자산의 내용연수가 종료되는 시점에서 그 자산의 예상처분가액에서 예상처분비용을 차감한 금액을 의미
내용연수	자산의 예상사용기간

㉢ 감가상각 방법

구 분	내 용	감가상각비 계산
정액법	자산의 내용연수 동안 일정액의 감가상각액을 인식하는 방법이다.	$\dfrac{(취득원가 - 잔존가액)}{내용연수}$
정률법	자산의 내용연수 동안 일정률을 매기에 상각하는 방법으로 감가상각액이 매년 감소한다.	미상각잔액* × 정률(%)* * 미상각잔액 = 취득원가 - 감가상각누계액 * 정률 $= 1 - n\sqrt{잔존가액/취득원가}$
이중체감법 (정액법의 배법)	미상각잔액에 정액법에 의한 상각률의 2배를 곱하여 계산한다.	미상각잔액 $\times \dfrac{1}{내용연수} \times 2$
연수합계법	원가에서 잔존가액을 차감한 금액을 내용연수의 합계에 대한 내용연수의 비율로 곱한다(단, 내용연수를 역순으로 한다).	(취득원가 - 잔존가액) $\times \dfrac{연수의\ 역순}{내용연수합계}$
생산량비례법	자산의 예상생산량 또는 예상조업도에 따라 계산한다.	(취득원가 - 잔존가액) $\times \dfrac{실제생산량}{예정총생산량}$

예제풀기

(주)사랑은 2020년 1월 1일에 내용연수 5년에 잔존가액 100,000원의 기계장치를 1,000,000원에 취득했다. 2020년과 2021년의 감가상각을 정액법, 정률법, 이중체감법, 연수합계법으로 계산하면 얼마인가? (정률법 상각률은 0.258로 한다)

해설 및 정답
- 정액법
  - 2020년도 : (1,000,000원 − 100,000원)/5 = 180,000원
  - 2021년도 : (1,000,000원 − 100,000원)/5 = 180,000원
- 정률법
  - 2020년도 : 1,000,000원 × 0.258 = 258,000원
  - 2021년도 : (1,000,000원 − 258,000원) × 0.258 = 191,436원
- 이중체감법
  - 2020년도 : (1,000,000원 − 0원) × 1/5 × 2 = 400,000원
  - 2021년도 : (1,000,000원 − 400,000원) × 1/5 × 2 = 240,000원
- 연수합계법
  - 2020년도 : (1,000,000원 − 100,000원) × {5/(1 + 2 + 3 + 4 + 5)} = 300,000원
  - 2021년도 : (1,000,000원 − 100,000원) × {4/(1 + 2 + 3 + 4 + 5)} = 240,000원

예제풀기

(주)사랑은 2020년 1월 1일에 내용연수 5년에 잔존가액 400,000원의 기계장치를 5,000,000원에 취득했다. 기계의 예상생산량은 400,000개로 예상되고, 실제로 50,000개를 생산했을 경우에 생산량비례법으로 계산하면 감가상각비는 얼마인가?

해설
(5,000,000원 − 400,000원) × (50,000개 ÷ 400,000개) = 575,000원

정답 575,000원

⑤ 유형자산의 처분 : 유형자산의 처분으로부터 발생하는 손익은 장부금액(취득원가 − 감가상각누계액)과 처분금액의 차액으로 결정되며 유형자산처분손익(영업외손익)으로 계상된다.

㉠ 장부금액 < 처분금액 : 유형자산처분이익(영업외수익)이 발생하는 경우

차 변		대 변	
감가상각누계액	×××	비품 등	×××
현 금	×××	유형자산처분이익	×××

㉡ 장부금액 > 처분금액 : 유형자산처분손실(영업외비용)이 발생하는 경우

차 변		대 변	
감가상각누계액	×××	비품 등	×××
현 금	×××		
유형자산처분손실	×××		

예제풀기

사랑(주)은 2018년 1월 1일에 1,000,000원에 취득한 기계장치를 2020년 5월 31일에 530,000원에 처분하였다. 기계장치의 내용연수는 5년이고, 잔존가액은 100,000원이며 정액법으로 감가상각해오고 있다. 기계장치의 처분손익을 계산한 금액은 얼마인가?

해설 및 정답
- 감가상각누계액
  - 2018년도, 2019년도 : {(1,000,000원 − 100,000원) ÷ 5} × 2년도 = 360,000원
  - 2020년도 : {(1,000,000원 − 100,000원) ÷ 5} × (5개월 ÷ 12개월) = 75,000원
  - 총 감가상각누계액 : 360,000원 + 75,000원 = 435,000원
- 분개내역

(차)	현 금	530,000	(대)	기계장치	1,000,000
	감가상각누계액	435,000			
	유형자산처분손실	35,000			

⑥ 유형자산의 손상차손

㉠ 유형자산의 진부화 또는 시장가치의 하락으로 인해 회수가능액이 장부가액에 현저하게 미달할 가능성이 있는 경우에 장부금액을 회수가능액으로 조정하고 차액을 유형자산손상차손 계정으로 처리한다.

㉡ 회수가능액이 회복되어 손상차손이 환입되는 경우에는 손상차손을 인식하기 전의 장부가액을 한도로 유형자산손상차손환입 계정으로 처리한다.

(3) 무형자산

재화의 생산이나 용역의 제공, 타인에 대한 임대 또는 관리에 사용할 목적으로 기업이 보유하고 있는 것으로 물리적 실체는 없지만 식별가능하고, 영업활동에 사용할 목적으로 보유하며, 기업이 통제할 수 있고, 미래의 경제적 효익이 있는 자산을 말한다.

무형자산	영업권, 산업재산권(특허권, 실용실안권, 의장권, 상표권), 개발비, 광업권, 어업권, 프렌차이즈권, 소프트웨어권, 저작권 등

 알아두기

개발비
신제품, 신기술 개발과 관련한 비용은 무형자산 인식요건에 따라 다음과 같이 구분되어 계정처리가 된다.
- 연구단계에서 발생한 비용으로 미래의 경제적 효익이 없는 경우 → 비용 처리
- 개발단계에서 발생한 비용으로 무형자산 인식 요건 미 충족된 경우 → 비용 처리
- 개발단계에서 발생한 비용으로 무형자산 인식 요건 충족된 경우 → 무형자산 처리

① 무형자산의 취득원가 = 매입금액 + 직접부대비용 − 매입할인
② 무형자산의 추가적으로 지출되는 비용을 의미하며, 자본적 지출(자산에 포함)과 수익적 지출(당기비용으로 처리)로 구분된다.
③ 무형자산의 상각

구 분	내 용			
상각기간	독점적 또는 배타적 권리를 부여하고 있는 관계법령이나 계약에 의한 경우를 제외하고는 20년을 초과할 수 없다.			
상각방법	유형자산 상각법에 준하고 무형자산의 특성에 맞는 합리적인 상각방법을 선택할 수 있으나, 이를 정할 수 없는 경우에는 정액법을 사용한다.			
잔존가액	무형자산의 잔존가액은 없는 것으로 보는 것이 원칙이다. 단, 양수 시 부의 영업권이 발생할 수 있는 경우엔 잔존가액 발생한다.			
회계처리	직접법　(차)　무형자산상각비	×××	(대)　무형자산	×××
	간접법　(차)　무형자산상각비	×××	(대)　무형자산상각누계액	×××

④ 무형자산의 손상차손
　㉠ 무형자산의 진부화 또는 시장가치의 하락으로 인해 회수가능액이 장부가액에 현저하게 미달할 가능성이 있는 경우에 장부금액을 회수가능액으로 조정하고 차액을 무형자산손상차손 계정으로 처리한다.
　㉡ 회수가능액이 회복되어 손상차손이 환입되는 경우에는 손상차손을 인식하기 전의 장부가액을 한도로 무형자산손상차손환입 계정으로 처리한다.

(4) 기타의 비유동자산

기타의 비유동자산	• 보증금(전세권, 임차보증금, 영업보증금, 회원권 등) • 이연법인세자산, 장기미수금, 부도어음과수표, 장기매출채권 등

❸ 유동부채의 계정과목

재무상태일로부터 만기가 1년 이내에 도래하여 상환해야 하는 채무를 의미한다.

구 분	내 용
유동부채	매입채무(외상매입금, 지급어음), 미지급금, 단기차입금, 예수금, 부가세예수금, 선수금, 미지급세금, 미지급비용, 선수수익, 유동성장기부채 등

❹ 비유동부채의 계정과목

재무상태일로부터 만기가 1년 이후에 도래하여 상환해야 하는 채무를 의미한다.

구 분	내 용
비유동부채	사채, 장기차입금, 장기매입채무, 임대보증금, 퇴직급여충당부채, 장기미지급금, 장기선수금, 이연법인세부채, 장기제품보증충당부채 등

(1) 사 채

① 기업이 장기자금을 조달할 때 발생하는 채무로서 계약에 따라 일정한 이자를 지급하며 일정한 시기에 원금을 상환할 것을 약속하고 차입한 채무를 의미한다.

> 사채의 발행가액 = 만기에 지급할 원금의 현재가치 + 미래 이자지급액의 현재가치

② 사채의 구성요소

구 분	내 용
발행일	사채를 발행한 일자
만기일	사채의 액면가액인 원금을 상환하는 일자
이자지급일	사채를 구입한 투자자에게 일정기간마다 일정액의 이자를 지급하는 일자
액면이자율과 액면이자	액면이자 = 사채의 액면금액 × 액면이자율
유효이자율 (시장이자율)과 유효이자	• 유효이자율 : 사채의 미래 현금흐름의 현재가치와 발행가액을 동일하게 일치시켜주는 이자율을 의미한다. • 유효이자(이자비용) = 사채의 기초장부금액 × 유효이자율 • 이자비용으로 처리한다.
사채발행비	• 사채발행 시 직접적으로 발생한 사채권인쇄비, 사채발행수수료, 광고비 등 • 사채할인발행차금에 가산 또는 사채할증발행차금에서 차감하여 처리한다. • 사채의 발행가액에서 차감하도록 규정하고 있다.

③ 사채의 발행 및 회계처리

구 분	내 용	회계처리	
액면발행	액면이자율 = 시장이자율(유효이자율)	(차) 당좌예금(발행가액)	(대) 사채(액면가액)
할인발행	액면이자율 < 시장이자율(유효이자율)	(차) 당좌예금(발행가액) 사채할인발행차금	(대) 사채(액면가액)
할증발행	액면이자율 > 시장이자율(유효이자율)	(차) 당좌예금(발행가액)	(대) 사채(액면가액) 사채할증발행차금

④ 유효이자율법에 의한 사채발행차금 상각 시 변동내용

구 분	장부금액	유효이자	액면이자	발행차금상각
할인발행	매기 증가	매기 증가	매기 일정	매기 증가
할증발행	매기 감소	매기 감소	매기 일정	매기 증가

예제풀기

다음 사채와 관련한 회계처리에 대한 설명 중 가장 적절하지 않은 것은 무엇인가?

① 유효이자율법을 적용할 경우 할증발행은 이자비용이 매년 감소한다.
② 유효이자율법을 적용할 경우 할인발행은 이자비용이 매년 증가한다.
③ 사채는 최초 인식 후 유효이자율법 상각을 사용하여 원가를 측정한다.
④ 유효이자율법을 적용할 경우 사채할인발행차금의 상각액은 매년 감소한다.

해설
유효이자율법을 적용할 경우에 사채할인발행차금의 상각액은 매년 증가한다.

정답 ④

(주)시랑은 2019년 1월 1일에 이자율 10%, 액면가 300,000원인 사채를 272,148원에 발행하였으며, 시장이자율은 14%이다. 만기일은 2020년 12월 31일이며 이자는 매년 12월 31일에 지급된다면 유효이자율법을 적용할 경우 (주)시대가 2020년 12월 31일에 인식해야할 이자비용은 얼마인가? (단, 소수 첫째 자리에서 반올림한다)

해설
• 2019년도 발행차금 상각액 : (272,148원 × 0.14) − (300,000원 × 0.1) = 8,101원
• 2020년도 유효이자 : (272,148원 + 8,101원) × 0.14 = 39,235원

정답 39,235원

(2) 퇴직급여충당부채

① 당해 사업년도 종료일 현재 임직원이 모두 퇴사할 경우 지급해야 할 퇴직금 상당액(퇴직급여추계액)을 충당하기 위해 비용으로 계상한 금액을 퇴직급여충당부채라고 한다.

② 퇴직급여충당부채 기말설정 시 계산식 및 회계처리

> • 퇴직급여충당부채 = 당기말 퇴직금 추계액 − (전기말 퇴직금추계액 − 당기중 퇴직금지급액)
> • 회계처리 : (차) 퇴직급여　　　　×××　　(대) 퇴직급여충당부채　×××

③ 퇴직급여 지급 시 회계처리

차 변		대 변	
퇴직급여충당부채	×××	현금 등	×××
퇴직급여	×××		

④ 확정기여형 퇴직연금제도(DC형) 설정 시 회계처리 → 비용

차 변		대 변	
퇴직급여	×××	현금 등	×××

⑤ 확정급여형 퇴직연금제도(DB형) 설정 시 회계처리 → 투자자산

차 변		대 변	
퇴직연금운용자산	×××	현금 등	×××

(3) 판매보증 충당부채

판매보증에 대해 A/S 비용 등 추가발생 비용을 예상하여 미리 설정하는 충당금이다.

차 변		대 변	
판매보증충당부채전입액	×××	판매보증충당부채	×××

(주)화랑의 퇴직급여충당부채 잔액이 35,000,000원이다. 사원에 대한 퇴직금추계액이 100,000,000 원이며 (주)화랑은 퇴직금추계액의 60%를 퇴직급여충당금으로 설정할 경우 회계처리하시오.

해설 및 정답
(100,000,000원 × 0.6) − 35,000,000원 = 25,000,000원

(차) 퇴직급여	25,000,000	(대) 퇴직급여충당부채	25,000,000

당회사 사원의 퇴직으로 인하여 퇴직금 10,000,000원을 현금지급하였다. 퇴직급여충당부채 잔액 이 4,000,000원 있는 경우 이를 회계처리하시오.

해설 및 정답
10,000,000원 − 4,000,000원 = 6,000,000원

(차) 퇴직급여충당부채	4,000,000	(대) 현 금	10,000,000
퇴직급여	6,000,000		

5 자본의 계정과목

구 분		내 용
자본금		보통주자본금, 우선주자본금, 자본금 = 발행주식수 × 1주당 액면가액
자본잉여금		주식발행초과금, 감자차익, 자기주식처분이익
자본조정	가산항목	주식매수선택권, 신주청약증거금, 미교부주식배당금 등
	차감항목	주식할인발행차금, 자기주식처분손실, 감자차손, 자기주식 등
기타포괄 손익누계액		매도가능증권평가손익, 해외사업환산손익, 현금흐름위험회피파생상품평가손익 등
이익잉여금 (결손금)	이익준비금 (법정적립금)	상법에 의해 자본금의 1/2에 도달할 때까지 현금배당의 10% 이상을 적립해야 한다.
	기타법정적립금	재무구조개선적립금(현재 폐지됨)
	임의적립금	사업확장적립금, 감채적립금, 결손보전적립금, 배당평균적립금, 퇴직급여적립금 등
	이월이익잉여금	미처분이익잉여금(미처리결손금)

(1) 자본금

자본금은 주주에 의해 불입된 자본 중 상법규정에 의해 법정자본으로 계상된 부분을 의미하며 보통주 자본금과 우선주자본금으로 분류될 수 있다.

① 주식의 발행(유상증자) : 주식발행도 사채발행과 마찬가지로 액면가를 기준으로 발행하고 있어 액면발행·할증발행·할인발행 세 가지로 방법으로 발행되고, 신주발행비는 주식발행가액에서 차감하도록 기업회계기준에서 규정하고 있다.

$$자본금 = 발행주식수 \times 1주당\ 액면가액$$

 알아두기

신주발행비
주권인쇄비, 증권회사수수료, 광고비, 법률비용 등의 부대비용

② 액면발행(액면가 = 발행가) : 주식을 액면금액으로 발행하는 경우

차 변		대 변	
현 금	×××	자본금	×××

※ 신주발행비는 주식할인발행차금으로 차변에 처리된다.

③ 할증발행(액면가 < 발행가) : 주식을 액면금액 이상으로 발행하는 경우이며, 액면을 초과한 금액은 주식발행초과금 계정으로 처리한다.

차 변		대 변	
현 금	×××	자본금	×××
		주식발행초과금(자본잉여금)	×××

※ 신주발행비는 주식발행초과금에서 차감 처리된다.

④ 할인발행(액면가 > 발행가) : 주식을 액면금액 이하로 발행하는 경우이며 액면을 미달한 금액은 주식할인발행차금 계정으로 처리한다.

차 변		대 변	
현 금	×××	자본금	×××
주식할인발행차금(자본조정)	×××		

※ 신주발행비는 주식할인발행차금에서 가산 처리된다.

⑤ **무상증자(자본금은 증가, 회사자산은 증가하지 않음)**
  ㉠ 자본전입 : 이익준비금 등을 자본금에 전입하여 구주주의 소유주식수에 비례해서 신주를 무상으로 분배하는 것을 의미한다.
  ㉡ 전환주식(전환우선주식)의 전환 : 보통주식으로 전환할 수 있는 우선권이 부여된 주식의 전환으로 자본에는 영향을 미치지 않는다.
  ㉢ 주식배당 : 이익배당을 하는 대신에 주식으로 배당하는 것으로서 기존 주주 간 소유지분비율에는 변화가 없다.
⑥ **유상감자(자본금의 감소, 회사자산의 감소)**
  ㉠ 주금액의 환급 : 액면가액의 감소
  ㉡ 주식의 소각 : 주식을 매입하여 소각하는 것으로 주식수가 감소
⑦ **무상감자(자본금은 감소, 회사자산은 감소하지 않음)** : 결손금 보전, 주식의 병합 등으로 자산의 유출은 없지만 자본금이 감소한다.

(2) 자본잉여금

자본잉여금은 증자가 감자 등과 같이 주주와의 거래에서 발행하여 자본을 증가시키는 잉여금을 의미한다.

자본잉여금	주식발행초과금, 감자차익, 자기주식처분이익 등

① **주식발행초과금** : 주식을 할증발행하는 경우 발행금액이 액면금액을 초과하는 부분을 의미한다. 만약, 주식할인발행차금 계정이 있으면 주식할인발행차금을 먼저 상계한 후에 주식발행초과금으로 인식해야 한다.
② **감자차익** : 사업축소를 위해 주식을 매입소각하거나 결손금을 보전하기 위해 자본을 감소시키는 것을 감자라고 하며, 이 경우 감소한 자본금이 주주에게 반환되는 금액 또는 결손금을 보전하고도 그 금액이 초과할 때의 초과금액을 감자차익이라고 한다. 감자차손이 있는 경우에는 먼저 상계한다.

차 변		대 변	
자본금	×××	현 금	×××
		감자차익	×××

③ **자기주식처분이익** : 회사가 이미 발행한 주식을 특별한 사유로 자기회사 주식을 재취득하고 공식적으로 소각되지 않은 경우를 자기주식이라고 하며, 이때 처분이익이 발생하면 대변에 자기주식처분이익 계정으로 처리하고, 자기주식처분손실이 있는 경우에는 먼저 상계한다.

차 변		대 변	
현 금	×××	자기주식	×××
		자기주식처분이익	×××

(3) 자본조정

당해 항목의 성격으로 보아 자본금이나 자본잉여금으로 볼 수 없는 항목을 분류한다.

자본조정	가산항목	주식매수선택권, 신주청약증거금, 미교부주식배당금 등
	차감항목	주식할인발행차금, 감자차손, 자기주식, 자기주식처분손실 등

① **주식할인발행차금** : 주식을 할인발행하는 경우에 발행금액이 액면금액에 미달하는 경우 그 금액을 주식발행초과금으로 계정 처리한다. 주식발행초과금이 있는 경우에는 우선 상계하며 미상계된 부분은 자본에서 차감하는 형식으로 기재했다가 이익잉여금으로 상각한다.

② **감자차손** : 사업축소를 위해 주식을 매입소각하거나 결손금을 보전하기 위해 자본을 감소시키는 것을 감자라고 하며, 이 경우 감소한 자본금이 주주에게 반환되는 금액보다 적은 경우에 감자차손으로 처리한다. 감자차익이 있는 경우에는 먼저 상계하고, 미상계된 부분은 자본에서 차감하는 형식으로 기재했다가 이익잉여금으로 상각한다.

차 변		대 변	
자본금	×××	현 금	×××
감자차손	×××		

③ **자기주식** : 회사가 이미 발행한 주식을 특별한 사유로 자기회사 주식을 재취득하고 공식적으로 소각되지 않은 경우를 자기주식이라고 한다.

④ **자기주식처분손실** : 회사가 이미 발행한 주식을 특별한 사유로 자기회사 주식을 재취득하고 공식적으로 소각되지 않은 경우를 자기주식이라고 하며, 이때 처분손실이 발생하면 차변에 자기주식처분손실 계정으로 처리하고, 자기주식처분이익이 있는 경우에는 먼저 상계한다.

차 변		대 변	
현 금	×××	자기주식	×××
자기주식처분손실	×××		

⑤ **미교부주식배당금** : 배당결의일 현재 미지급된 주식배당액을 의미하며, 배당지급일에 주식을 교부하면 자본금 계정으로 대체된다.

　㉠ 배당결의일

차 변		대 변	
미처분이익잉여금	×××	미교부주식배당금	×××

　㉡ 배당금 지급 시

차 변		대 변	
미교부주식배당금	×××	자본금	×××

(4) 기타포괄손익누계액

손익거래 중 손익계산서의 당기손익으로 분류하기 어려운 손익항목의 잔액을 말한다.

기타포괄 손익누계액	매도가능증권평가손익, 해외사업환산손익, 자산재평가잉여금, 현금흐름위험회피 파생상품평가손익 등

① 결산일의 공정가치로 평가하며 장부금액과 공정가치의 차이에 대해서는 매도가능증권평가손익(기타포괄손익누계액) 계정으로 처리한다.

② **해외산업환산손익** : 해외지점, 해외사업소 또는 해외소재 지분법적용대상회사의 외화표시 자산, 부채를 현행 환율법에 의해 원화로 환산하는 경우에 발생하는 환산손익을 의미한다.

③ **자산재평가잉여금** : 기업이 보유하고 있는 유형자산의 공정가치가 크게 상승 또는 하락하는 경우 실질적인 자본유지와 부채비율 감소 등의 재무적 지표 개선을 위해 현재의 공정가치로 평가하여 유형자산을 인상 및 인하하는 것을 자산재평가라고 하며, 이로 인해 발생한 잉여금은 기타포괄손익누계액으로 처리하고 손실은 당기의 손실로 처리한다.

④ **현금흐름위험회피 파생상품평가손익 등** : 현금흐름위험회피를 위한 목적으로 투자한 파생상품에서 발생하는 평가손익을 의미한다.

(5) 이익잉여금

이익잉여금은 손익거래의 결과로 얻어진 순이익의 일부가 주주에게 배당되지 않고 사내에 유보, 축적되어 발생한 잉여금을 의미한다.

이익잉여금 (결손금)	이익준비금 (법정적립금)	상법에 의해 자본금의 1/2에 도달할 때까지 현금배당의 10% 이상을 적립해야 한다.
	기타법정적립금	재무구조개선적립금(현재 폐지됨)
	임의적립금	사업확장적립금, 감채적립금, 결손보전적립금, 배당평균적립금, 퇴직급여적립금 등
	이월이익잉여금	미처분이익잉여금(미처리결손금)

① **이익준비금(법정적립금)** : 상법규정에 의하여 자본금의 1/2에 달할 때까지 매 결산 시 금전배당(현금배당)의 1/10 이상의 금액을 적립하는 준비금이다.

② **임의적립금** : 법령이 아닌 회사가 임의적으로 일정한 목적을 위해 정관 또는 주주총회의 결의에 의해 이익의 일부를 적립하는 것을 의미한다.

　　㉠ 적극적 적립금 : 사용목적이 분명한 적립금(사업확장적립금, 감채적립금 등)

　　㉡ 소극적 적립금 : 미래의 불확실한 손실이나 지출에 대비한 적립금(결손보전적립금, 배당평균적립금, 퇴직급여적립금 등)

③ 미처분이익잉여금(미처리결손금) : 기업이 벌어들인 이익 중에 배당금이나 다른 잉여금으로 처분되지 않고 남아 있는 이익잉여금으로서 당기 이익잉여금처분계산서의 미처분이익잉여금을 의미하며, 미처리결손금은 기업이 보고한 결손금 중 다른 잉여금으로 보전되지 않고 이월된 부분으로서 당기 결손금처리계산서의 미처리결손금을 의미한다.

㉠ 미처분이익잉여금의 처분 시 회계처리

차 변		대 변	
미처분이익잉여금	×××	이익준비금	×××
		잉여금처분시상각	×××
		미지급배당금	×××
		미교부주식배당금	×××
		임의적립금	×××
		차기이월이익잉여금	×××

㉡ 미처분결손금 처리 시 다음의 순서대로 결손처리하고 잔액은 차기로 이월한다.

이월이익잉여금 → 임의적립금 → 기타법정적립금 → 이익준비금 → 자본잉여금

다음 중 일반기업회계기준에 의한 이익잉여금의 종류에 해당되지 않는 것은 무엇인가?

① 이익준비금
② 주식발행초과금
③ 감채기금적립금
④ 결손보전적립금

해설
주식발행초과금은 자본잉여금에 해당하는 항목이다.

정답 ②

다음 중 일반기업회계기준에 의한 잉여금의 종류가 다른 하나는?

① 감자차익
② 이익준비금
③ 자기주식처분이익
④ 주식발행초과금

해설
이익준비금은 이익잉여금에 해당한다. 감자차익, 자기주식처분이익, 주식발행초과금은 자본잉여금에 해당한다.

정답 ②

다음 중 자본항목의 연결이 올바른 것은 무엇인가?

① 이익잉여금 – 감자차손
② 자본조정 – 자기주식처분이익
③ 자본잉여금 – 주식발행초과금
④ 기타포괄손익누계액 – 감자차익

해설
자기주식처분이익과 감자차익은 자본잉여금에 해당하며, 감자차손은 자본조정에 해당한다.

정답 ③

(주)사랑은 2020년 3월 2일 다음 [보기]와 같이 주식발행을 하였다. 주식발행대금은 당좌예금 계좌로 입금되었고 신주발행비는 현금으로 지급하였을 때 회계처리는?

[보기]			
• 액면가액	5,000원	• 발행가액	4,000원
• 발행주식수	10,000주	• 신주발행비	2,000,000원

해설 및 정답

• 자본금 : 10,000주 × 5000원 = 50,000,000원
• 당좌예금 : 10,000주 × 4000원 = 40,000,000원
• 신주발행비 : 주식할인발행일 경우에는 주식할인발행차금에 포함하여 회계처리한다.

(차)	당좌예금	40,000,000	(대)	자본금	50,000,000
	주식할인발행차금	12,000,000		현 금	2,000,000

다음 자료를 근거로 회계처리를 할 경우 감자차손 금액은 얼마인가?

• 주당 액면가액	5,000원	
• 감자주식수	100주	
• 주식구입 현금지급액	550,000원	

해설

감자주식 대상 자본금 : 5,000원 × 100주 = 500,000원

(차)	자본금	500,000	(대)	현 금	550,000
	감자차손	50,000			

정답 50,000원

(주)사랑은 주주총회 결의에 의해 회사 주식(1,000주, 액면가 10,000원)을 9,100원에 발행하고 주식발행 관련 비용 100,000원을 차감한 잔액을 모두 당좌예금 계좌로 입금하였다. 기존 주식발행초과금 잔액이 100,000원이었을 때 회계처리는?

해설 및 정답

(차)	당좌예금	9,000,000	(대)	자본금	10,000,000
	주식발행초과금	100,000			
	주식할인발행차금	900,000			

5 수익과 비용의 인식

▣ 수익의 인식

수익이란 통상적인 경영활동에서 발생하는 경제적 효익의 총유입을 의미하며 재화의 판매와 용역의 제공, 이자·배당금 로열티 등으로 인한 수익 등이 있다.

구 분	내 용
재화 판매	• 수익인식 조건 　– 재화의 소유에 따른 위험과 효익의 대부분이 구매자에게 이전된다. 　– 수익금액을 신뢰성 있게 측정할 수 있다. 　– 경제적 효익의 유입가능성이 매우 높다. 　– 발생했거나 발생할 거래원가와 관련 비용을 신뢰성 있게 측정 가능하다. 　– 판매자는 판매한 재화에 대해 소유권이 있을 때 통상적으로 행사하는 정도의 관리나 효과적인 통제를 　　할 수 없다(통제권 이전). • 재화와 수익인식 사례 　– 상품·제품 : 재화를 고객에게 인도하는 시점, 즉 인도기준 　– 위탁판매 : 수탁자가 제3자에게 재화를 판매한 시점 　– 시용판매 : 고객이 매입의사를 표시하는 시점 　– 할부판매 : 재화를 고객에게 인도하는 시점, 즉 인도기준 　– 부동산판매 : 대금을 청산한 날, 소유권이전등기일, 매입자의 사용가능일 중에서 빠른 날 　– 설치 및 검사조건부 판매 : 설치 및 검사가 완료된 때 　– 임대업, 대행업 등 : 임대료 또는 수수료만을 수익으로 인식 　– 상품권매출 : 수익상품권을 회수할 때 　– 반품조건부 판매 : 구매자가 인수를 수락하는 시점 또는 반품기간이 종료된 시점
용역 제공	• 수익인식 조건 　– 보고기간 말에 그 거래의 진행률을 신뢰성 있게 측정할 수 있어야 한다. 　– 수익금액을 신뢰성 있게 측정할 수 있다. 　– 경제적 효익의 유입가능성이 매우 높다. 　– 발생했거나 발생할 거래원가와 관련 비용을 신뢰성 있게 측정 가능하다. • 진행률 　– 총예상작업량(또는 작업시간)대비 실제작업량(또는 작업시간)의 비율 　– 총예상용역량 대비 현재까지 제공한 누적용역량의 비율 　– 총추정원가 대비 현재까지 발생한 누적원가의 비율 • 용역의 수익인식 사례 　– 도급공사 : 진행기준 = 당기발생누적원가 ÷ 총공사예정원가 　– 광고수수료 : 광고제작의 진행률에 따라 인식 　– 공연입장료 : 행사가 개최되는 시점 　– 수강료 : 강의 발생기간 동안 발생기준 적용

구분	
이자·배당금 로열티 등	• 수익인식 조건 　– 수익금액을 신뢰성 있게 측정할 수 있다. 　– 경제적 효익의 유입가능성이 매우 높다. • 수익인식 사례 　– 이자수익 : 유효이자율을 적용하여 발생기준에 따라 인식 　– 배당금수익 : 배당금을 받을 권리와 금액이 확정되는 시점에 인식 　– 로열티수익 : 관련된 계약의 경제적 실질을 반영하여 발생기준에 따라 인식
기타수익	• 수익인식 조건 　– 수익가득과정이 완료되었거나 실질적으로 거의 완료되었을 때 인식한다. 　– 수익금액을 신뢰성 있게 측정할 수 있다. 　– 경제적 효익의 유입가능성이 매우 높다.

2 비용의 인식

구 분		내 용
수익·비용 대응주의	매출원가	수익과 직접 관련되어 발생한 비용은 동일한 사건에서 수익이 발생할 때 대응하여 인식하여야 한다.
발생기간 비용처리	기간대응	수익과 직접 관련하여 대응할 수 없는 비용은 재화 및 용역의 사용으로 자산이 감소하거나 부채가 발생하는 회계기간에 인식한다. 예 관리직 인건비, 광고선전비
합리적이고 체계적인 대응	비용배분	자산으로부터의 효익이 여러 회계기간에 걸쳐 발생할 것으로 기대되는 경우 이와 관련하여 발생한 특정성격의 비용은 합리적이고 체계적인 배분철차에 따라 회계기간별로 배분한다. 예 보험료, 감가상각비 등

6 결산관리

1 결산의 의의

기업의 회계기간이 종료될 때 기업의 재무상태를 실제로 조사하여 장부를 수정하고 정리하여 마감한 후 정확한 재무상태와 경영성과를 파악하여 재무제표를 작성하는데, 이와 같이 경영성과를 명확하게 하기 위해 장부를 정리하고 마감하는 일련의 절차를 결산이라고 한다.

2 결산의 절차

(1) 결산예비절차(수정전시산표 → 재고조사표 → 기말수정분개 → 수정후시산표 → 정산표)

(2) 결산본절차(총계정원장 작성 및 마감)

    ① 손익계정에서 당기순손익을 계산한 후 미처분이익잉여금 원장으로 대체기입한다.

    ② **재무상태표 마감** : 자산, 부채, 자본계정을 차기이월로 하여 마감한다.

(3) 결산후절차(재무제표 작성 및 마감)

    ※ 재무제표 : 재무상태표, 손익계산서, 현금흐름표, 자본변동표, 주석

3 결산정리사항

(1) 자산 및 부채 계정에 대한 결산정리사항

    ① 기말재고자산 재고액

    ② 유형자산의 감가상각 및 무형자산의 상각

    ③ 매출채권 및 기타채권에 대한 대손충당금 설정

    ④ 유가증권의 평가

    ⑤ 외화자산 및 외화부채의 평가

    ⑥ 퇴직급여충당부채의 설정

(2) 손익계정에 대한 결산정리사항

    ① **수익의 이연(선수수익)** : 당기에 수입된 수익 중 차기에 속하는 수익은 부채(선수수익)로 계상

차 변		대 변	
임대료	×××	선수수익	×××

    ② **비용의 이연(선급비용)** : 당기에 지출된 비용 중 차기에 속하는 비용은 자산(선급비용)으로 계상

차 변		대 변	
선급비용	×××	보험료	×××

    ③ **수익의 발생(미수수익)** : 당기에 속하는 수익 중 미수된 수익은 자산(미수수익)으로 계상

차 변		대 변	
미수수익	×××	이자수익	×××

④ 비용의 발생(미지급비용) : 당기에 속하는 비용 중 미지급된 부분이 있는 경우에는 부채(미지급비용)로 계상

차 변		대 변	
이자비용	×××	미지급비용	×××

(3) 기타의 결산정리사항

① 현금과부족 계정의 정리

㉠ 부족한 현금시재가 결산 시까지 원인이 밝혀지지 않을 때 → 잡손실 처리

차 변		대 변	
잡손실	×××	현금과부족	×××

㉡ 많았던 현금시재가 결산 시까지 원인이 밝혀지지 않을 때 → 잡이익 처리

차 변		대 변	
현금과부족	×××	잡이익	×××

② 소모품의 정리

㉠ 구입 시 소모품을 비용으로 처리한 경우 → 미사용분을 자산(소모품) 처리

차 변		대 변	
소모품	×××	소모품비	×××

㉡ 구입 시 소모품을 자산으로 처리한 경우 → 사용분을 비용(소모품비) 처리

차 변		대 변	
소모품비	×××	소모품	×××

③ 가지급금, 가수금 계정의 정리

④ 법인세비용의 추산

예제풀기

다음의 내용은 무엇에 대한 설명인가?

총계정원장의 기입이 정확한가의 여부를 조사하기 위해 원장의 각 계정과 그 금액을 모아 작성하는 표를 말하며, 오류검증기능을 가지고 있다. 그래서 대변과 차변의 총 합계액이 일치하지 않으면 전기 과정에 오류가 있음을 알 수 있다.

① 분개장   ② 은행계정조정표
③ 시산표   ④ 재무상태표

해설
시산표에 대한 설명이다.

정답 ③

다음 결산절차 중 가장 마지막에 수행하는 절차는 무엇인가?

① 결산수정분개
② 수정전시산표의 작성
③ 재무상태표 계정의 마감
④ 손익계산서 계정의 마감

정답 ③

회사는 2020년 9월 1일 차량보험에 가입하였고 보험료 1,200,000원을 납부하였다. 보험은 매년 갱신되며 1년분 보험료를 선납하는 조건이다. 2020년 결산 시 선급비용으로 계상되는 금액은?

해설
보험료 1,200,000원 × (8/12) = 800,000원

(차)	선급비용	800,000	(대)	보험료	800,000

정답 800,000원

(주)미화는 2020년 9월 1일에 1년치 임대료 1,200,000원을 현금으로 수취하였다. 2020년 12월 말 결산 시 이에 대한 회계처리는?

해설 및 정답
보험료 1,200,000원 × (8/12) = 800,000원

(차)	임대료	800,000	(대)	선수수익	800,000

다음의 자료와 같이 사무용품 구매 시 소모품비 계정으로 처리한 경우 2020년 결산 시 회계처리는?

> 2020년 4월 1일 사무용품 300,000원을 구입하고 대금은 현금으로 지급하였다.
> 2020년 12월 31일 결산 시 사무용품 미사용액이 100,000원으로 파악되었다.

해설 및 정답
결산 시 소모품비로 계상했던 부분 중 미사용액을 결산 시 대체분개해야 한다.

(차)	소모품	100,000	(대)	소모품비	100,000

01 상품의 구입가격이 계속 상승하고, 기말재고수량이 기초재고수량보다 많을 때 당기순이익이 크게 계상되는 순서로 옳은 것은?

① 가중평균법, 선입선출법, 후입선출법
② 가중평균법, 후입선출법, 선입선출법
③ 선입선출법, 가중평균법, 후입선출법
④ 후입선출법, 가중평균법, 선입선출법

해설

인플레이션(Inflation)하에서 재고자산의 평가방법
• 매출총이익 기말재고자산의 크기순서
  선입선출법 > 이동평균법 > 총평균법 > 후입선출법
• 매출원가 크기순서
  선입선출법 < 이동평균법 < 총평균법 < 후입선출법

02 다음 거래를 분개하였을 때 나타나는 차변 계정과목과 동일한 계정과목으로 처리해야 하는 거래로 옳은 것은?

> 거래 : 대한 상공회의소 일반회비 100,000원을 현금으로 납부하다.

① 신문에 광고를 내고 대금 500,000원을 현금으로 지급하다.
② 불우이웃돕기 성금으로 방송사에 1,000,000원을 기탁하다.
③ 거래처 종업원과의 식사대금 50,000원을 신용카드로 결제하다.
④ 업무용자동차에 대한 자동차세 300,000원을 현금으로 납부하다.

해설

④는 세금과공과 항목에 해당한다.
① 광고선전비, ② 기부금, ③ 접대비

03 다음 자료를 이용하여 2020년도 손익계산서에 보고되는 임차료 금액으로 옳은 것은?

구 분	2020년 1월 1일	2020년 12월 31일
선급임차료	50,000원	50,000원

※ 2020년 6월 1일 임차료 120,000원을 현금으로 지급하다.

① 70,000원　　　　　　　　　　② 100,000원
③ 120,000원　　　　　　　　　④ 170,000원

■해설

2020년 1월에 이월된 임차료 50,000원 + 2020년 기간(7개월 : 6월 ~ 12월) 70,000원의 합계인 120,000원
이다.

04 전자부품업을 하는 (주)생산성은 원재료인 밀가루의 안정적인 확보를 위해 총매입대금 2,000,000원
중 일부인 1,000,000원을 2020년 12월 20일 (주)본부에 선지급하였다. 실제 원재료 입고일이 2021년
1월 10일이라면 2020년 12월 20일에 (주)생산성이 수행해야 할 회계처리로 가장 올바른 것은?

① (차) 선급비용　　　　1,000,000　　(대) 현 금　　　　1,000,000
② (차) 선급금　　　　　1,000,000　　(대) 현 금　　　　1,000,000
③ (차) 매출원가　　　　1,000,000　　(대) 현 금　　　　1,000,000
④ (차) 원재료　　　　　2,000,000　　(대) 현 금　　　　2,000,000

■해설

입고일 이전에 먼저 지급한 금액이므로 선급금 계정을 사용하여 회계처리한다.

05 다음의 자본 항목 중 주주와의 자본거래로 인해 발생한 항목이 아닌 것은?

① 자본금　　　　　　　　　　　② 주식발행초과금
③ 자기주식처분손익　　　　　　④ 매도가능금융자산평가손익

■해설

④는 매도가능증권을 공정가치로 평가할 때 발생하는 항목으로 기타포괄손익누계액 항목에 해당된다.

06 재무상태표에 대한 설명으로 옳지 않은 것은?

① 재무상태표는 특정시점의 자산, 부채, 자본 항목의 금액이 얼마인지를 보여주는 정태적 보고서이다.

② 재무상태표의 자본항목은 자본금, 자본잉여금, 이익잉여금, 기타포괄손익누계액, 자본조정의 5가지로 구성된다.

③ 재무상태표는 일정기간 동안의 기업의 경영성과를 나타내는 flow 개념의 보고서이다.

④ 재무상태표의 자산과 부채는 각각 유동항목과 비유동항목으로 구분·표시한다.

해설

③은 손익계산서에 대한 내용이다. 재무상태표는 일정시점에 기업의 재무상태를 나타내는 정태적 보고서이다.

07 다음 중 일반기업회계기준에 의한 이익잉여금의 분류가 다른 것은?

① 이익준비금 ② 사업확장적립금

③ 감채기금적립금 ④ 배당평균적립금

해설

①은 상법에 의해 자본금의 1/2에 도달할 때까지 현금배당의 10% 이상을 적립해야 하는 법정적립금에 해당된다. 이외의 보기는 임의적립금에 해당한다.

08 다음 보기의 거래를 올바르게 분석한 것은?

┌─ 보 기 ──────────────────────────────────┐
│ 사채를 액면발행하여 운영자금 1억원을 현금으로 수취하였다. │
└──┘

① (차) 자산 증가 (대) 자산 감소

② (차) 자산 증가 (대) 자산 증가

③ (차) 부채 증가 (대) 자산 감소

④ (차) 자산 증가 (대) 부채 증가

해설

(차) 현금(자산 증가) 1억원 (대) 사채(비유동부채 증가) 1억원

09 다음 보기의 내용에 가장 적합한 계정과목은?

┌─ 보 기 ───┐

주주나 제3자 등으로부터 자산을 무상으로 증여받은 경우 그 금액

└───┘

① 자본금   ② 기부금
③ 채무면제이익   ④ 자산수증이익

해설

① 주식회사가 자금을 조달할 목적으로 주식을 발행하는 것을 말한다.
② 영업과 무관하게 기부하는 것으로 영업외비용에 해당한다.
③ 단기차입금 등의 채무를 면제받은 경우로 영업외수익에 해당한다.

10 다음 보기의 자본거래를 올바르게 분개한 것은?

┌─ 보 기 ───┐

액면 5,000원인 자기주식 10,000주를 4,000원에 현금으로 매입하여 즉시 소각하였다.

└───┘

① (차) 자본금   50,000,000   (대) 현 금   40,000,000
                                              감자차익   10,000,000
② (차) 현 금   40,000,000   (대) 자본금   50,000,000
       감자차손   10,000,000
③ (차) 자기주식   50,000,000   (대) 현 금   40,000,000
                                              자본금   10,000,000
④ (차) 현 금   40,000,000   (대) 자기주식   50,000,000
       감자차익   10,000,000

해설

매입소각은 자사주식을 재매입하여 소각하는 경우를 말하며, 차액은 감자차익 또는 감자차손으로 나타낸다.

11 다음 유형자산 취득 후 추가적인 지출거래 중 이를 자산화할 수 없는 거래유형은?

① 장기적 지출효과　　　　　　② 능률유지와 회복

③ 사용가치의 증가　　　　　　④ 내용연수의 증가

해설

②는 수익적 지출에 해당하는 내용이다. 이외의 보기는 자본적 지출에 해당하는 내용이다.

12 다음 중 일반기업회계기준상 무형자산으로 분류하여야 하는 계정과목은?

① 연구비　　　　　　　　　　② 개발비

③ 경상개발비　　　　　　　　④ 내부적 창출 영업권

해설

연구비와 경상개발비는 판매관리비에 해당되는 내용이다. 영업권은 내부적으로 창출된 것은 무형자산으로 인정하지 않는다.

13 다음 보기의 내용에 해당되는 손익의 이연 또는 발생 항목은?

┌─ 보 기 ─────────────────────────────────────┐

아직 현금으로 지출되지 않았으나 당기에 귀속되는 비용을 당기에 발생한 비용으로 인식할 때 사용하는 계정과목

└──┘

① 선급비용　　　　　　　　　　② 선수수익

③ 미수수익　　　　　　　　　　④ 미지급비용

해설

① 당기에 발생한 비용이 차기에 이연되어 영향을 미치는 것을 의미한다.
② 당기에 발생한 수익이 차기에 이연되어 영향을 미치는 것을 의미한다.
③ 아직 수입되지 않았으나 당기에 귀속되는 수익을 인식하는 경우에 사용한다.

14 다음은 재무상태표에 대한 설명이다. 틀린 것은?

① 특정시점에 있어서 기업의 재무상태를 보고한다.
② 자산은 미래의 경제적 효익이 기업에 유입될 것으로 기대되는 자원을 말한다.
③ 재무상태표의 대변은 자금의 운용상태를 설명하고 있다.
④ 부채는 기업이 장래에 일정한 금액을 갚아야 할 의무를 말한다.

해설

차변이 자금의 운용상태를 설명하고 있다. 대변은 자금의 조달방법을 설명한다.

15 다음 중 회계학상의 거래로 볼 수 있는 것은?

① 비품을 매입하기로 하고 계약하다.
② 건물이 화재로 소실되었다.
③ 종업원을 월 급여를 지급하기로 하고 채용하다.
④ 자동차를 할부로 구매 계약을 하였다.

해설

②는 자산이 감소되는 것이므로 회계상의 거래에 해당된다.

16 다음은 무엇에 대한 설명인가?

> 대차평형의 원리, 자기검증기능을 이용하여 총계정원장에 전기할 시 오류가 있는지 없는지 검토하기 위해 작성하는 것

① 재무상태표 ② 결산수정분개
③ 시산표 ④ 결 산

해설

② 기초와 기말의 수익과 비용, 자산, 부채, 자본의 증감에 대한 변화를 수정하는 것을 말한다.
④ 회계연도 말에 총계정원장을 마감하는 것을 말한다.

17 다음 내용을 보고 분개로 적절한 것은?

> 12월 31일 결산시점에 이자비용 미경과분 50,000원을 계상하다.

① (차) 이자비용   50,000   (대) 미지급비용   50,000

② (차) 이자비용   50,000   (대) 선급비용   50,000

③ (차) 미지급비용   50,000   (대) 이자비용   50,000

④ (차) 선급비용   50,000   (대) 이자비용   50,000

해설

차기분에 해당되는 부분을 선급비용으로 계상한다.

18 다음 중 성격이 다른 하나는 무엇인가?

① 계속기록법   ② 선입선출법

③ 이동평균법   ④ 후입선출법

해설

계속기록법은 재고자산의 수량을 집계할 때 사용하는 방법이며, 이외의 보기는 재고자산의 단가를 집계할 때 사용하는 방법이다.

19 다음 중 매입계정의 차감항목이 아닌 것은?

① 매입에누리   ② 매입운임

③ 매입할인   ④ 매입환출

해설

당기상품매입액 = 총매입액(제비용 포함) − 매입할인 및 매입에누리 − 매입환출

20 다음 중 현금및현금성자산으로 구분할 수 없는 것은?

① 보통예금
② 취득 당시 3개월 이내의 양도성예금증서
③ 당좌예금
④ 수입인지

■ 해설

수입인지는 세금과공과에 해당한다.

21 다음 설명을 보고 올바른 것은?

기말재고자산 500,000원을 400,000원으로 잘못 기록하였다.

① 당기순이익의 과대계상
② 매출원가의 과대계상
③ 기초재고자산의 과대계상
④ 영업이익의 과대계상

■ 해설

• 기말재고자산을 과소계상하면 매출원가는 과대계상된다.
• 상품매출원가(도소매업 해당) = 기초상품재고액 + 당기상품매입액 − 기말상품재고액

22 다음은 부채의 종류를 나열하였다. 성격이 다른 것은?

① 단기차입금   ② 선수금
③ 예수금   ④ 사 채

■ 해설

④는 비유동부채에 해당된다. 이외의 보기는 유동부채에 해당한다.

23 다음 중 특정한 수익과 직접 관련이 없고 발생 즉시 비용으로 인식하는 계정과목은?

① 매출원가

② 무형자산상각비

③ 광고선전비

④ 감가상각비

해설

당기의 비용으로 즉시 인식할 수 있는 계정과목은 광고선전비, 일반관리비, 이자비용 등이 해당된다.

24 한국(주)의 2020년 12월 31일 현재 자본구성은 다음과 같다. 한국(주)의 총자산이 500,000원, 총부채가 320,000원일 경우 이익잉여금은 얼마인가?

- 자본금 : 120,000원
- 자본잉여금 : 30,000원
- 이익잉여금은 이익준비금 10,000원과 미처분이익잉여금으로 구성

① 20,000원

② 30,000원

③ 70,000원

④ 80,000원

해설

- 총자본 : 500,000원 − 320,000원 = 180,000원
- 총자본 180,000원은 자본금 120,000원 + 자본잉여금 30,000원 + 이익잉여금 30,000원으로 구성되어 있다.

25 다음 중 기말에 대손충당금 설정 대상으로 적절하지 않은 것은?

① 미수금

② 받을어음

③ 임차보증금

④ 외상매출금

해설

기말에 대손충당금 설정대상은 매출채권과 미수금, 단기대여금 등이 해당된다. 임차보증금은 보증금이 설정되는 것으로 설정대상이 아니다.

26 다음의 자본 항목 중 주주와의 자본거래로 인해 발생한 항목이 아닌 것은?

① 자본금
② 주식발행초과금
③ 자기주식처분손익
④ 유동성장기부채

■해설

④는 부채 항목에 해당한다.

27 다음 중 공정가치를 역사적 원가보다 우선시하는 경우 중시되는 회계정보의 질적특성은?

① 검증가능성
② 비교가능성
③ 목적적합성
④ 이해가능성

■해설

목적적합성의 예측가치에 해당되는 내용이다.

제**3**편

핵심실무

제1장   핵심ERP 실습용 프로그램 설치

제2장   시스템관리

제3장   회계관리

프로그램 및 DB 설치

① 네이버카페 [클리프에듀]에 가입
   URL 주소 : https://cafe.naver.com/cliffedu
② 학습자료실 → 프로그램 다운로드 → 최신 프로그램 파일
   다운로드
③ 학습자료실 → 기출 DB 다운로드 → 해당 회차 DB 다운로드

설치 동영상

ERP
회계 2급

제1장 핵심ERP 실습용 프로그램 설치

1 실습용 프로그램 설치

1 핵심ERP 설치 시 유의사항

아래 컴퓨터 사양보다 낮은 설치환경에서는 핵심ERP ver.2020을 설치할 수 없습니다.

- 설치 가능 OS : Microsoft Windows7 이상의 OS (Mac OS X, Linux 등 설치 불가)
- CPU : Intel Core2Duo / i3 1.8Ghz 이상의 CPU
- Memory : 3GB 이상의 Memory
- DISK : 10GB 이상의 C:₩ 여유 공간

위 최소 요구사양을 만족하지 못하는 경우 핵심ERP 설치진행이 불가능합니다.

2 핵심ERP 설치 파일 구성 확인

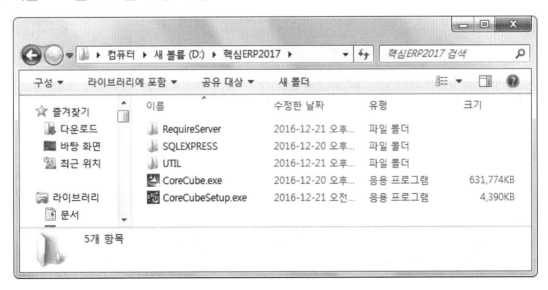

RequireServer	핵심ERP 설치에 필요한 파일이 모여 있는 폴더
SQLEXPRESS	Microsoft SQL Server 2008 R2 Express Edition 폴더
UTIL	CoreCheck.exe 응용 프로그램이 들어 있습니다.
CoreCube.exe	핵심ERP InstallShield 파일
CoreCubeSetup.exe	핵심ERP 인스톨 실행파일

※ [CoreCube.exe]를 실행한 경우 아래와 같이 설치를 진행할 수 없습니다.

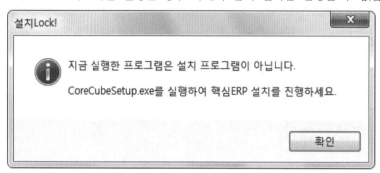

3 파일 목록에서 반드시 [CoreCubeSetup.exe]를 실행하여 설치를 진행

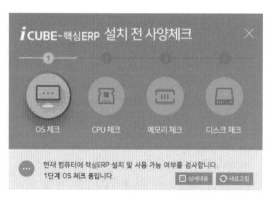

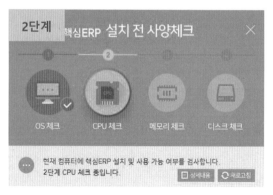

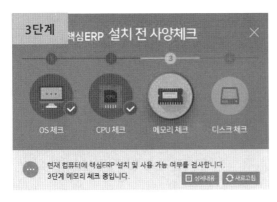
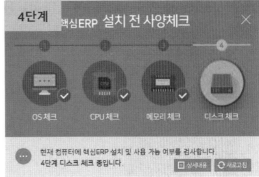

④ 4단계 모두 충족 시 설치 가능

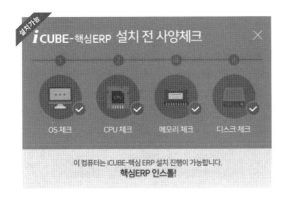

⑤ 핵심ERP 사용권 계약 동의

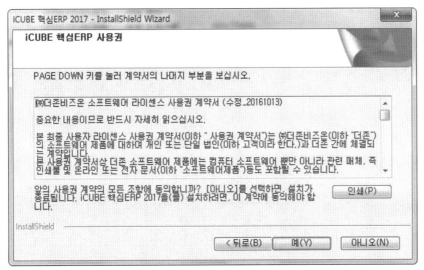

소프트웨어 라이선스 사용권 계약서에 동의하는 경우 [예] 버튼을 클릭합니다.

6 핵심ERP 설치가 완료되면 [완료] 버튼 클릭

7 [iCUBE-핵심ERP]가 자동실행되며, 로그인하여 사용

2 기출문제 DB 실행

1 복구하고자 하는 [DZCORECUBE], [DZCORECUBELOG] 파일을 모두 복사하여
[C: ₩iCUBECORE₩iCUBECORE_DB₩Attach] 폴더 안에 붙여넣기 실행

② 내컴퓨터 [C: ₩iCUBECORE₩Restore] 폴더 내 [CoreCubeRestore] 파일 클릭

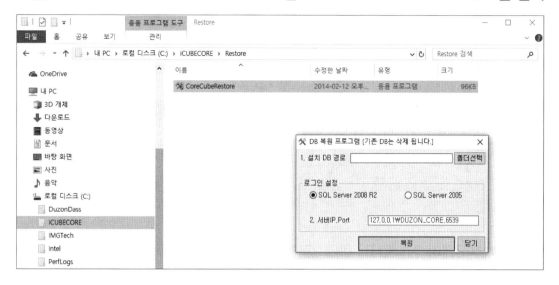

③ 설치 DB 경로를 [C: ₩iCUBECORE₩iCUBECORE_DB]로 지정 후 확인

④ 복원 버튼 클릭

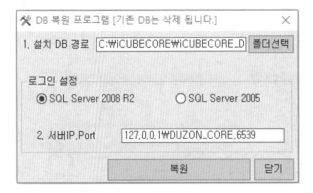

⑤ DB 복구작업이 진행되고, 아래 화면이 종료되면 핵심ERP 프로그램 실행

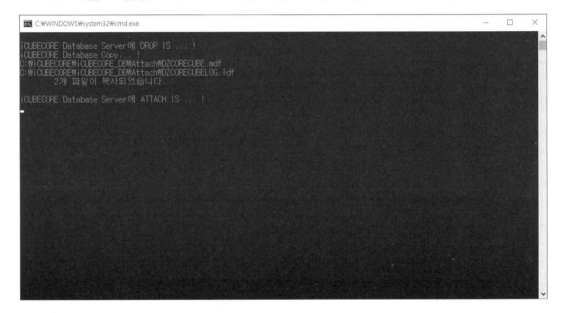

제2장 시스템관리

1 시스템관리 프로세스 전체 메뉴 화면

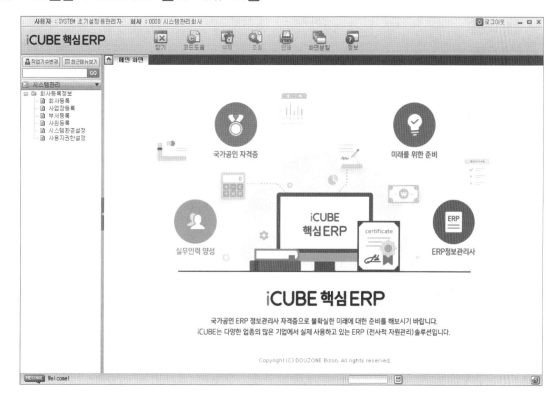

② (주)사랑 조직도

핵심ERP 설치 시 가장 먼저 생성해야 할 정보는 조직도이다. 효과적인 조직도 구성을 통해 다른 모듈과의 효율적인 DB 연계가 가능해지고 운용이 용이해질 수 있다.

③ (주)사랑 조직도 등록 프로세스

최초 로그인 → 회사등록 → 재로그인 → 사업장 등록 → 부서등록 (부문등록) → 사원등록 → 사용자 권한설정

---

2 회사등록정보

① 최초 시스템 로그인 방법

♣ Log-In 입력정보
회사코드 : 0000
사원코드 : SYSTEM
사원암호 : SYSTEM

② 회사등록

[시스템관리 → 회사등록정보 → 회사등록]
최초 시스템 로그인 후 가장 먼저 등록되어야 하는 정보는 본점 회사를 등록하는 작업이다. 회사등록정보가 각종 출력물에 영향을 주기 때문에 정확한 입력이 필요하다.

실습예제

- 회사코드 : 5000
- 회계연도 : 제10기 2020.01.01. ~ 2020.12.31.
- 대표자 주민등록번호 : 720521-2063542

사 업 자 등 록 증

(법인사업자)

등록번호 : 205-82-04652

① 법 인 명 (단 체 명) : (주)사랑
② 대　　표　　자 : 이사랑
③ 개 업 연 월 일 : 2011년 1월 1일
④ 법 인 등 록 번 호 : 100011-1231235
⑤ 사 업 장 소 재 지 : 서울특별시 마포구 월드컵로 251
⑥ 본 점 소 재 지 : 서울특별시 마포구 월드컵로 251
⑦ 사 업 의 종 류 : [업태] 제조, 도소매 [종목] 전자제품 외
⑧ 교 부 사 유 : 신규
⑨ 주 류 판 매 신 고 번 호 :
⑩ 사 업 자 단 위 과 세 여 부 : 여( ) 부(○)

2011년 1월 1일

마 포 세 무 서 장 (인)

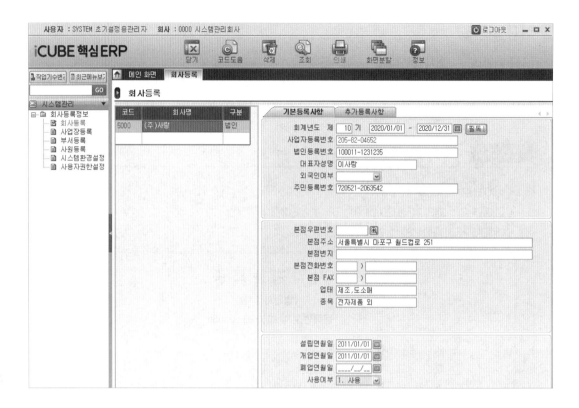

- 노란색 표기부분은 필수입력사항에 해당된다.
- 필드에 값을 입력한 후 반드시 엔터를 마지막 필드까지 눌러서 커서가 다음 필드로 이동이 되어야만 저장이 된다.

❸ 사업장등록

[재로그인 → 시스템관리 → 회사등록정보 → 사업자등록]

우리나라의 경우 부가가치세법상 사업장별 과세제도를 채택하고 있기 때문에 회사 내의 재무정보, 장부, 세금정보 등이 사업장별로 조회가 이루어진다. 이로 인해 회사 내의 사업자등록이 되어 있는 모든 사업장의 정보가 시스템 안에 등록이 되어야 한다.

(1) 등록된 회사코드로 재로그인이 필요하다.

♣ Log-In 입력정보
회사코드 : 5000
사원코드 : SYSTEM
사원암호 : SYSTEM

(2) 지사 정보는 사업자등록증을 기준으로 등록해야 한다.

실습에제

• (주)사랑 대전지사 사업장 등록(코드 2000으로 등록)

사 업 자 등 록 증

(법인사업자)

등록번호 : 342-82-04512

① 법 인 명 (단 체 명) : (주)사랑 대전지사
② 대　　표　　자 : 이사랑
③ 개 업 연 월 일 : 2011년 1월 1일
④ 법 인 등 록 번 호 : 100011-2432425
⑤ 사 업 장 소 재 지 : 대전광역시 동구 대전천동로 508
⑥ 본 점 소 재 지 : 서울특별시 마포구 월드컵로 251
⑦ 사 업 의 종 류 : [업태] 제조, 도소매　[종목] 전자제품 외
⑧ 교 부 사 유 : 신규
⑨ 주 류 판 매 신 고 번 호 :
⑩ 사 업 자 단 위 과 세 여 부 : 여( )　부(○)

2011년 1월 1일

대 전 세 무 서 장 (인)

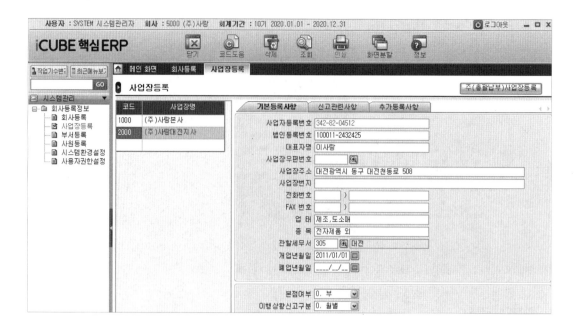

(3) 세무신고 등의 업무 시 필요한 정보 등에 대한 입력이 필요하다.

실습예제 [(주)사랑본사]

[(주)사랑본사]의 기본등록사항 및 신고관련사항 정보 넣기

- 기본등록사항 TAB 입력하기
  - 관할세무서 [105.마포]
  - 이행상황신고구분 [0.월별]

- 신고관련사항 TAB 입력하기
  - 주업종코드 [321000.제조업]
  - 지방세신고지(행정동) [1144072000.마포구청]
  - 지방세신고지(법정동) [1144012500.마포구 성산동]

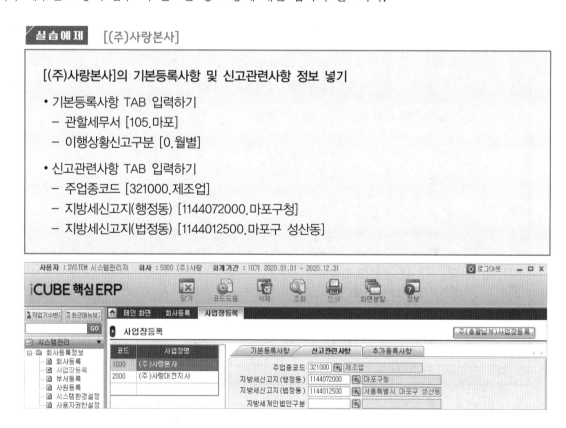

[(주)사랑대전지사]

[(주)사랑대전지사]의 기본등록사항 및 신고관련사항 정보 넣기

- 기본등록사항 TAB 입력하기
  - 관할세무서 [305.대전]
  - 이행상황신고구분 [0.월별]

- 신고관련사항 TAB 입력하기
  - 주업종코드 [321000.제조업]
  - 지방세신고지(행정동) [3014067000.중구청]
  - 지방세신고지(법정동) [3014011300.중구 오류동]

실습예제 [주(총괄납부)사업장 등록]

- 본사를 주사업장총괄납부 사업장으로, 대전지사는 종사업장으로 등록하기(승인번호 1231235)

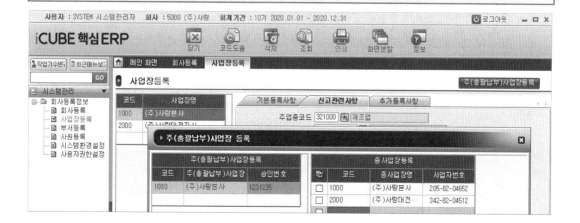

주사업장총괄납부란?
부가가치세는 각 사업장마다 신고하고 납부하는 것이 원칙이지만, 2군데 이상의 사업장이 있을 경우
사업자 신청에 의해 각 사업장의 납부(환급)세액을 주사업장에서 총괄하여 납부할 수 있는 제도(단, 신
고는 각 사업장별로 해야 하고, 세액의 납부 및 환급만 총괄함)

Tip 실무문제 유형

Q : 주사업장총괄납부를 하는 사업장은 신고도 본사에서 한 번에 할 수 있다.
A : 납부 및 환급만 총괄할 뿐 신고는 각 사업장별로 해야 한다.

4 부문등록 및 부서등록

[시스템관리 → 회사등록정보 → 부서등록(부문등록 선행)]

부서란 회사의 조직체계 안에서 상세하고 구체적인 작업을 하는 단위를 그룹화한 것을 의미하고 각
사업장별로 부서를 등록해야 한다. 부서등록 이전에 선행되어야 하는 작업은 부서를 큰 단위로 묶어놓
는 단위인 부문등록을 해야 한다.

실습예제 [부문등록 입력]

아래의 정보를 바탕으로 부문등록 입력하기

부문코드	부 문 명	부문코드	부 문 명
1000	관리부문(본사)	3000	자재부문(대전지사)
2000	영업부문(본사)	4000	생산부문(대전지사)

• '부문등록' 탭 클릭하여 해당 내용 입력

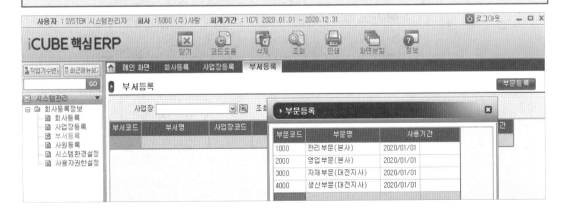

아래의 정보를 바탕으로 부서정보 입력하기

부서코드	부 서 명	부문코드	부 문 명
1100	임원실	1000	관리부문(본사)
1200	관리부	1000	관리부문(본사)
2100	영업부	2000	영업부문(본사)
3100	자재부	3000	자재부문(대전지사)
4100	생산부	4000	생산부문(대전지사)

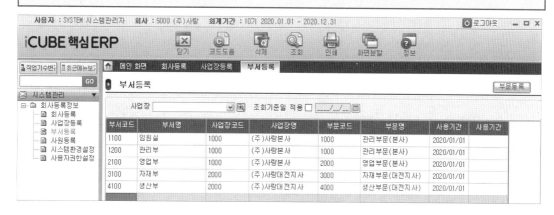

5 사원등록

[시스템관리 → 회사등록정보 → 사원등록]

(1) [사원등록]은 회사의 사원을 등록하는 메뉴이자 개개인의 업무범위에 따라 권한을 부여하는 메뉴이다. 시스템을 사용할 사원과 미사용할 사원으로 구분해줄 수도 있는 메뉴이기도 하다. 이 메뉴에서 등록된 내용은 [인사정보등록] 메뉴에도 연관된다.

(2) 부서는 공란으로 비워둔 후 엔터를 치면 [사원등록] 메뉴가 활성화된다.

(3) 주요 필드

① **퇴사일** : 퇴사일은 입사일과 달리 시스템관리자만 입력할 수 있고, 임의삭제가 불가하다.

② **사용자여부** : 프로그램 사용할 사원은 '1.여'로 체크하고 사용자가 아니면 '0.부'로 체크한다. [사용자권한설정]에서와 로그인 시 '1.여'인 사원만 조회된다.

③ **인사입력방식** : 급여 승인권한을 가진 자만이 최종 급여를 승인하고 해제한다.

④ **회계입력방식** : 미결, 승인, 수정의 권한이 있으며 다음과 같다.

입력방식	내 용
미 결	전표 입력 후 전표 승인자로부터 승인을 받아야만 승인전표가 될 수 있음
승 인	전표 입력 시 자동승인되며 수정, 삭제 시에는 승인 해제를 해야 함
수 정	전표 입력 시 자동승인되며 승인 해제 없이도 수정·삭제가 바로 가능함

⑤ **조회권한** : 데이터 입력 및 권한을 설정하는 부분

조회권한	내 용
회 사	회사의 모든 데이터를 입력 및 조회할 수 있음
사업장	로그인한 사원이 속해 있는 사업장의 모든 데이터에 접근 가능
부 서	로그인한 사원이 속해 있는 부서의 모든 데이터에 접근 가능
사 원	로그인한 사원에 대한 정보만 접근이 가능

아래의 정보를 바탕으로 [사원등록] 실습하기

사원코드	사 원 명	부서코드	부 서 명	입 사 일	사용자 여부	입력방식 (인사)	입력방식 (회계)	조회 권한
20090101	이사랑	1100	임원실	2009.01.01.	여	승 인	미 결	회 사
20090102	김관리	1200	관리부	2009.01.02.	여	승 인	수 정	회 사
20090115	차영언	2100	영업부	2009.01.15.	여	미 결	미 결	사업장
20110614	신자재	3100	자재부	2011.06.14.	여	미 결	미 결	부 서
20120519	이생산	4100	생산부	2012.05.19.	여	미 결	미 결	사 원

Tip 실무문제 유형

Q : 사용자 여부가 '부'로 되어 있는 사원의 경우도 [사용자권한설정] 및 로그인이 가능하다.

A : 프로그램 사용할 사원은 '1.여'로 체크하고 사용자가 아니면 '0.부'로 체크한다. [사용자권한설정]
에서와 로그인 시 '1.여'인 사원만 조회된다.

6 사용자권한설정

[시스템관리 → 회사등록정보 → 사용자권한설정]

(1) [사용자권한설정]은 업무에 맞는 권한을 사원에게 개별적으로 부여하는 부분이다.

(2) 권한설정 방법

① 이사랑 : [모듈구분] → [사원명] → [메뉴] → [권한설정]

※ [S.시스템관리]부터 [C.원가관리]까지 반복해서 시행함

② 김관리 : 이사랑과 권한이 동일하므로 권한복사 기능을 사용한다.

※ [이사랑 클릭] → [오른쪽 마우스 클릭] → [권한복사] → [김관리 클릭] → [오른쪽 마우스 클릭]
→ [권한붙여넣기(전체모듈)]

③ 차영업, 신자재, 이생산 : 해당 모듈을 선택하여 [권한설정] 순서대로 진행한다.

(3) 권한해제 방법

[해제할 모듈선택] → [해제할 메뉴 선택하여 클릭] → [우측 상단에 권한해제 클릭]

실습예제 [사용자권한설정]

아래의 정보를 바탕으로 [사용자권한설정] 실습하기

사원코드	사 원 명	부 서 명	권한설정
20090101	이사랑	임원실(본사)	전체모듈(전권)
20090102	김관리	관리부(본사)	전체모듈(전권)
20090115	차영업	영업부(본사)	영업관리/무역관리/회계관리
20110614	신자재	자재부(대전지사)	구매자재관리/무역관리/회계관리
20120519	이생산	생산부(대전지사)	생산관리공통/회계관리

⑦ 시스템환경설정

[시스템관리 → 회사등록정보 → 시스템환경설정]

(1) [시스템환경설정]은 각 모듈 또는 전체에서 필요한 환경을 설정하는 부분이며, 변경 후에는 반드시 재로그인을 해야 한다.

실습예제 [시스템환경설정]

아래의 정보를 바탕으로 시스템환경설정 실습하기

구 분	코 드	환경요소명	여 부
공 통	01	본지점회계여부	0.미사용
공 통	06	금액소수점자리수	0
회 계	24	거래처등록보조화면사용	부:0
회 계	25	거래처코드자동부여	0-사용않함

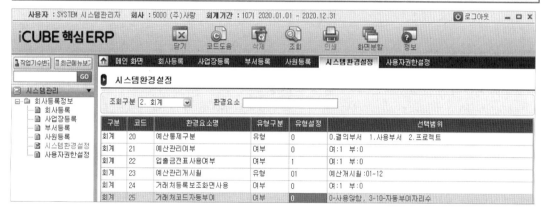

1 재로그인하기(20090102 김관리)

회사등록정보에 입력이 완료되었으면 전권을 가지고 있고 수정권한이 있는 김관리 사원의 사원코드로 재로그인이 필요하다. 그래야 회계관리에 관한 사항을 등록 및 관리할 수 있다.

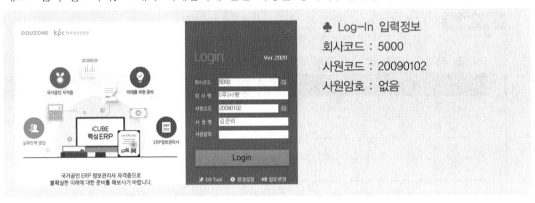

♣ Log-In 입력정보
회사코드 : 5000
사원코드 : 20090102
사원암호 : 없음

2 일반거래처등록

[시스템관리 → 기초정보관리 → 일반거래처등록]

매출 및 매입과 관련된 거래처의 기본정보를 등록하는 메뉴이다. 일반거래처의 등록은 다음의 구분에 따라 내용을 등록하며, 삭제가 불가능하므로 주의해서 입력해야 한다.

코 드	구 분	등록내용
00001 ~	1.일반	세금계산서, 계산서 등 수수 및 일반거래처
	2.무역	무역과 관련된 거래처
	3.주민	상대방이 개인인 거래처(주민등록번호 기재)
	4.기타	일반, 무역, 주민 이외의 거래처

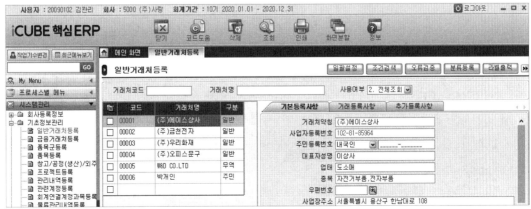

아래의 정보를 바탕으로 일반거래처 등록하기
단, 전자세금계산서 여부는 '1.반영'으로 하며, 거래시작일은 2020년 1월 1일로 한다.

코 드	00001	거래처명	(주)에이스상사	구 분	일 반	사업자번호	102-81-85964
대표자	이상사	업 태	도소매	종 목	자전거부품 전자부품		
주 소		서울특별시 용산구 한남대로 108		비 고			

코 드	00002	거래처명	(주)금천전자	구 분	일 반	사업자번호	102-81-45621
대표자	김금천	업 태	제 조	종 목	컴퓨터부품		
주 소		서울특별시 금천구 디지털로 15길 45					

코 드	00003	거래처명	(주)우리화재	구 분	일 반	사업자번호	105-05-45978
대표자	장우리	업 태	서비스	종 목	보 험		
주 소		서울특별시 종로구 세종대로 31길 15					

코 드	00004	거래처명	(주)오피스문구	구 분	일 반	사업자번호	104-07-11495
대표자	황문구	업 태	도소매	종 목	사무기기 외		
주 소		서울특별시 마포구 마포대로 547					

코 드	00005	거래처명	W&D CO.LTD	구 분	무 역	사업자번호	
대표자	ET	업 태		종 목			
주 소							

코 드	00006	거래처명	박개인	구 분	주 민	사업자번호	650218-1795632

알아두기

> 등록된 거래처는 전표입력, 회계초기이월등록, 거래처원장, 관리항목원장, 관리내역현황, 매입매출장, 받을어음명세서, 지급어음명세서, 세금계산서합계표에서 활용된다.

③ 금융거래처등록

[시스템관리 → 기초정보관리 → 금융거래처등록]

금융기관, 정기예금, 정기적금, 카드사, 신용카드로 구분하여 등록한 후 금융거래처를 관리하는 메뉴이다.

코 드	구 분	등록내용
90000 ~	5.금융기간	• 금융기관의 보통예금·저축통장을 의미하며, 거래처 구분이 금융기관으로 되어 있는 경우 '고정자금등록'에 입력하면 자금관리와 연결되어 해당 날짜에 적요와 금액이 자금계획에 반영된다. • 자금과목 추가 시에는 '회계관리 → 자금관리 → 자금계획'의 과목등록 버튼을 이용한다.
	6.정기예금	금융기관의 정기예금통장
	7.정기적금	금융기관의 정기적금통장
	8.카드사	카드매출 시 신용카드가맹점
	9.신용카드	당사의 구매대금 결제를 위해 받은 법인신용카드

실습예제 **[금융거래처등록]**

아래의 정보를 바탕으로 금융거래처 등록하기

코 드	거래처명	구 분	계좌/카드번호	금융기관	기타 참고사항
98001	민국보통	금융기관	4512-85-8456-21	민 국	
98002	민국당좌	금융기관	1853-94-8751-1	민 국	당좌한도액 ₩200,000,000
98003	민국정기예금	정기예금	855-1245-45674-1	민 국	
98102	민국카드	카드사	74985263	민 국	
98205	민국카드(법인)	신용카드	7454-1498-5213-8742	민 국	사업자번호 : 211-85-05470 카드구분 : 4.사업용신용카드 카드회원명 : (주)사랑

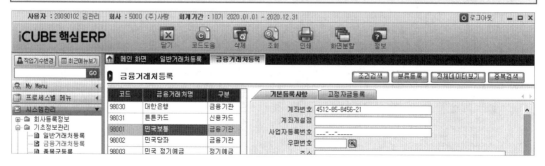

프로젝트등록

[시스템관리 → 기초정보관리 → 프로젝트등록]

사업장과 부서, 부문관리 이외에 별도의 프로젝트가 진행되는 경우에 사용한다. 등록된 프로젝트에 대해 장부와 재무제표 등에서 해당 프로젝트별로 자료를 조회하고 관리할 수 있다.

> **알아두기**
>
> • 등록된 프로젝트는 전표입력, 관리항목원장, 관리내역현황, 회계초기이월등록에서 활용된다.
> • 프로젝트등록 작업 시 구분란에 '진행·완료·미사용'을 정확하게 선택하고 상세 데이터를 우측필드에 입력한다.

실습예제 [프로젝트등록]

아래의 정보를 바탕으로 프로젝트등록하기
– 프로젝트기간 : 2020.01.01. ~ 2020.12.31.

코 드	프로젝트명	구 분	원가구분	프로젝트유형
P–001	핵심역량개발사업	진 행	제 조	직 접
P–002	특별판매사업	진 행	제 조	직 접

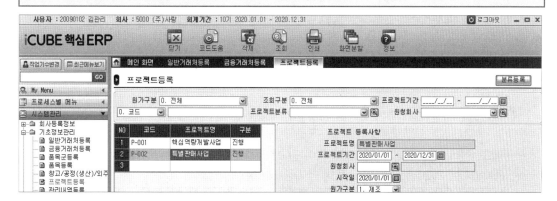

⑤ 관리내역등록

[시스템관리 → 기초정보관리 → 관리내역등록]

각 계정과목별로 처리해야 하는 관리항목을 종류별로 구분하여 등록해놓고 관리하는 메뉴이다. 신규로 관리항목을 등록할 경우에는 상단의 '관리항목등록' 버튼을 사용하여 'L, M'으로만 추가입력이 가능하다.

실습예제 [관리내역등록 1]

아래의 정보를 바탕으로 관리내역 등록하기

조회구분	코 드	관리항목명	관리내역명
회 계	11	증빙구분	10.입금표 / 11.간이영수증 / 12.지로용지

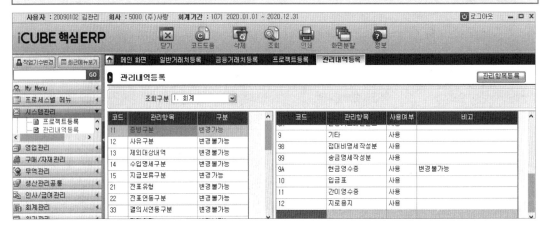

실습예제 [관리내역등록 2] → 관리항목 추가

광고선전비 계정에 대해서 아래와 같이 광고형태별로 관리하고자 관리항목을 추가하려고 한다. 등록일자는 2020년 1월 1일로 하여 추가등록한다.

관리항목코드	관리항목명	관리내역명
L3	광고형태	1.지면광고 / 2.영상광고

• 조회구분 '1.회계'인 상태에서 상단의 '관리항목등록'을 클릭하여 추가한다.

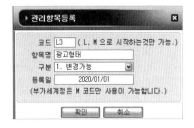

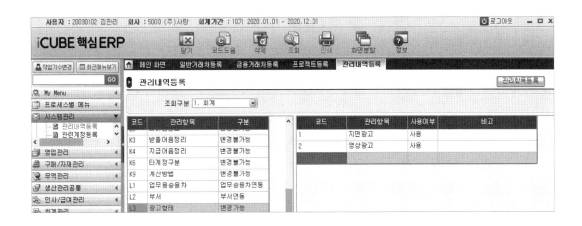

6 회계연결계정과목등록

[시스템관리 → 기초정보관리 → 회계연결계정과목등록]

각 모듈에서 발생되는 회계적인 사건을 회계모듈에 연결하는 작업을 하는 메뉴이다.

실습예제 [회계연결계정과목등록]

아래의 정보를 바탕으로 [회계연결계정과목등록]에 있는 전체모듈과 전표코드 초기설정하기

모 듈	전표코드
영업관리 ~ 무역관리 전체	각 모듈 전체코드

• 작업순서

　모듈 선택 → 전표코드 선택 → 상단의 '초기설정' 클릭 → 연결계정 초기화 → 적용(TAB)

4 초기이월관리

1 회계초기이월등록

[시스템관리 → 초기이월관리 → 회계초기이월등록]

전기분 재무상태표, 손익계산서, 제조원가보고서 등의 회계자료를 당기로 이월하는 작업을 하는 메뉴이다. 입력한 전기분 금액이 당기의 각 장부에 이월되어 반영된다.

(1) 전기분재무상태표

전기분의 재무상태표와 거래처의 초기이월 자료를 일괄적으로 등록한다.

• 코드와 계정과목은 도움코드(F2)를 이용하거나 앞에 두 글자를 입력한 후 조회하면 입력할 수 있다.

• 거래처 관리가 필요한 거래처는 거래처명과 금액을 입력한다.

실습예제 [회계초기이월등록]

아래의 정보를 바탕으로 전기분재무상태표 입력하기
※ 전기분 재무상태표의 입력 시 참고자료

계정과목	거래처명	금 액	비 고
보통예금	민국보통	12,000,000	4512-85-8456-21
당좌예금	민국당좌	14,000,000	1853-94-8751-1
정기예금	민국정기예금	5,000,000	855-1245-45674-1
외상매출금	(주)에이스상사	6,000,000	
받을어음	(주)금천전자	500,000	NO.자라53215242 만기일 : 2020.09.30. 발행일 : 2020.01.01. 어음종류 : 어음 수금구분 : 자수
외상매입금	(주)에이스상사	24,720,000	
미지급금	(주)우리화재	20,000,000	
단기차입금	민국보통	5,000,000	4512-85-8456-21

재 무 상 태 표

회사명 : (주)사랑 | 2019년 12월 31일 현재 | (단위 : 원)

과 목	차 변		과 목	대 변	
	금 액			금 액	
자 산			부 채		
ⅰ 유동자산		96,000,000	ⅰ 유동부채		55,120,000
(1) 당좌자산		85,700,000	외상매입금		24,720,000
현금		43,000,000	미지급금		20,000,000
당좌예금		14,000,000	예수금		5,400,000
보통예금		12,000,000	단기차입금		5,000,000
정기예적금		5,000,000			
단기매매증권		8,000,000	ⅱ 비유동부채		21,700,000
외상매출금	6,000,000		사채	12,000,000	
대손충당금	3,000,000	3,000,000	사채할인발행차금	300,000	11,700,000
받을어음		500,000	퇴직급여충당부채		10,000,000
소모품		200,000	**부채총계**		**76,820,000**
(2) 재고자산		10,300,000			
상품		5,000,000	자 본		
제품		3,000,000	ⅰ 자본금		60,000,000
원재료		1,300,000	자본금		60,000,000
재공품		1,000,000	자본조정		0
ⅱ 비유동자산		64,700,000	기타포괄손익누계액		0
(1) 무형자산		500,000			
개발비		500,000			
(2) 유형자산		58,200,000			
토지		40,000,000	ⅱ 자본잉여금		13,000,000
기계장치	13,000,000		주식발행초과금		13,000,000
감가상각누계액	500,000	12,500,000			
차량운반구	10,000,000		ⅲ 이익잉여금		10,880,000
감가상각누계액	5,000,000	5,000,000	이익준비금		4,000,000
비품	2,000,000		미처분이익잉여금		6,880,000
감가상각누계액	1,300,000	700,000	(당기순이익		
(3) 투자자산		0	₩15,113,000)		
(4) 기타비유동자산		6,000,000	**자본총계**		**83,880,000**
기타보증금		1,000,000			
임차보증금		5,000,000			
자산총계		**160,700,000**	**부채와자본총계**		**160,700,000**

- 당좌예금 등 입력

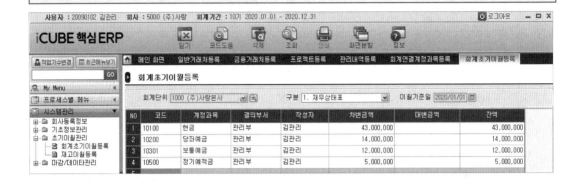

- 단기매매증권 입력
  ※ 선행작업 : 회계관리 → 기초정보관리 → 계정과목등록 → 당좌자산 내 '10700.유가증권' 선택
  → 계정과목명, 계정과목명(보조언어)를 '단기매매증권'으로 변경* → 상단의 '간격(F8)' 클릭
  * 단기매매증권은 [회계관리] → [기초정보관리] → [계정과목등록]에서 '10700.유가증권' 계정을 변경하여 사용한다.

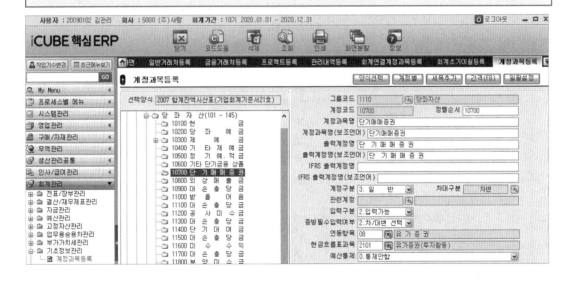

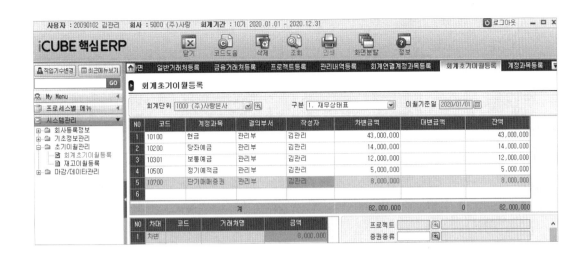

• 외상매출금 입력

• 받을어음 입력

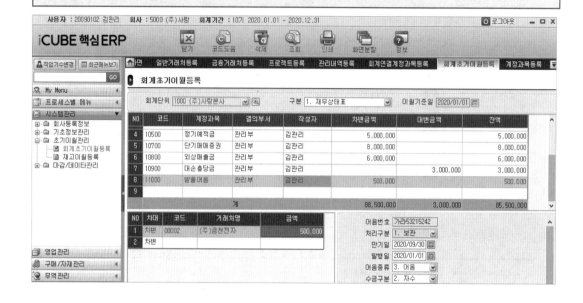

• 재공품 계정 입력

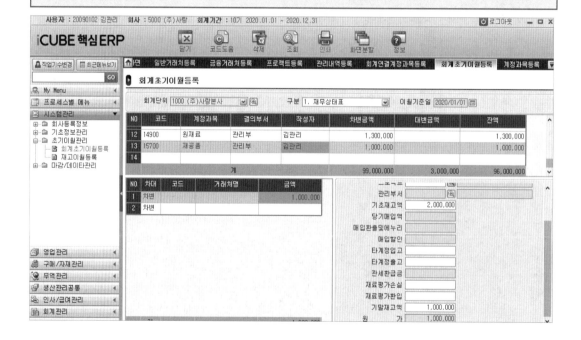

실무문제 유형

Q : 다음 원가보고서의 화면에서 전기분 기초재공품 재고액이 잘못 표기되어 [회계초기이월등록]에서
　　금액을 직접 수정하려고 한다. 다음 중 수정방법에 대한 설명으로 옳은 것은?

A : 재무상태표로 조회한 다음 재공품 계정을 선택 후 수정한다.

• 외상매입금 입력

• 미지급금 입력

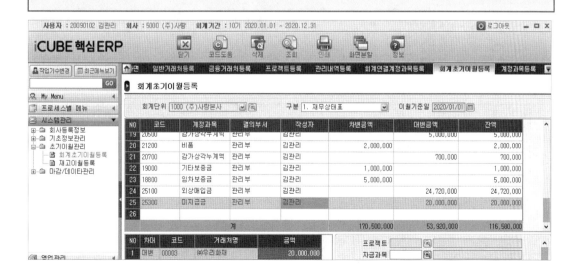

- 단기차입금 입력

- 퇴직급여충당부채 입력
  - 퇴직급여충당부채는 '29500.퇴직급여충당금' 계정을 사용한다.

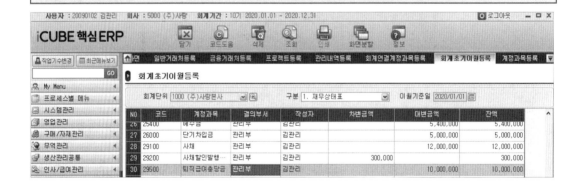

- 미처분이익잉여금 입력
  - 미처분이익잉여금은 '37500.이월이익잉여금' 계정을 사용한다.

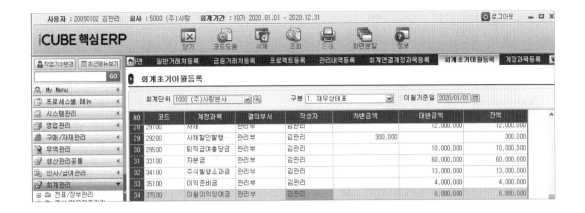

• 전기분 재무상태표 실습입력 전체화면

(2) 전기분손익계산서

전기분의 손익계산서를 입력하는 메뉴이다.

- 코드와 계정과목은 도움코드(F2)를 이용하거나 앞에 두 글자를 입력한 후 조회하면 입력할 수 있다.

실습예제 [회계초기이월등록]

아래의 정보를 바탕으로 전기분손익계산서 입력하기

※ 선행작업 : 회계관리 → 기초정보관리 → 계정과목등록

　① → 손익 내 '40100.상품매출' 선택 → 상단의 '세목추가' 클릭하여 세목 추가 → '40101.상
품매출/국내매출액'으로 세목 변경하여 등록

- 40101.상품매출/국내매출액 계정과목등록 변경

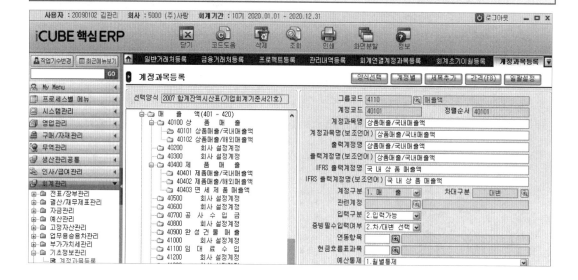

손 익 계 산 서

회사명 : (주)사랑   2019.01.01. ~ 2019.12.31.   (단위 : 원)

과 목	금 액	
Ⅰ 매출액		80,700,000
상품매출	20,000,000	
제품매출	60,700,000	
Ⅱ 매출원가		47,102,000
상품매출원가	**3,400,000**	
기초상품재고액	2,400,000	
당기상품매입액	6,000,000	
기말상품재고액	5,000,000	
제품매출원가	**43,702,000**	
기초제품재고액	950,000	
당기제품제조원가	45,752,000	
기말제품재고액	3,000,000	
Ⅲ 매출총이익		33,598,000
Ⅳ 판매관리비		21,306,000
직원급여	12,000,000	
복리후생비	2,000,000	
여비교통비	540,000	
접대비	1,000,000	
통신비	420,000	
세금과공과금	1,950,000	
보험료	156,000	
소모품비	420,000	
지급수수료	250,000	
광고선전비	2,500,000	
대손상각비	70,000	
Ⅴ 영업이익		12,292,000
Ⅵ 영업외수익		4,100,000
이자수익	2,000,000	
채무면제이익	2,100,000	
Ⅶ 영업외비용		750,000
이자비용	250,000	
기부금	500,000	
Ⅷ 법인세차감전순이익		15,642,000
Ⅸ 법인세등		529,000
Ⅹ 당기순이익		15,113,000

- 상품매출원가 입력
  - 기초재고액, 당기매입액, 기말재고액을 입력해 주어야 한다.
  - 상품(제품)매출원가 입력 시 화면 하단 좌측의 차변 금액을 먼저 입력한 후 '상품(제품)매출원가 계산내역*'의 금액이 일치하도록 입력한다.

  *기초상품(제품), 당기상품매입(당기제품제조원가), 기말상품(제품) 금액

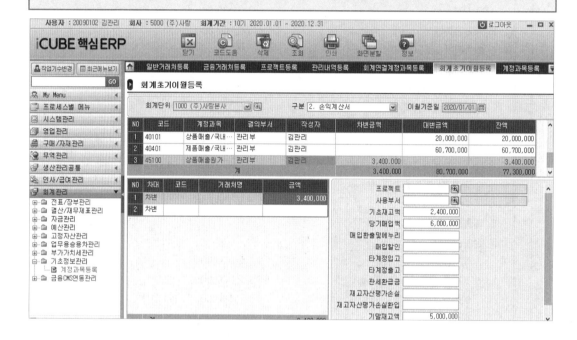

- 제품매출원가 입력
  - 기초재고액, 당기매입액, 기말재고액을 입력해 주어야 한다.

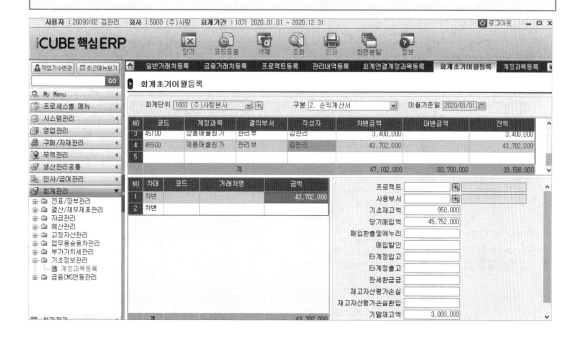

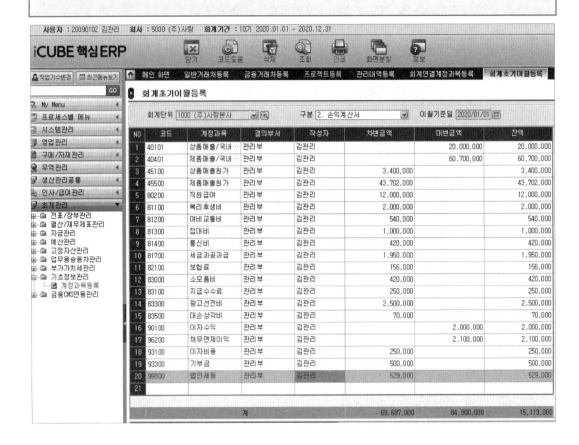

• 전기분 손익계산서 실습입력 전체화면

사용자 : 20090102 김관리   회사 : 5000 (주)사랑   회계기간 : 10기 2020.01.01 ~ 2020.12.31

iCUBE 핵심ERP

회계초기이월등록

| 회계단위 1000 (주)사랑본사 | 구분 2. 손익계산서 | 이월기준일 2020/01/01 |

NO	코드	계정과목	결의부서	작성자	차변금액	대변금액	잔액
1	40101	상품매출/국내…	관리부	김관리		20,000,000	20,000,000
2	40401	제품매출/국내…	관리부	김관리		60,700,000	60,700,000
3	45100	상품매출원가	관리부	김관리	3,400,000		3,400,000
4	45500	제품매출원가	관리부	김관리	43,702,000		43,702,000
5	80200	직원급여	관리부	김관리	12,000,000		12,000,000
6	81100	복리후생비	관리부	김관리	2,000,000		2,000,000
7	81200	여비교통비	관리부	김관리	540,000		540,000
8	81300	접대비	관리부	김관리	1,000,000		1,000,000
9	81400	통신비	관리부	김관리	420,000		420,000
10	81700	세금과공과금	관리부	김관리	1,950,000		1,950,000
11	82100	보험료	관리부	김관리	156,000		156,000
12	83000	소모품비	관리부	김관리	420,000		420,000
13	83100	지급수수료	관리부	김관리	250,000		250,000
14	83300	광고선전비	관리부	김관리	2,500,000		2,500,000
15	83500	대손상각비	관리부	김관리	70,000		70,000
16	90100	이자수익	관리부	김관리		2,000,000	2,000,000
17	96200	채무면제이익	관리부	김관리		2,100,000	2,100,000
18	93100	이자비용	관리부	김관리	250,000		250,000
19	93300	기부금	관리부	김관리	500,000		500,000
20	99800	법인세등	관리부	김관리	529,000		529,000
21							
		계			69,687,000	84,800,000	15,113,000

(3) 전기분원가명세서

전기분의 원가명세서를 입력하는 메뉴이다.

• 코드와 계정과목은 도움코드(F2)를 이용하거나 앞에 두 글자를 입력한 후 조회하면 입력할 수 있다.

• 500번대 원가(제조업), 600번대 원가(도급업), 700번대 원가(분양건설)

• 기초재공품재고액과 기말재공품재고액은 '구분 : 1.전기분 재무상태표'의 재공품 계정 우측 '기초재공품'란에 직접 입력하면 '기말재공품'란은 자동입력된다.

실습예제   [회계초기이월등록]

• 다음의 정보를 바탕으로 전기분원가명세서 입력하기
  – 500번대 원가

제 조 원 가 명 세 서

회사명 : (주)사랑   2019.01.01. ~ 2019.12.31.   (단위 : 원)

과 목	금 액	
Ⅰ. 원재료비		11,020,000
기초원재료재고액	300,000	
당기원재료매입액	12,020,000	
기말원재료재고액	1,300,000	
Ⅱ. 부재료비		0
Ⅲ. 노무비		12,000,000
임금	12,000,000	
Ⅳ. 제조경비		13,443,800
복리후생비	1,300,000	
통신비	200,000	
가스수도료	300,000	
전력비	1,932,000	
세금과공과금	520,000	
감가상각비	830,000	
지급임차료	4,585,300	
수선비	1,496,500	
보험료	580,000	
차량유지비	200,000	
교육훈련비	500,000	
지급수수료	1,000,000	
Ⅴ. 당기총제조비용		36,463,800
Ⅵ. 기초재공품재고액		2,000,000
Ⅶ. 타계정에서대체액		0
Ⅷ. 합 계		38,763,800
Ⅸ. 기말재공품재고액		1,000,000
Ⅹ. 타계정으로대체액		0
Ⅺ. 당기제품제조원가		37,463,800

- 원재료비 입력

  기초재고액, 당기매입액, 기말재고액을 입력해 주어야 한다.

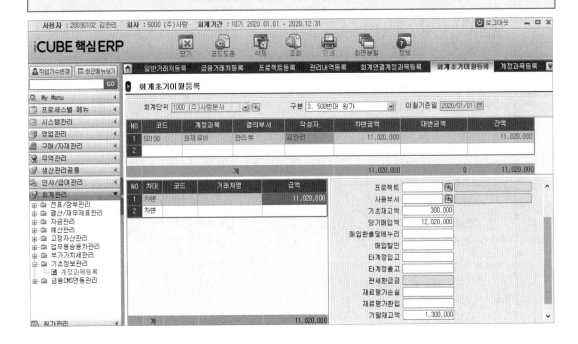

• 전기분 원가명세서 실습입력 전체화면

제3장 회계관리

1 기초정보관리

1 계정과목등록

[회계관리 → 기초정보관리 → 계정과목등록]

계정과목등록은 회계모듈 전반에 영향을 끼치므로 처음 사용하는 시점에서 정확히 설정되어야 한다. 기업회계기준에 따라 대부분의 계정과목이 프로그램 내부에 등록되어 있으며 회사 특성에 따라 수정하거나 추가등록을 할 수 있다. 계정과목코드는 다섯 자리로 구성되어 있으며, 마지막 두 자리는 세목 추가를 할 때 등록하여 사용할 수 있다.

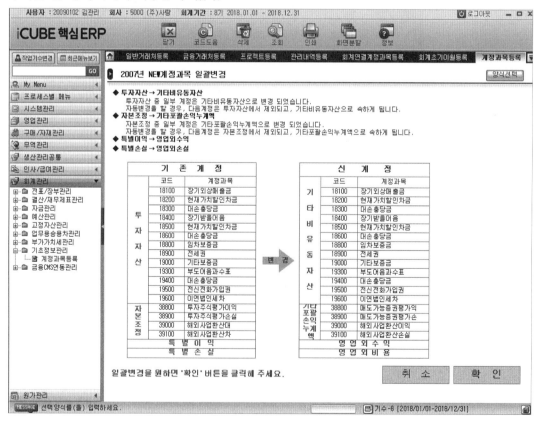

• 확인 클릭 후 변경된 화면

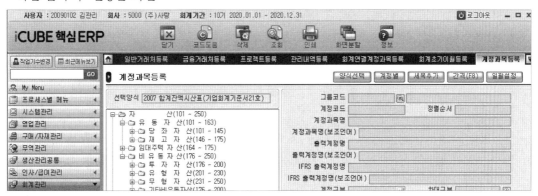

실습예제 [계정과목등록 1] → 관리항목 변경

아래의 정보를 바탕으로 관리항목 변경하기

판매관리비 부분의 급여 관련 계정을 제외한 비용계정에 대하여 사무직 사원의 사원별 지출 현황을 파악하고자 한다.

• 작업순서
상단의 '일괄설정' 클릭 → 작업구분(1.관리항목변경), 계정과목(81100.복리후생비 ~ 84800.잡비), 관리항목(D4.사원), 변경구분(추가) 입력 후 실행

[계정과목등록 2] → 계정과목 추가

아래의 정보를 바탕으로 계정과목 추가하기

제조원가(50100 ~ 60099) 범위 안에서 '협회비' 계정과목을 등록하고자 한다.

• 작업순서

제조원가 내 '53700.회사 설정계정' → 계정과목명, 출력계정명(협회비) 입력 → 출력계정명 필
드에서 상단의 '간격(F8)' 클릭 → 계정구분(4.제조경비), 입력구분(2.입력가능) 입력

아래의 정보를 바탕으로 세목 추가하기

　복리후생비(81100) 계정에 '복리후생비/중식비(81101)'를 세목추가하고자 한다.

• 작업순서
　– 판매관리비 내 '81100.복리후생비' → 상단의 '세목추가' 클릭
　– 계정과목명(복리후생비/중식비) 입력 → 출력계정명 필드에서 상단의 '간격(F8)' 클릭

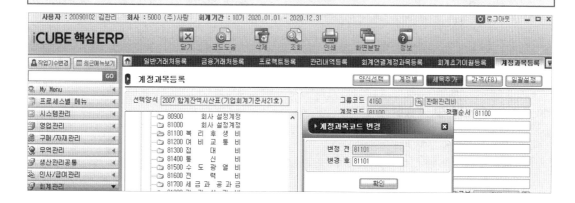

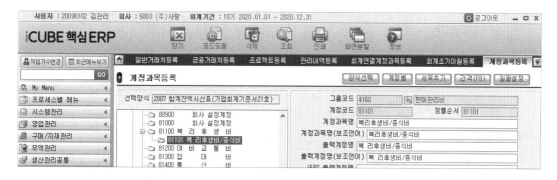

2 전표/장부관리

1 전표입력

[회계관리 → 전표/장부관리 → 전표입력]

(1) 전표입력
- 회사에서 발생하는 모든 거래자료를 입력하고 수정 및 삭제하는 메뉴이다.
- [사원등록]에서 입력방식이 '1.승인' 또는 '2.수정'으로 된 사용자가 전표를 입력할 경우에는 저장과 동시에 승인된다.
- [사원등록]에서 입력방식이 '0.미결'로 선택된 사용자는 전표입력 시 저장되며, 그 후 [전표승인해 제] 메뉴에서 승인권한이 있는 사원이 승인처리를 해야만 각종 장부에 반영된다.

(2) 전표입력 화면 및 주요항목 설명
① 조회조건부분 : 회계단위, 결의부서, 작성자, 날짜의 내역을 확인할 수 있다.
② 헤드부분 : 분개에 대한 거래날짜 및 유형, 작업자, 전표상태를 확인할 수 있다.
③ 분개부분 : 거래에 대한 분개를 하는 곳이다.
④ 관리항목부분 : 분개에 대한 구체적인 관리를 하는 곳이다.
⑤ 분개표시부분 : 분개된 전표의 차변과 대변의 내용을 확인할 수 있다.

> **실습예제** [전표입력 1]
>
> 아래의 정보를 바탕으로 일반거래 입력하기(품의등록 및 출금)
>
> 2월 5일 문구류를 오피스문구에서 30,000원에 구입하였다(증빙 : 영수증).
>
> - 분 개
>   (차) 83000.소모품비   30,000   (대) 10100.현 금   30,000
>
> - 작업순서
>   – 거래일자(02.05.) 입력 → 상단의 '품의적요등록' 클릭 → 내용 입력 후 종료

– 유형(1.일반) 입력 → 분개장 구분(1. 출금) 입력 → 코드/계정과목(83000.소모품비), 거래처명
(오피스문구), 금액(30,000), 적요명(문구류 구입), 증빙(3.영수증, 일반경비) 입력 → 하단 관
리항목에 사원(김관리), 사용부서(관리부) 입력

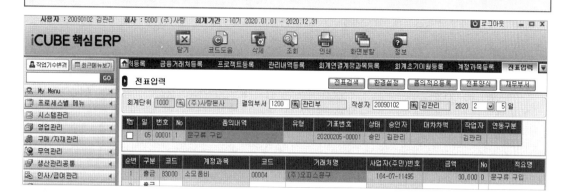

실습예제 [전표입력 2]

아래의 정보를 바탕으로 일반거래 입력하기(입금)

2월 10일 (주)에이스상사의 외상대금 500,000원을 당좌수표로 500,000원 받았다(증빙 : 10.
입금표).

• 분 개

(차) 10100.현 금   500,000   (대) 10800.외상매출금   500,000

• 경 로

거래일자(02.10.) 입력 → 유형(1.일반) 입력 → 분개장 구분(2.입금), 코드/계정과목(10800.외
상매출금), 거래처명(에이스상사), 금액(500,000), 적요명(외상매출금 회수), 증빙(10.입금표)
입력

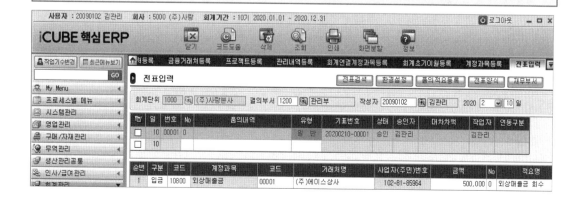

아래의 정보를 바탕으로 일반거래 입력하기(대체)

2월 10일 (주)에이스상사의 외상대금 2,000,000원을 당좌수표로 1,000,000원 받고, 나머지는 민국보통예금으로 계좌이체받았다(증빙 : 10.입금표).

• 분 개

(차) 10100.현 금   1,000,000   (대) 10800.외상매출금   2,000,000
    10301.보통예금   1,000,000

• 경 로
거래일자(02.10.) 입력 → 유형(1.일반) 입력 →
ㄱ. 분개장 구분(3.차변), 코드/계정과목(10100.현금), 금액(1,000,000), 적요명(외상매출금 회수),
    증빙(10.입금표) 입력
ㄴ. 분개장 구분(3.차변), 코드/계정과목(10301.보통예금), 거래처명(민국보통), 금액(1,000,000),
    적요명(외상매출금 회수), 증빙(10.입금표) 입력
ㄷ. 분개장 구분(4.대변), 코드/계정과목(10800.외상매출금), 거래처명(에이스상사), 금액(2,000,000),
    적요명(외상매출금 회수), 증빙(10.입금표) 입력

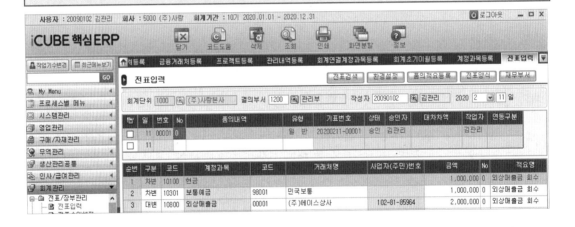

☑ 받을어음 및 지급어음 관리

(1) 받을어음 관리

① [계정과목등록] 메뉴에서 받을어음 계정의 연동항목이 '04.받을어음'으로 등록되어 있어서 받을어음 계정의 보유와 배서, 할인 등에 대한 거래내역이 '받을어음명세서'에 반영된다.

② 받을어음 관련 회계처리 요약

    ㉠ 어음보유(수취) : (차) 받을어음   ×××   (대) 외상매출금   ×××

    ㉡ 어음만기추심 : (차) 당좌예금   ×××   (대) 받을어음   ×××

    ㉢ 어음배서양도 : (차) 외상매입금   ×××   (대) 받을어음   ×××

    ㉣ 어음할인 : (차) 당좌예금   ×××   (대) 받을어음   ×××

                       매출채권처분손실   ×××

    ㉤ 어음수탁 :   회계처리 없음

③ 받을어음 수금구분

    ㉠ 자수 : 거래당사자로부터 직접 받은 약속어음을 의미한다.

    ㉡ 타수 : 약속어음 뒷면에 배서가 한 번 이상 있는 어음을 의미한다.

실습예제   **[전표입력 1]**

아래의 정보를 바탕으로 일반거래 입력하기(어음보유)_1

  2월 15일 매출처 (주)에이스상사의 외상매출금 2,000,000원에 대해 약속어음을 받았다.
  • 어음정보 : NO.가자 35484721 / 만기일 : 2020.10.31. / 국민은행 마포지점
  • 수금사원 : 관리부 김관리

  • 분 개
  (차) 11000.받을어음   2,000,000   (대) 10800.외상매출금   2,000,000

  • 경 로
  거래일자(02.15.) 입력 → 유형(1.일반) 입력 →
  ㄱ. 분개장 구분(3.차변) 입력 → 코드/계정과목(11000.받을어음), 거래처명(에이스상사), 금액
     (2,000,000), 적요명(7.외상매출금 어음회수) 입력 → 하단 관리항목에서 어음 관련 내용
     입력
  ㄴ. 분개장 구분(4.대변) 입력 → 코드/계정과목(10800.외상매출금), 거래처명((주)에이스상사),
     금액(2,000,000) 입력 → 하단 관리항목에서 사용부서(관리부) 입력

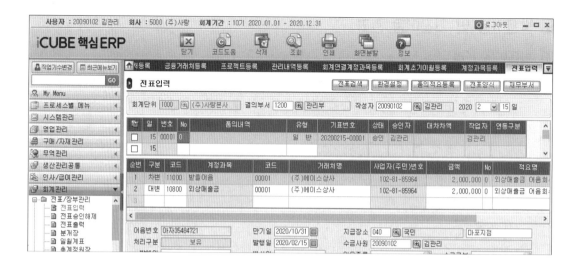

아래의 정보를 바탕으로 일반거래 입력하기(어음보유)_2

2월 20일 매출처 (주)에이스상사의 외상매출금 3,000,000원에 대해 약속어음을 받았다.
• 어음정보 : NO.치아1965784 / 만기일 2020.12.31. / 국민은행 마포지점
• 수금사원 : 관리부 김관리

• 분 개
  (차) 11000.받을어음   3,000,000   (대) 10800.외상매출금   3,000,000

• 경 로
거래일자(02.20.) 입력 → 유형(1.일반) →
ㄱ. 분개장 구분(3.차변) 입력 → 코드/계정과목(11000.받을어음), 거래처명((주)에이스상사), 금액
   (3,000,000), 적요명(외상매출금 어음회수) 입력 → 하단 관리항목에서 어음 관련 내용 입력
ㄴ. 분개장 구분(4.대변)] → 코드/계정과목(10800.외상매출금), 거래처명((주)에이스상사), 금
   액(3,000,000) 입력 → 하단 관리항목에서 사용부서(관리부) 입력

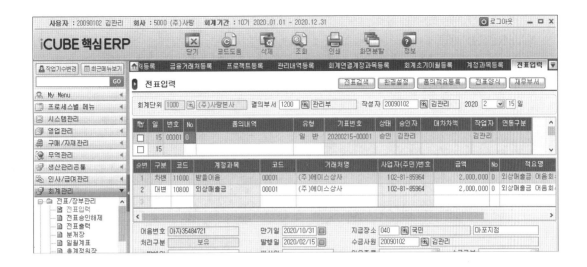

[전표입력 3]

아래의 정보를 바탕으로 일반거래 입력하기(어음배서)

2월 28일 매입처 (주)금천전자의 외상매입금 2,000,000원을 (주)에이스상사로부터 받은 약속어음으로 배서하여 주었다(관리부 김관리).
• 어음정보 : NO.아자 35484721 / 만기일 2020.10.31. / 국민은행 마포지점

• 분 개
  (차) 25100.외상매입금   2,000,000   (대) 11000.받을어음   2,000,000

• 경 로
  거래일자(02.28.) 입력 → 유형(1.일반) →
  ㄱ. 분개장 구분(3.차변) 입력 → 코드/계정과목(25100.외상매입금), 거래처명((주)금천전자),
     금액(2,000,000), 적요명(7.외상매입금반제 어음양도) 입력 → 하단 관리항목에서 사용부
     서(관리부) 입력
  ㄴ. 분개장 구분(4.대변)] → 코드/계정과목(11000.받을어음) → 받을어음 반제처리(만기일자에
     '2020.01.01. ~ 2020.12.31.' 입력 조회하여 해당 어음 선택 후 처리(Tab) → 처리구분(4.배서),
     처리처((주)금천전자) 입력 → 거래처명((주)에이스상사), 금액(2,000,000) 입력

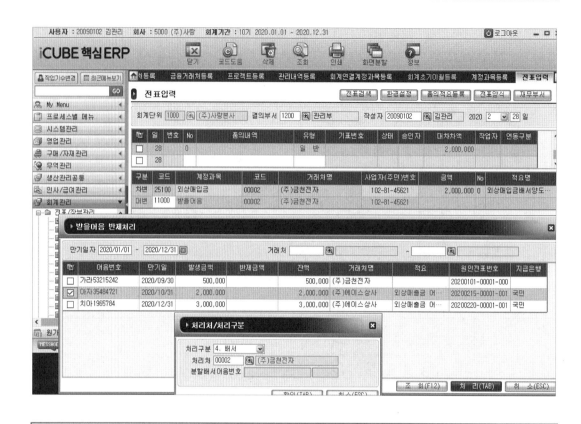

ㄷ. 대변의 적요명(외상매입금 배서양도결제) 입력

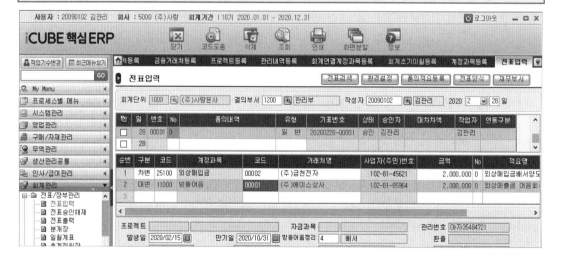

실습예제 [전표입력 4]

아래의 정보를 바탕으로 일반거래 입력하기(어음할인)

3월 3일 보관하고 있는 매출처 (주)에이스상사의 3,000,000원 약속어음을 신한은행에서 할인
받고 할인료 200,000원을 차감한 잔액을 민국당좌예금 계좌로 입금받았다(관리부 김관리).
• 어음정보 : NO.치아1965784 / 만기일 2020.12.31. / 국민은행 마포지점

• 분 개
  (차) 10200.당좌예금   2,800,000   (대) 11000.받을어음   3,000,000
       93600.매출채권처분손실   200,000

• 매출채권처분손실 계정 등록하여 사용하기
  – 영업외비용 범위의 '93600'으로 계정과목 등록
  – 계정구분(3.일반), 입력구분(2.입력가능)

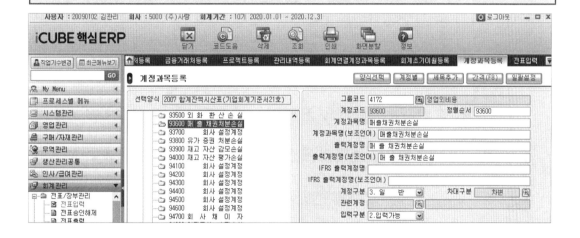

• 경 로

거래일자(03.03.) 입력 → 유형(1.일반) →

ㄱ. 분개장 구분(3.차변) 입력 → 코드/계정과목(10200.당좌예금), 거래처명(민국당좌), 금액 (2,800,000), 적요명(받을어음할인액당좌입금) 입력

ㄴ. 분개장 구분(3.차변) 입력 → 코드/계정과목(93600.매출채권처분손실), 금액(200,000), 적 요명(받을어음할인료) 입력

ㄷ. 분개장 구분(4.대변) 입력 → 코드/계정과목(11000.받을어음) → 받을어음 반제처리(만기일 자에 '2020.01.01. ~ 2020.12.31.' 입력 조회하여 해당 어음 선택 후 처리(Tab) → 처리구분 (3.할인, 처리처(민국당좌)) 입력 → 적요명(받을어음할인액당좌예입) 입력

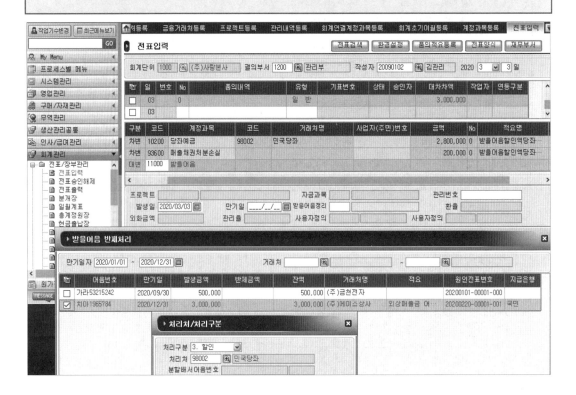

실습예제 [전표입력 5]

아래의 정보를 바탕으로 일반거래 입력하기(어음만기결제)

9월 30일 보관하고 있는 매출처 (주)금천전자의 500,000원 약속어음이 만기가 되어 추심한 결과 결제되어 당사 민국당좌예금 계좌에 입금되었다(관리부 김관리).
• 어음정보 : NO.가라53215242 / 만기일 2020.09.30.

• 분 개

　(차) 10200.당좌예금　　　　 500,000　　 (대) 11000.받을어음　　　　　 500,000

• 경 로
거래일자(09.30.) 입력 → 유형(1.일반) →
ㄱ. 분개장 구분(3.차변) 입력 → 코드/계정과목(10200.당좌예금), 거래처명(민국당좌), 금액 (500,000), 적요명(받을어음당좌추심) 입력
ㄴ. 분개장 구분(4.대변) 입력 → 코드/계정과목(11000.받을어음) → 받을어음 반제처리(만기일자에 '2020.01.01. ~ 2020.12.31.' 입력 조회하여 해당 어음 선택 후 처리(Tab) → 처리구분 (2.만기결제), 처리처(민국당좌) 입력 → 적요명(받을어음당좌추심) 입력

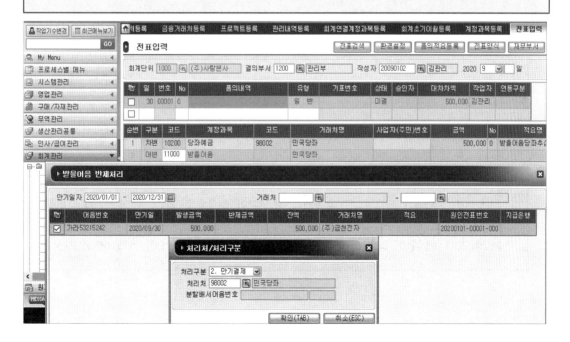

입력이 완료된 받을어음 내역은 '[회계관리] → [자금관리] → [받을어음명세서]'에서 자료를 조회할 수 있다.

(2) 지급어음 관리

① 기업이 약속어음을 발행하려면 먼저 은행으로부터 약속어음 용지를 수령한 후 약속어음의 관리번호별로 수불부를 작성했다가 물품대금의 지급 시 발행한다.

② 어음발행 순서 : 은행(약속어음수령) → 어음등록([자금관리] - [지급어음명세서]) → 약속어음발행(전표입력) → 어음회수(전표입력)

실습예제   [어음등록]

아래의 정보를 바탕으로 지급어음 입력하기(지급어음 수령)
[회계관리 → 자금관리 → 지급어음명세서 → 상단의 '어음등록' 클릭]

3월 4일 민국당좌로부터 약속어음 10매(가지 20200301 ~ 20200310)를 수령하였다.

• 경 로
회계관리 → 자금관리 → 지급어음명세서 → 상단의 '어음등록' 클릭 → '어음등록' 보조창에서 수령일자(2020.03.04.), 어음종류(3.어음), 금융기관(98002.민국당좌), 시작어음번호(지리 20200301), 매수(10) 입력 등록 → 수불부 탭 → 수령일(2020.01.01. ~ 2020.12.31.) 입력

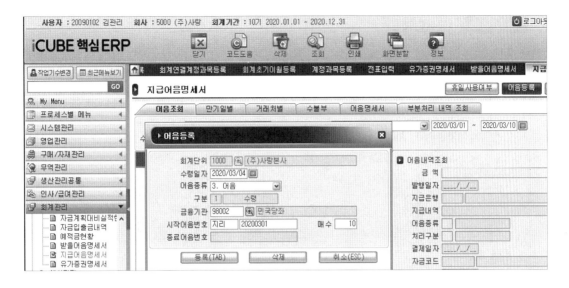

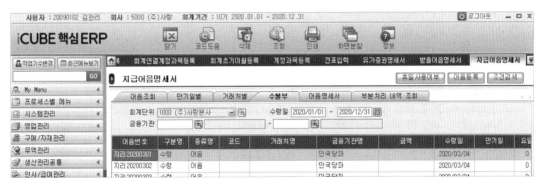

아래의 정보를 바탕으로 지급어음 입력하기(지급어음 발행)

4월 1일 (주)에이스상사의 외상매입금 2,000,000원을 약속어음으로 발행하여 지급하였다(관리부 김관리).
• 어음정보 : NO. 지리20200301 / 만기일 2020.10.31.

• 분 개
(차) 25100.외상매입금   2,000,000   (대) 25200.지급어음   2,000,000

• 경 로
거래일자(04.01.) 입력 → 유형(1.일반) →
ㄱ. 분개장 구분(3.차변) 입력 → 코드/계정과목(25100.외상매입금), 거래처명((주)에이스상사),
   금액(2,000,000), 적요명(외상매입금반제 어음발행) 입력
ㄴ. 분개장 구분(4.대변) 입력 → 코드/계정과목(25200.지급어음) → 거래처명((주)에이스상사)
   → 하단 관리항목에서 어음번호 옆 (돋보기) 클릭 → '지급어음코드도움' 보조창에서 해당
   어음 체크 후 확인 → 만기일(2020.10.31.) 입력

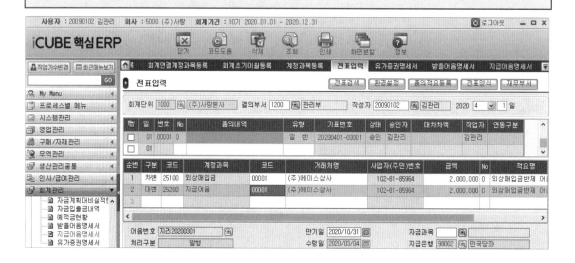

아래의 정보를 바탕으로 지급어음 입력하기(지급어음 만기결제)

　10월 31일 (주)에이스상사에 발행했던 약속어음(어음NO. 지리20200301)이 만기되어 민국당
좌 계좌에서 자동으로 지급처리되었다(관리부 김관리).

• 분 개

　(차) 25200.지급어음　　　　　2,000,000　　　(대) 10200.당좌예금　　　　　2,000,000

• 경 로
거래일자(10.31.) 입력 → 유형(1.일반) →
ㄱ. 분개장 구분(3.차변) 입력 → 코드/계정과목(25200.지급어음) → 지급어음 반제처리(만기일
　　자에 '2020.01.01. ~ 2020.12.31.' 입력 조회하여 해당 어음 선택 후 처리(Tab) → 적요명
　　(외상매입금반제 어음발행) 입력

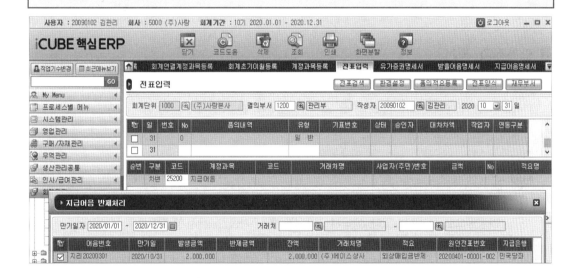

ㄴ. 분개장 구분(4.대변) 입력 → 코드/계정과목(10200.당좌예금), 거래처명(민국당좌), 금액
(2,000,000) 입력

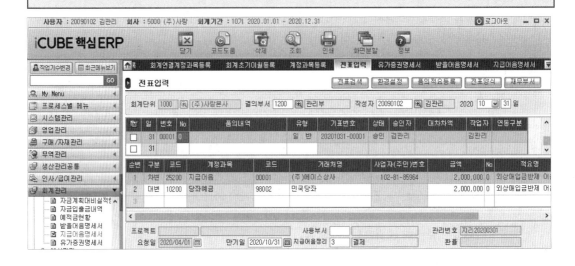

❸ 유가증권 관리

유가증권에는 단기매매증권, 만기보유증권, 매도가능증권 및 지분법투자주식 등이 있다. 이들은 모두
주식과 채권의 형태로 되어 있으며 실물의 형태로 관리하다가 매매 시 원본이 제시되어야 한다. 그러
므로 별도의 유가증권에 대한 관리가 필요하다.

 알아두기

- [계정과목등록] 메뉴에 '10700.단기매매증권', '17800.투자유가증권계정'의 경우 연동항목이 '08.유
가증권'으로 설정되어 있다. 따라서 전표입력 후 '유가증권명세서'에 자동으로 생성된다.

실습예제 [전표입력]

아래의 정보를 바탕으로 지급어음 입력하기(유가증권 구입)

6월 4일 단기보유목적으로 (주)에이스상사의 주식 300주를 매입했다. 증권거래수수료 30,000원
을 포함하여 현금으로 지급하였다(관리부 김관리).
- 구입한 주식정보 : NO.100001 ~ 100300 / 1주당 액면가 10,000원, 매입가 9,000원
- [계정과목등록]에서 '지급수수료(93700)' 계정을 등록하여 사용할 것

- 분 개

  (차) 10700.단기매매증권   2,700,000   (대) 10100.현 금   2,730,000
       93700.지급수수료   30,000

- 지급수수료 계정 등록하여 사용하기
  - 영업외비용 범위의 '93700'으로 계정과목 등록
  - 계정구분(3.일반), 입력구분(2.입력가능)

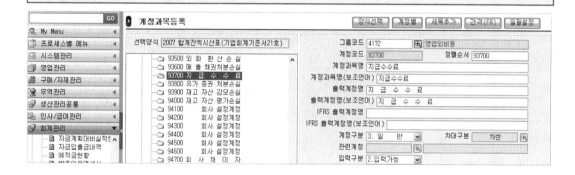

- 경 로

거래일자(06.04.) 입력 → 유형(1.일반) →

ㄱ. 분개장 구분(1.출금) 입력 → 코드/계정과목(10700.단기매매증권), 거래처명(에이스상사), 금액(2,700,000), 적요명(주식 현금매입) 입력 → 하단 관리항목에서 증권종류(2.주식), 유가증권 No(100001 ~ 100300), 발생일(2020.06.04.), 만기일*(2020.06.04.), 평가방법 (001.시가법), 수량(300), 액면가액(10,000) 입력

*만기일은 임의대로 표시한다.

ㄴ. 분개장 구분(1.출금) 입력 → 코드/계정과목(93700.지급수수료), 금액(30,000), 적요명(증권거래수수료) 입력

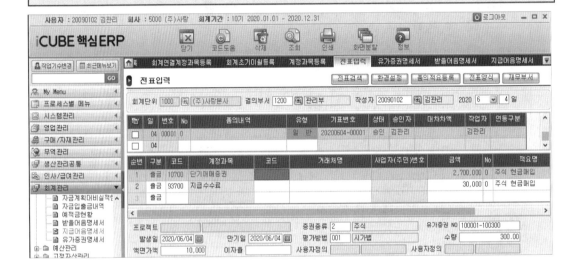

④ 기간비용 입력

보험료, 이자 등의 비용들은 발생주의 원칙에 의해 당해연도의 비용만 처리되어야 하나 실제로는 차년도까지 비용처리되는 경우가 있다. 기간이 있는 비용들은 납부 시에 선급비용 등의 해당 계정으로 처리했다가 결산 시 당해연도 기간경과분에 대해서 보험료, 이자비용 등의 계정으로 대체하여 처리한다. 입력내용은 [기간비용현황] 메뉴에서 조회할 수 있다.

실습예제 [전표입력]

아래의 정보를 바탕으로 기간비용 입력하기(선급비용)

5월 20일 관리부 차량의 보험료 1년분 2,000,000원을 (주)우리화재에 현금으로 납부하고 보험에 가입하였다.
- 보험기간 : 2020.05.20. ~ 2021.05.20.

- 분 개

  (차) 13300.선급비용   2,000,000   (대) 10100.현 금   2,000,000

- 경 로

  거래일자(05.20.) 입력 → 유형(1.일반) → 분개장 구분(1.출금) 입력 → 코드/계정과목(13300.선급비용), 거래처명((주)우리화재), 금액(2,000,000), 적요명(차량보험료 납부) 입력 → 하단 관리항목에서 사용부서(관리부), 대체계정(82100.보험료), 시작일(2020.05.20.), 종료일(2021.05.20.), 계산방법(양편넣기) 입력

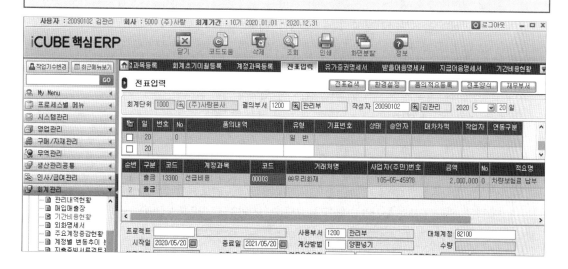

알아두기

- [기간비용현황]에 반영하기 위해서는 관리항목에 대체계정, 시작일, 종료일, 계산방법 내역이 등록되어 있어야 한다.
- 기간비용 입력 시 총 일수 계산방법
  - 양편넣기 : 초일과 말일을 모두 포함하여 계산한다.
  - 초일산입 : 초일은 산입하고, 말일은 불산입하여 계산한다.
  - 말일산입 : 기간의 초일을 불산입하고 말일을 포함하여 계산한다.

5 부가가치세 관련 전표입력

(1) 부가가치세 거래자료 입력

ERP프로그램에서는 일반전표와 매입매출전표로 구분하지 않고 모든 전표를 [전표입력] 메뉴에서 입력한다. 부가가치세신고서 및 관련 서류를 자동으로 작성하기 위해서는 부가세예수금 계정과 부가세대급금 계정의 관리항목으로 사업장, 세무구분, 신고기준일, 공급가액, 세액이 입력되어 있어야 한다. 그리고 부가세가 발생하지 않는 면세, 영세, 수출의 경우에도 입력해 주어야 한다.

(2) 매출 부가가치세 세무유형 및 전표입력

① 매출 부가가치세 세무유형

  ㉠ 11.과세매출 : 일반 매출전자세금계산서 발행분(부가세 10%)

  ㉡ 12.영세매출 : 영세율 거래 중 세금계산서 발행분(주로 Local L/C, 구매확인서 등)

  ㉢ 13.면세매출 : 부가가치세 면세사업자가 발행하는 전자계산서 발행분

  ㉣ 16.수출 : 외국에 직접 수출하는 경우로 외국환증명서, 수출신고서 등의 자료에 따름

  ㉤ 17.카드매출 : 과세대상거래의 신용카드매출전표 발행분

  ㉥ 31.현금과세 : 과세사업의 소매매출로서 현금영수증 발행분

② 매출 부가가치세 전표입력 : 부가가치세 관련 자료 중 매출과 관련된 자료를 구분하여 매출부가세로 관리한다.

알아두기

입력된 매출부가세는 부가가치세신고서, 세금계산서합계표, 매입매출장에서 조회할 수 있다.

③ 매출 부가가치세 세무유형에 따른 해당 내용 및 반영되는 서식

코드	유형	입력내용	반영서식
11	과세매출	일반 매출 세금계산서(10%)	• 매출처별세금계산서합계표 • 매입매출장 • 부가가치세신고서(매출세액 부분 및 과세표준)
12	영세매출	영세율 거래 중 세금계산서 발행분(Local L/C, 구매확인서 등)	• 매출처별세금계산서합계표 • 매입매출장 • 부가가치세신고서(매출세액 부분 및 과세표준)
13	면세매출	부가가치세 면세사업자 발행 계산서	• 매출처별세금계산서합계표 • 매입매출장 • 부가가치세신고서(과세표준의 면세수입)
14	건별매출	• 세금계산서가 발행되지 않는 과세매출로서 소매매출 • 간주공급의 입력 시 사용	• 매입매출장 • 부가가치세신고서(과세매출의 기타 및 과세 표준명세)
15	종합매출	간이과세자의 매출로 공급가액과 부가세가 구분되지 않음	• 부가가치세신고서 과세매출의 기타
16	수출	외국에 직접 수출하는 경우로 외국환증명서, 수출신고서 등의 자료에 의함	• 매입매출장 • 부가가치세신고서(영세매출 기타)
17	카드 과세매출	과세대상거래의 신용카드매출전표 발행분	• 매입매출장 • 신용카드매출전표발행집계표 • 부가가치세신고서(과세매출의 신용카드·현금 영수증 발행분)
18	카드 면세매출	면세대상거래의 신용카드매출전표 발행분	• 매입매출장 • 신용카드매출전표발행집계표 • 부가가치세신고서(과세표준의 면세수입)
19	면세건별	계산서가 발행되지 않는 거래로서 소매매출	• 매입매출장 • 부가가치세신고서(과세표준의 면세수입)
31	현금과세	과세사업의 소매매출로 현금영수증 발행분	• 매입매출장 • 신용카드매출전표발행집계표 • 부가가치세신고서(과세매출의 신용카드·현금 영수증 발행분)
32	현금면세	면세사업의 소매매출로 현금영수증 발행분	• 매입매출장 • 부가가치세신고서(과세표준의 면세수입)
33	과세매출 매입자 발행 세금계산서	과세매출·매입자 발행 세금계산서	• 매출처별세금계산서합계표 • 매입매출장 • 부가가치세신고서

아래의 정보를 바탕으로 매출부가가치세 입력하기(과세매출)_현금

5월 7일 (주)에이스상사에 제품(냉장고 5대, @1,000,000원, VAT 별도)을 판매하고 본사를
공급자로 전자세금계산서를 발행한 후 대금은 전액 현금으로 받았다(처리자 : 관리부 김관리).

• 분 개

(차) 10100.현 금   5,500,000   (대) 40401.제품매출(국내매출액) 5,000,000
                                        25500.부가세예수금   500,000

• 경 로

ㄱ. 거래일자(05.07.) 입력 → 유형(1.일반) 입력 → 분개장 구분(6.매출부가세) → '매출정보'
보조창에서 거래처((주)에이스상사), 전표유형(1000.매출전표), 사업장((주)사랑본사), 세무
구분(11.과세매출), 전자세금계산서여부(1.여), 공급가액(5,000,000), 세액(자동계산), 품의
내역(제품매출), 수금정보 현금(5,500,000) 입력 후 적용(TAB)

ㄴ. 분개장의 대변 계정과목 '40401.제품매출/국내매출액' 클릭한 후 하단 관리항목에서 수량(5), 단가(1,000,000) 입력

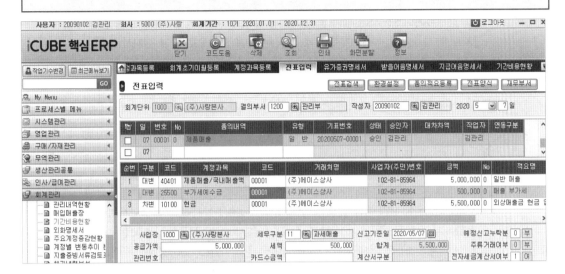

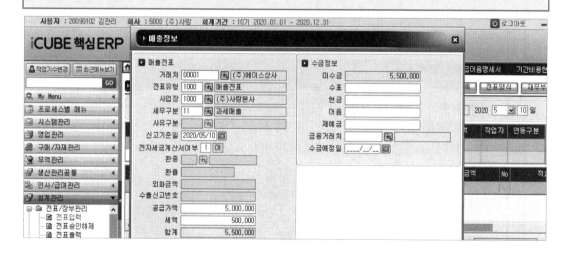

실습예제 [전표입력 1-2]

아래의 정보를 바탕으로 매출부가가치세 입력하기(과세매출)_외상매출금

5월 10일 (주)에이스상사에 제품(냉장고 5대, @1,000,000원, VAT 별도)을 판매하고 본사를 공급자로 전자세금계산서를 발행한 후 대금은 전액 외상으로 하고 전자세금계산서로 받았다 (처리자 : 관리부 김관리).

• 분 개

(차) 10800.외상매출금　　　5,500,000　　　(대) 40401.제품매출(국내매출액) 5,000,000
　　　　　　　　　　　　　　　　　　　　　　　　25500.부가세예수금　　　　　　 500,000

• 경 로

ㄱ. 거래일자(05.10.) 입력 → 유형(1.일반) 입력 → 분개장 구분(6.매출부가세) → '매출정보' 보조창에서 거래처((주)에이스상사), 전표유형(1000.매출전표), 사업장((주)사랑본사), 세무구분(11.과세매출), 전자세금계산서여부(1.여), 공급가액(5,000,000), 세액(자동계산), 품의내역(제품매출), 수금정보 미수금(5,500,000) 입력 후 적용(TAB)

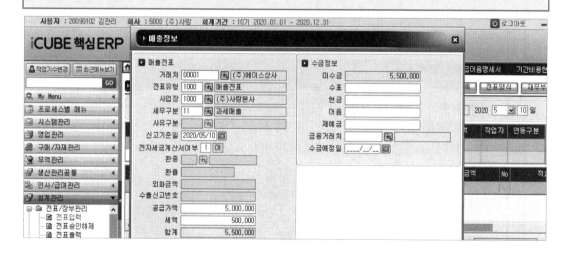

ㄴ. 분개장의 대변 계정과목 '40401.제품매출/국내매출액' 확인 → 하단의 관리항목에서 수량(5),
   단가(1,000,000) 입력

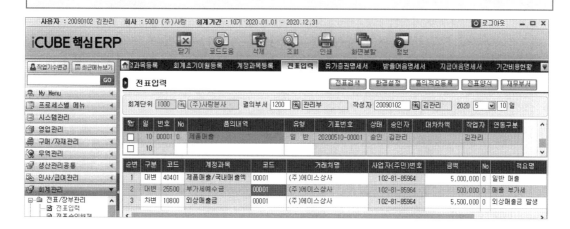

아래의 정보를 바탕으로 매출부가가치세 입력하기(과세매출)_받을어음

5월 12일 (주)에이스상사에 제품(냉장고 5대, @1,000,000원, VAT 별도)을 판매하고 본사를 공급자로 전자세금계산서를 발행하였다. 대금은 동점발행 약속어음으로 하고 전자세금계산서로 받았다(수금사원 : 관리부 김관리).
• 어음정보 : 아리35678942 / 만기일 2020.11.30. 국민은행 마포지점

• 분 개

(차) 11000.받을어음　　　5,500,000　　　(대) 40401.제품매출(국내매출액) 5,000,000
　　　　　　　　　　　　　　　　　　　　　　 25500.부가세예수금　　　 500,000

• 경 로

ㄱ. 거래일자(05.12.) 입력 → 유형(1.일반) 입력 → 분개장 구분(6.매출부가세) → '매출정보' 보조창에서 거래처((주)에이스상사), 전표유형(1000.매출전표), 사업장((주)사랑본사), 세무구분(11.과세매출), 전자세금계산서여부(1.여), 공급가액(5,000,000), 세액(자동계산), 품의내역(제품매출), 수금정보 어음(5,500,000) 입력 후 적용(TAB)

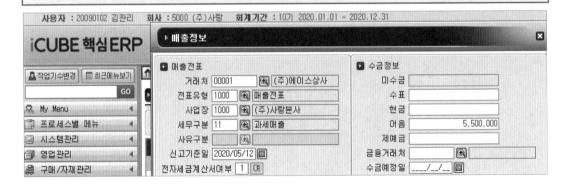

ㄴ. 분개장의 대변 계정과목 '40401.제품매출/국내매출액' 클릭 후 하단의 관리항목에서 사용부서(관리부), 수량(5), 단가(1,000,000), 입력 → 분개장의 차변 계정과목 '11000.받을어음' 클릭 후 하단의 관리항목에서 받을어음 정보, 수금사원(김관리) 입력

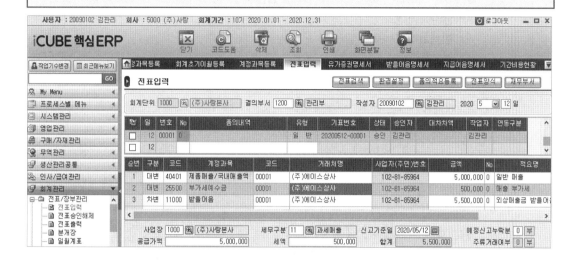

아래의 정보를 바탕으로 매출부가가치세 입력하기(과세매출 반품)

5월 30일 5월 7일에 (주)에이스상사에 매출했던 제품 중 2대(@1,000,000원, VAT 별도)가 파손되어 당일에 반품되었다. 반품세금계산서를 전자발급하고 대금은 현금에서 상계처리하였다. 단, 반품거래 시 공급가액은 ' − (음수)'로 처리한다.

• 경 로
ㄱ. 거래일자(05.30.) 입력 → 유형(3.매출) 입력 → 분개장 구분(6.매출부가세) → '매출정보' 보조창에서 거래처((주)에이스상사), 전표유형(1000.매출전표), 사업장((주)사랑본사), 세무구분(11.과세매출), 전자세금계산서여부(1.여), 공급가액(−2,000,000), 세액(자동계산), 품의내역(제품매출반품), 수금정보 현금(−2,200,000) 입력 후 적용(TAB)

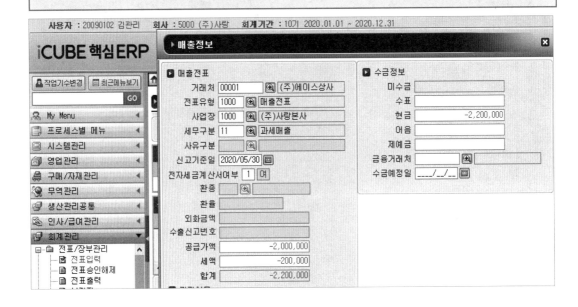

ㄴ. 분개장의 대변 계정과목 '40401.제품매출/국내매출액' 클릭 후 하단의 관리항목에서 수량
(−2), 단가(1,000,000) 입력

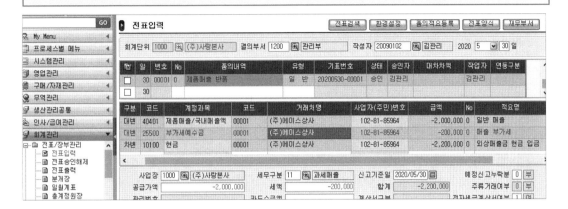

아래의 정보를 바탕으로 매출부가가치세 입력하기(영세매출)

6월 13일 수출대행업체인 (주)금천전자에 Local L/C에 의하여 제품(컴퓨터 5대, @900,000 원, 영세율적용)을 납품하고 본사를 공급자로 영세율전자세금계산서를 발행한 후 대금은 전액 외상으로 하였다(처리자 : 관리부 김관리).

• 분 개

　(차) 10800.외상매출금　　　4,500,000　　　(대) 40401.제품매출(국내매출액) 4,500,000
　　　　　　　　　　　　　　　　　　　　　　　　　25500.부가세예수금　　　　　　　0

• 경 로

　ㄱ. 거래일자(06.13.) 입력 → 유형(1.일반) 입력 → 분개장 구분(6.매출부가세) → '매출정보' 보조창에서 거래처((주)금천전자), 전표유형(1000.매출전표), 사업장((주)사랑본사), 세무구분(12.영세매출), 전자세금계산서여부(1.여), 공급가액(4,500,000), 세액(자동계산), 품의내역(제품매출), 수금정보 미수금(4,500,000) 입력 후 적용(TAB)

ㄴ. 분개장의 대변 계정과목 '40401.제품매출/국내매출액' 클릭 후 하단의 관리항목에서 수량(5),
단가(900,000) 입력

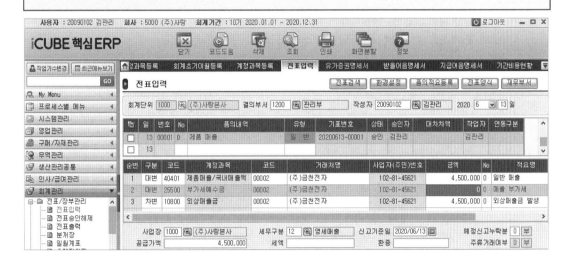

실습예제 [전표입력 4]

아래의 정보를 바탕으로 매출부가가치세 입력하기(면세매출)

6월 30일 상품으로 판매하고 있는 컴퓨터 관련 도서 5권(@12,000원)을 (주)금천전자에 현금으로 판매하고 전자계산서를 발행하였다(처리자 : 관리부 김관리).

• 분 개

(차) 10100.현 금   60,000   (대) 40101.상품매출(국내매출액) 60,000

                                            25500.부가세예수금   0

• 경 로

ㄱ. 거래일자(06.30.) 입력 → 유형(1.일반) 입력 → 분개장 구분(6.매출부가세) → '매출정보' 보조창에서 거래처((주)금천전자), 전표유형(1000.매출전표), 사업장((주)사랑본사), 세무구분(13.면세매출), 전자세금계산서여부(1.여), 공급가액(60,000), 세액(자동계산), 수금정보 현금(60,000) 입력 후 적용(TAB)

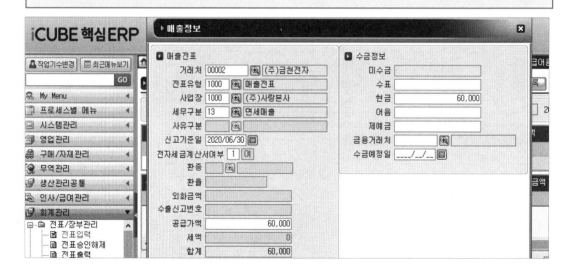

ㄴ. 분개장의 대변 계정과목 '40101.상품매출/국내매출액' 클릭 후 하단의 관리항목에서 수량(5),
단가(12,000) 입력

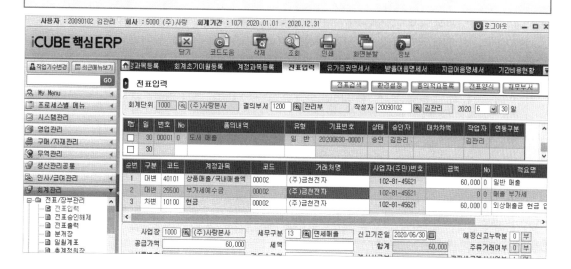

아래의 정보를 바탕으로 매출부가가치세 입력하기(수출매출)_직수출

7월 5일 W&D CO.LTD에 제품(컴퓨터 20대, $2,000)을 수출신고서(신고번호 : 040-10-07
-1111111-7)에 의해서 직수출하고 대금은 미화 $40,000을 외화로 받아 민국보통으로 입금받
았다.
• 1$당 환율 : 1,200원 적용
• 계정과목 등록에서 '40402.해외매출액'을 '40402.제품매출/해외매출액'으로 계정과목 변경
  할 것

The 알아두기

매출정보에서 수출신고번호를 입력하면 [부가가치세관리]의 [수출실적명세서]에 자동으로 반영된다.

• 분 개
  (차) 10302.외화예금   48,000,000   (대) 40402.제품매출(해외매출액) 48,000,000
                                                    25500.부가세예수금   0

• 제품매출/해외매출액 계정 변경하여 사용하기
  – [계정과목등록]에서 제품매출 범위의 '40402.해외매출액'을 '40402.제품매출/해외매출액'으로
    변경

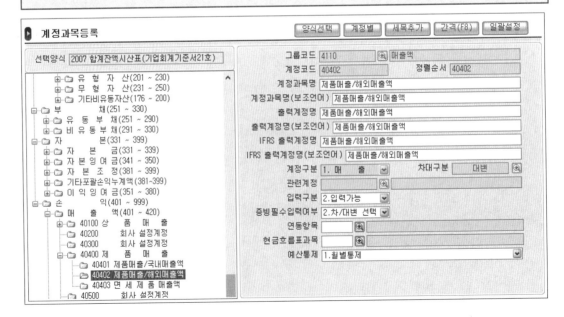

- 경 로

ㄱ. 거래일자(07.05.) 입력 → 유형(1.일반) 입력 → 분개장 구분(6.매출부가세) → '매출정보' 보조
창에서 거래처(W&D CO.LTD), 전표유형(1000.매출전표), 사업장((주)사랑본사), 세무구분(16.
수출), 환종(USD), 환율(1,200), 외화금액(40,000), 수출신고번호(040-10-07-1111111-7), 공
급가액(자동입력), 수금정보 제예금(48,000,000), 금융거래처(98001.민국보통) 입력 후 적용
(TAB)

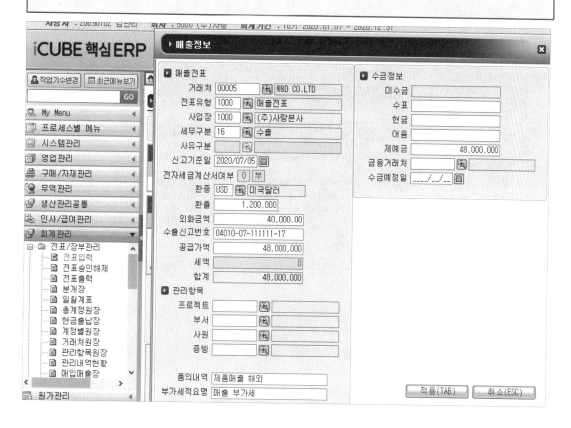

ㄴ. 분개장의 대변 계정과목을 '40402.제품매출/해외매출액'으로 변경 후 하단의 관리항목에서
　　사용부서(관리부), 수량(5), 단가(1,000,000), 입력 → 적요명(해외제품매출) 입력

ㄷ. 분개장의 차변 계정과목 '10302.외화예금'으로 변경 후 하단의 관리항목에서 환종(USD), 환
　　율(1,200), 외화금액(40,000) 입력

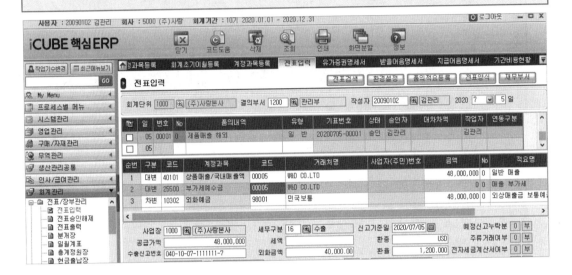

아래의 정보를 바탕으로 매출부가가치세 입력하기(카드매출)

8월 16일 (주)에이스상사에 의하여 제품(컴퓨터 5대, @900,000원)을 납품하고 대금은 비씨카드로 결제하였다(처리자 : 관리부 김관리).

• 분 개

(차) 10800.외상매출금   4,950,000   (대) 40401.제품매출(국내매출액) 4,500,000
                                              25500.부가세예수금   450,000

• 경 로

ㄱ. 거래일자(08.16.) 입력 → 유형(1.일반) 입력 → 분개장 구분(6.매출부가세) → '매출정보' 보조창에서 거래처((주)에이스상사), 전표유형(1000.매출전표), 사업장((주)사랑본사), 세무구분(17.카드매출), 전자세금계산서여부(1.여), 공급가액(4,950,000), 품의내역(제품매출), 수금정보 미수금(4,950,000) 입력 후 적용(TAB)

ㄴ. 분개장의 차변 계정과목 '40401.제품매출/국내매출액'로 변경 후 하단의 관리항목에서 수량
(5), 단가(900,000) 입력

ㄷ. 분개장의 대변 거래처 '98102.민국카드'로 변경

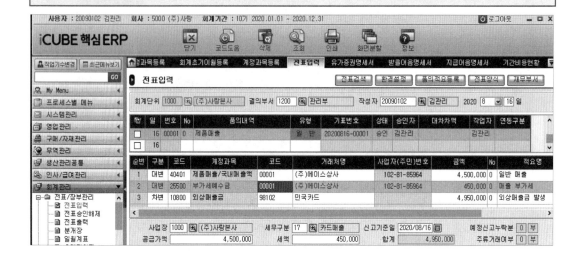

 알아두기

부가가치세관리의 [신용카드발행집계표/수취명세서]에 자동으로 반영된다.

아래의 정보를 바탕으로 매출부가가치세 입력하기(부동산임대)

8월 1일 지사에서 사용하고 있는 일부 공간을 (주)에이스상사에 일시적으로 임대하고 부동산 임대차계약서를 작성하였다. 보증금은 8월 1일 민국은행 보통예금 통장으로 이체받았다. 임대료는 대전지사를 공급자로 전자세금계산서를 발급했으며, 임대료 전액은 민국은행 보통예금 계좌로 입금되었다.
다음의 내용을 바탕으로 ⓐ, ⓑ, ⓒ, ⓓ의 사항을 회계처리할 것

[임대차내용]
• 거래처명 : (주)에이스상사(102-81-85964)
• 용도 : 공장(면적 30m^2)
• 층, 호수 : 2층 202호
• 간주임대료율 : 1.6%
• 임대기간별 임대료 및 관리비
  − 임대기간 : 2020.08.01. ~ 2021.07.31.
  − 보 증 금 : 30,000,000원
  − 월   세 : 1,500,000원
  ⋯⋯
[실 습]
ⓐ 임대보증금 회계처리
ⓑ 임대료(41100) 회계처리
ⓒ 부동산임대공급가액명세서 작성(단, 이전 데이터를 복사하지 않는다)
ⓓ 간주임대료 회계처리(임대인이 부담)

ⓐ 임대보증금 회계처리
• 분 개
  (차) 10301.보통예금   30,000,000   (대) 29400.임대보증금   30,000,000

• 경 로
  거래일자(08.01.) 입력 → 유형(1.일반) 입력 → 분개장 구분(3.차변) 입력 → 코드/계정과목 (10301.보통예금), 거래처명(민국보통), 금액(30,000,000), 적요명(임대보증금 입금) 입력 → 구분(4.대변) 입력 → 코드/계정과목(29400.임대보증금), 거래처((주)에이스상사), 금액 (30,000,000), 적요명(임대보증금 입금) 입력

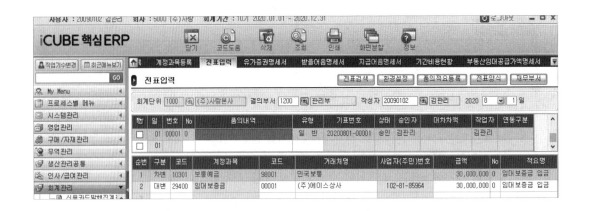

ⓑ 임대료 회계처리_8월 31일자

- 분 개

  (차) 10301.보통예금   1,650,000   (대) 41100.임대료수입   1,500,000

  25500.부가세예수금   150,000

- 경 로

  ㄱ. 거래일자(08.31.) 입력 → 유형(1.일반) 입력 → 분개장 구분(6.매출부가세) → '매출정보'
  보조창에서 거래처((주)에이스상사), 전표유형(1000.매출전표), 사업장((주)사랑대전지
  사), 세무구분(11.과세매출), 전자세금계산서여부(1.여), 공급가액(1,500,000), 품의내역
  (임대료수입), 수금정보 제예금(1,650,000) 입력 후 적용(TAB)

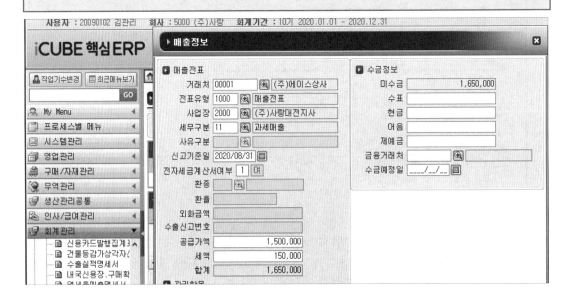

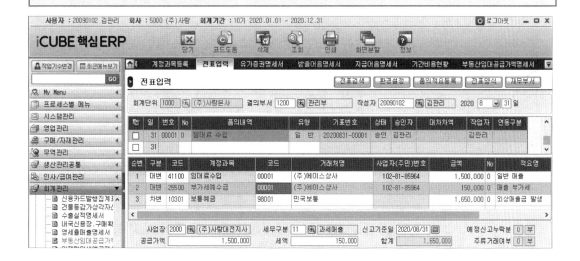

ⓒ 부동산임대공급가액명세서 작성(단, 이전데이터를 복사하지 않는다)

• 경 로

회계관리 → 부가가치세관리 → 부동산임대공급가액명세서 → 사업장(2000.대전지사), 과세
기간(2020.07. ~ 2021.09.), 이자율(2.1%) 설정하여 입력 → 우측 상단에 임대차내용 입력
후 간주임대료 금액(105,000) 확인

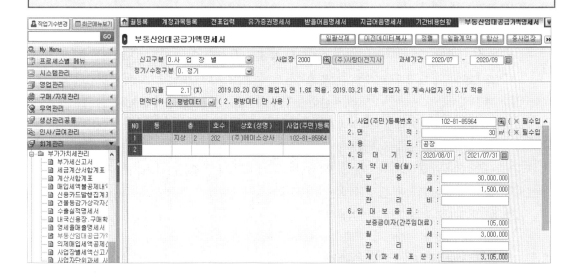

ⓓ 간주임대료 회계처리(임대인이 부담)_9월 30일자
  • 분 개
    (차) 51700. 세금과공과   10,500   (대) 25500.부가세예수금   10,500

  • 경 로
    거래일자(09.30) 입력 → 유형(1.일반) → 분개장 구분(3.차변), 계정과목(51700.세금과공과),
    금액(10,500) 입력 → 구분(4.대변), 계정과목(25500.부가세예수금), 금액 (10500) 입력 →
    사업장(2000.(주)사랑대전지사), 세무구분(14.건별매출) 입력

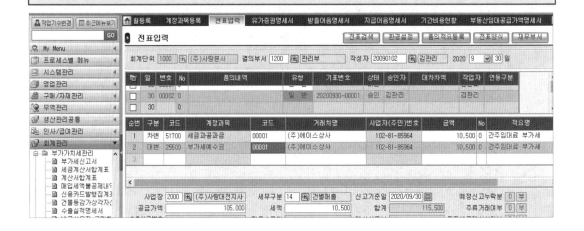

(3) 매입부가가치세 세무유형 및 전표입력

① 매입부가가치세 세무유형

　㉠ 21.과세매입 : 일반 매입전자세금계산서 수취분(부가세10%)

　㉡ 22.영세매입 : 영세율 거래 중 세금계산서 수취분(주로 Local L/C, 구매확인서 등)

　㉢ 23.면세매입 : 부가가치세 면세사업자가 발행하는 전자계산서 수취분

　㉣ 24.불공제매입 : 매입세액불공제분 세금계산서 수취분

　　• 불공제사유 : 필요적 기재사항 누락, 사업과 관련 없는 지출, 1,000cc 이상 소형, 중형승용차
　　　구입유지비용, 접대비 관련 비용, 8인승 이하 승합차 구입유지비용, 면세사업과 관련된 분 등

　㉤ 25.수입 : 세관장이 발행한 전자수입세금계산서 수취분

　㉥ 26.의제매입세액 : 매입세액공제가 가능한 계산서 수취분

　㉦ 27.카드매입 : 과세대상 거래의 신용카드매출전표 수취분

　㉧ 28.현금영수증매입 : 현금영수증 수취 매입분

② 매입부가가치세 전표입력 : 부가가치세관련 자료 중 매입과 관련된 자료를 구분하여 매입부가세로
　관리한다.

알아두기

입력된 매입부가세는 [부가가치세신고서], [세금계산서합계표], [매입매출장]에서 조회할 수 있다.

③ 매입부가가치세 세무유형에 따른 해당 내용 및 반영되는 서식

코드	유 형	입력내용	반영서식
21	과세매입	일반 매입세금계산서(10%)	• 매입처별세금계산서합계표 • 매입매출장 • 부가가치세신고서(일반매입 / 고정자산매입 분개 시 - 신고서 고정자산매입)
22	영세매입	영세율의 매입세금계산서	• 매입처별세금계산서합계표 • 매입매출장 • 부가가치세신고서(일반매입)
23	면세매입	부가가치세 면세사업자가 발행하는 계산서	• 매입처별세금계산서합계표 • 매입매출장 • 부가가치세신고서 과세표준명세(계산서 수취 금액)
24	매입불공제	매입세액불공제분 세금계산서	• 매입처별세금계산서합계표 • 매입매출장 • 매입세액불공제내역
25	수 입	세관장이 발행한 수입세금계산서	• 매입처별세금계산서합계표 • 매입매출장 • 부가가치세신고서(일반매입)
26	의제매입세액	의제매입세액 대상 구분코드 선택	• 매입매출장 • 부가가치세신고서(그 밖의 공제매입세액, 의 제매입세액공제신청서, 재활용폐자원세액공 제신청서)
27	카드매입	매입세액공제가 가능한 신용카드매출발행 전표	• 매입매출장 • 신용카드등수취명세서 • 부가가치세신고서(그 밖의 공제매입세액)
28	현금영수증 매입	현금영수증 수취 매입분	• 매입매출장 • 현금영수증수취명세서 • 부가가치세신고서(그 밖의 공제매입세액)
29	과세매입자 발행 세금계산서	매입자 발행 세금계산서	• 매입매출장 • 매입자발행세금계산서합계표 • 부가가치세신고서(매입세액 - 매입자발행세 금계산서)

아래의 정보를 바탕으로 매입부가가치세 입력하기(과세매입)

9월 2일 대전지사에서 사용할 원재료(100개, @20,000원, 2,000,000원, VAT 별도)를 (주)에이스상사로부터 구입하고 대금은 전액 외상으로 하였다. 전자세금계산서는 대전지사를 공급받는 자로 발행하여 교부받았다.

• 분 개

(차) 14900.원재료　　　　2,000,000　　(대) 25100.외상매입금　　　2,200,000
　　13500.부가세대급금　　200,000

• 경 로

거래일자(09.02.) 입력 → 유형(1.일반) 입력 → 분개장 구분(5.매입부가세) 입력 → '매입정보' 보조창에서 거래처((주)에이스상사), 전표유형(1000.매입전표), 사업장((주)사랑대전지사), 세무구분(21.과세매입), 전자세금계산서여부(1.여), 공급가액(2,000,000), 세액(자동계산), 부가세적요명(원재료매입), 수금정보 미지급금(2,000,000) 입력 후 적용(TAB) → 분개장 구분(3.차변), 계정과목(14900.원재료) 변경

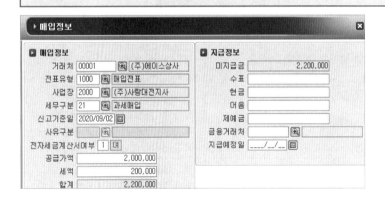

아래의 정보를 바탕으로 매입부가가치세 입력하기(과세매입반품)

9월 5일 9월 2일에 대전지사에서 사용할 원재료 구입분 중 불량품(10개, @20,000원, 200,000원, VAT 별도)이 있어 반품하였다. (주)에이스상사로부터 반품전자세금계산서를 교부받았으며, 9월 2일의 외상대금과 상계정리하기로 하였다. 반품전자세금계산서는 대전지사를 공급받는 자로 발행하여 교부받았다.

• 분 개

　(차) 14900.원재료　　　　 −200,000　　 (대) 25100.외상매입금　　 −220,000
　　　 13500.부가세대급금　 −20,000

• 경 로

　ㄱ. 거래일자(09.05.) 입력 → 유형(1.일반) 입력 → 분개장 구분(5.매입부가세) 입력 → '매입정보' 보조창에서 거래처((주)에이스상사), 전표유형(1000.매입전표), 사업장((주)사랑대전지사), 세무구분(21.과세매입), 전자세금계산서여부(1.여), 공급가액(−200,000), 부가세적요명(원재료매입반품), 수금정보 미지급금(−220,000) 입력 후 적용(TAB) → 분개장 구분(3.차변), 계정과목(14900.원재료) 변경

아래의 정보를 바탕으로 매입부가가치세 입력하기(고정자산매입)

10월 1일 생산부에서 사용할 기계장치를 에이스상사로부터 1년간 무상 A/S 조건으로 구입하고 전자세금계산서를 교부하였다. 전자세금계산서는 대전지사 사업장으로 기재하여 수취하였다.
• 기계장치 구입정보
  – 품명 : 제어장치   – 수량 : 1대
  – 공급가액 : 10,000,000원, VAT 별도   – 대금 : 전액외상

• 분 개

(차) 20600.기계장치   10,000,000   (대) 25300.미지급금   11,000,000
     13500.부가세대급금   1,000,000

• 경 로
거래일자(10.01.) 입력 → 유형(1.일반) 입력 → 분개장 구분(5.매입부가세) 입력 → '매입정보' 보조창에서 거래처((주)에이스상사), 전표유형(1000.매입전표), 사업장((주)사랑대전지사), 세무구분(21.과세매입), 전자세금계산서여부(1.여), 공급가액(10,000,000), 세액(자동계산), 품의내역(제어장치), 수금정보 미지급금(11,000,000) 입력 → 고정자산과표 옆 돋보기 클릭 → 부가세 적요명(생산용 기계구입), 수금정보 미지급금(11,000,000), '감가상각자산 취득내용' 보조창 '2. 기계장치'란에 해당 내역 입력 후 적용(TAB) → 분개장 구분(3.차변), 계정과목(20600.기계장치) 변경

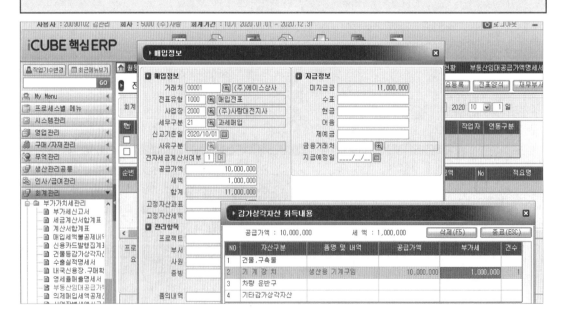

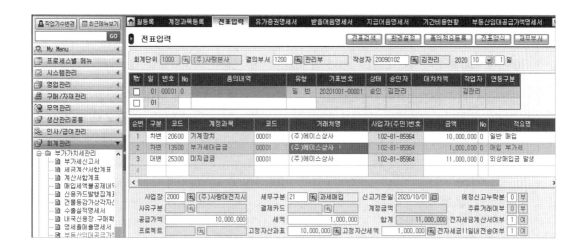

The 알아두기

매입정보에 고정자산과표에서 공급가액과 세액 입력 시 부가가치세관리의 [건물등감가상각취득명세서]에서 입력자료를 조회할 수 있다.

아래의 정보를 바탕으로 매입부가가치세 입력하기(영세매입)

> 10월 4일 (주)금천전자로부터 Local L/C를 통해 원재료 2,000,000원을 구입하고 본사 사업장을 공급받는 자로 하여 영세율 전자세금계산서를 교부받았고 대금은 외상으로 하였다.

• 분 개

    (차) 14900.원재료   2,000,000   (대) 25100.외상매입금   2,000,000

          13500.부가세대급금   0

• 경 로

거래일자(10.04.) 입력 → 유형(1.일반) 입력 → 분개장 구분(5.매입부가세) 입력 → '매입정보' 보조창에서 거래처((주)금천전자), 전표유형(1000.매입전표), 사업장((주)사랑본사), 세무구분(22.영세매입), 전자세금계산서여부(1.여), 공급가액(2,000,000), 세액(자동계산), 부가세적요명(원재료매입), 수금정보 미지급금(2,000,000) 입력 후 적용(TAB) → 분개장 구분(3.차변), 계정과목(14900.원재료) 변경

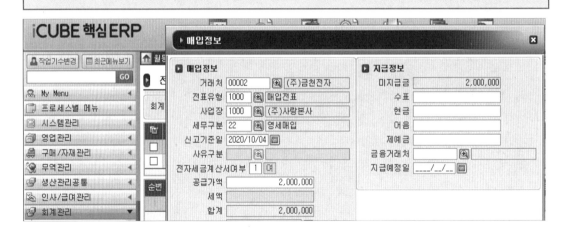

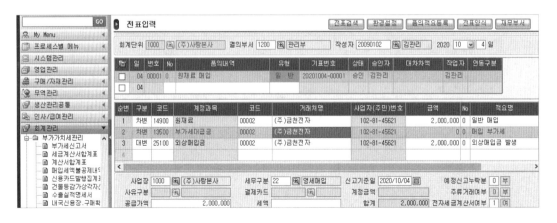

아래의 정보를 바탕으로 매입부가가치세 입력하기(면세매입)

10월 21일 관리부에서 사용할 도서 5권을 150,000원에 (주)오피스문구부터 현금으로 구입하고 본사 사업장을 공급받는 자로 하여 전자계산서를 교부받았다.

- 분 개

(차) 82600.도서인쇄비   150,000   (대) 10100.현 금   150,000

     13500.부가세대급금   0

- 경 로
거래일자(10.21.) 입력 → 유형(1.일반) 입력 → 분개장 구분(5.매입부가세) 입력 → '매입정보' 보조창에서 거래처((주)오피스문구), 전표유형(1000.매입전표), 사업장((주)사랑본사), 세무구분(23.면세매입), 사유구분(30.일반면세), 전자세금계산서여부(1.여), 공급가액(150,000), 세액(자동계산), 부가세적요명(도서 구입), 수금정보 현금(150,000) 입력 후 적용(TAB) → 분개장 구분(3.차변) 및 계정과목(82600.도서인쇄비), 구분(4.대변) 및 계정과목(10100.현금) 변경

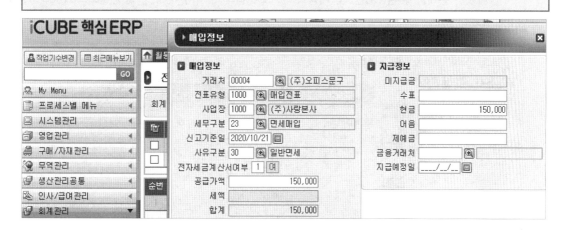

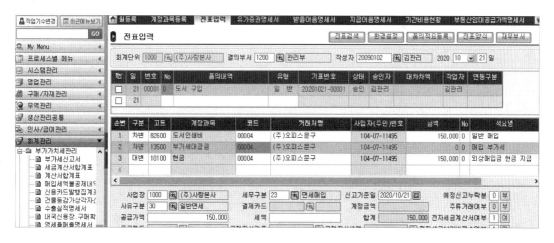

아래의 정보를 바탕으로 매입부가가치세 입력하기(매입불공제)

12월 9일 매출처에 선물용으로 지급할 선물세트(50개, @20,000원, VAT 별도)를 (주)오피스
문구로부터 외상으로 구입하고 본사를 공급받는 자로 하여 전자세금계산서를 교부받았다.

• 분 개

(차) 81300.접대비   1,000,000   (대) 25300.미지급금   1,000,000

     13500.부가세대급금   0

• 경 로

거래일자(10.09.) 입력 → 유형(1.일반) 입력 → 분개장 구분(5.매입부가세) 입력 → '매입정보' 보조창
에서 거래처((주)오피스문구), 전표유형(1000.매입전표), 사업장((주)사랑본사), 세무구분(24.매입
불공제), 사유구분(49.접대비관련매입세액), 전자세금계산서여부(1.여), 공급가액(1,000,000), 세액
(자동계산), 부가세적요명(거래처 선물세트구입), 수금정보 미지급금(1,000,000) 입력 후 적용
(TAB) → 분개장 구분(3.차변) 및 계정과목(81300.접대비), 구분(4.대변) 및 계정과목(25100.외상
매입금) 변경

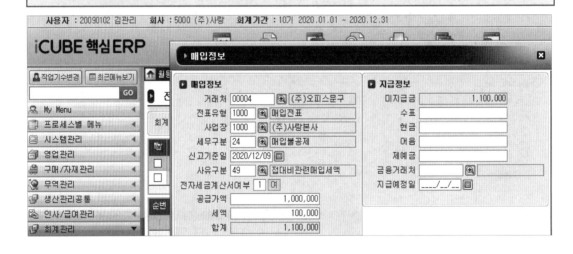

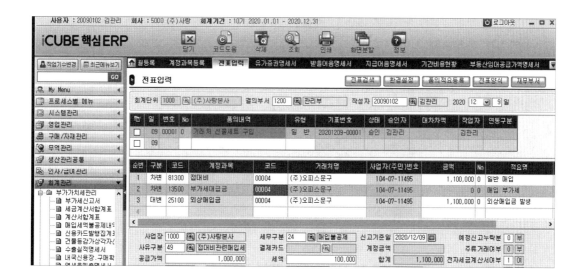

실습예제 [전표입력 7]

아래의 정보를 바탕으로 매입부가가치세 입력하기(카드매입)

11월 2일 오피스문구에서 사무용품을 500,000원(VAT 별도) 구입하고 민국은행 법인카드로 결제하였다.

• 분 개

(차) 83000.소모품비   500,000   (대) 25300.미지급금   550,000

　　13500.부가세대급금   50,000

• 경 로
거래일자(11.02.) 입력 → 유형(1.일반) 입력 → 분개장 구분(5.매입부가세) 입력 → '매입정보'
보조창에서 거래처((주)오피스문구), 전표유형(1000.매입전표), 사업장((주)사랑본사), 세무구분
(27.카드매입), 금융거래처(98205.민국카드(법인)), 부가세적요명(사무용품 구입), 수금정보 미
지급금(550,000) 입력 후 적용(TAB) → 분개장 구분(3.차변) 및 계정과목 변경(83000.소모품
비), 구분(4.대변) 및 계정과목(25300.미지급금)과 거래처명(98205.민국카드) 변경

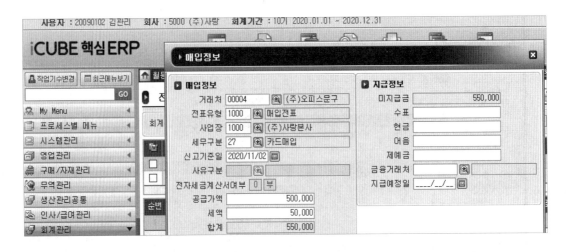

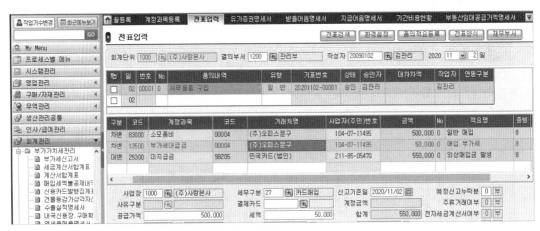

아래의 정보를 바탕으로 매입부가가치세 입력하기(의제매입)

10월 10일 대전지사에서 신규로 통조림 사업을 시작하게 되어 원재료를 (주)노량유통으로부터 외상으로 구입하고 전자계산서를 수취했다.
다음의 내용에 대해 ⓐ, ⓑ, ⓒ, ⓓ의 사항을 회계처리하기

품목명	수 량	단 가	공급가액	공제율
농수산물	500박스	10,000원	5,000,000원	4/104

• (주)노량유통(거래처코드 : 00007)
 − 사업자등록번호 : 105−89−45712
 − 대표이사 : 임노량
 − 업태 : 도소매 / 종목 : 농수산

....

[실 습]
ⓐ (주)노량유통 거래처 입력
ⓑ 의제매입 회계처리
ⓒ 의제매입세액공제신고서 작성
ⓓ 의제매입세액 회계처리(부가세예수금 처리)

ⓐ (주)노량유통 거래처 입력
 • 경 로
  시스템관리 → 기초정보관리 → 일반거래처등록

ⓑ 의제매입 회계처리

- 분 개

  (차) 14900.원재료   5,000,000   (대) 25300.외상매입금   5,000,000
        13500.부가세대급금   0

- 경 로

  거래일자(10.10.) 입력 → 유형(1.일반) 입력 → 분개장 구분(5.매입부가세)] 입력 → '매입정보' 보조창에서 거래처((주)노량유통), 전표유형(1000.매입전표), 사업장((주)사랑대전지사), 세무구분(23.면세매입), 사유구분(39.의제매입(4/104)) 입력 → '품목입력' 보조창에서 품목(농수산물), 수량(500) 입력 → 전자세금계산서여부(1.여), 공급가액(5,000,000), 세액(자동계산), 부가세적요명(농수산물 원재료 구입), 수금정보 미지급금(5,000,000) 입력 후 적용(TAB)

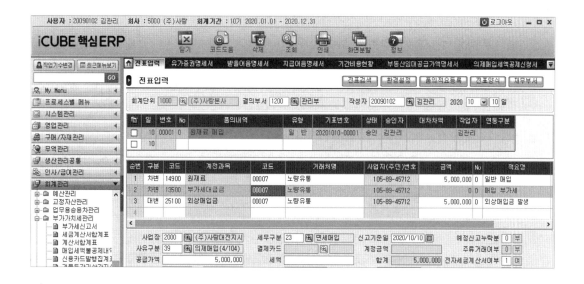

ⓒ 의제매입세액공제신고서 작성

• 경 로

회계관리 → 부가가치세관리 → 의제매입세액공제신청서 → 사업장(2000.대전지사), 과세
기간(2020.10. ~ 2020.12.) 입력 → 제조업 매입세액정산방식 '매입세액정산' 확인 → 불러
오기 아이콘을 클릭하여 내용 불러오기 → 하단 의제매입세액 금액(192,307) 확인

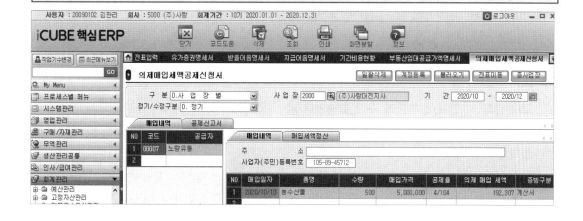

ⓓ 의제매입세액 회계처리(부가세예수금 처리)_12월 31일자
- 분 개

  (차) 25500.부가세예수금   192,307   (대) 14900.원재료   192,307

- 경 로

  거래일자(12.31.) 입력 → 유형(1.일반) 입력

  ㄱ. 분개장 구분(3.차변), 계정과목(25500.부가세예수금), 금액(192,307), 적요명(의제매입
  세액 부가세) 입력

  ㄴ. 분개장 구분(4.대변), 계정과목(14900.원재료), 금액(192,307), 타계정구분(2.타계정대체
  출고)입력

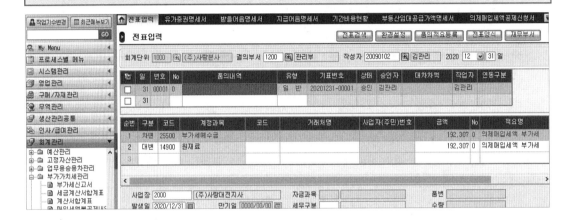

2 전표승인해제

[회계관리 → 전표/장부관리 → 전표승인해제]

[전표승인해제]에서는 [전표입력] 메뉴에 미결상태로 있는 전표를 승인하여 제장부 및 재무제표에 반영되게 하는 메뉴이다.

- 승인할 전표가 선택되면 화면 상단의 '승인처리' 아이콘을 클릭한다. 화면에서 '승인처리'를 클릭하면 전표가 승인된다. 승인된 전표는 전표상태가 미결인 현재 화면에서 볼 수 없고 전표상태를 '승인'으로 선택하여 조회하면 표시된다.

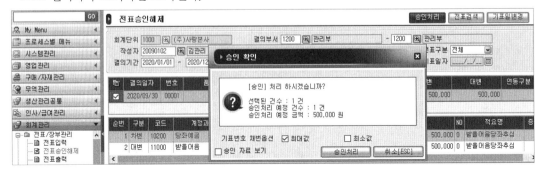

- 이미 승인된 전표의 기표일을 변경하고 싶다면 '기표일변경' 아이콘을 클릭하여 기표일을 변경하면 된다.

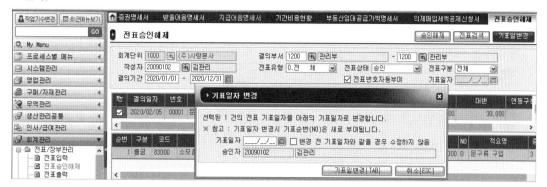

- 이미 승인된 전표를 해제하고 싶다면 '승인해제' 아이콘을 클릭하여 승인해제하면 된다.

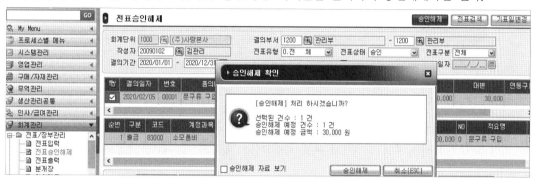

❸ 전표출력

[회계관리 → 전표/장부관리 → 전표출력]

[전표입력] 메뉴를 통해 입력되어 저장된 데이터를 출력할 수 있는 메뉴이다.

❹ 분개장

[회계관리 → 전표/장부관리 → 분개장]

전표를 입력하면 분개에 대한 내용을 정리해주는 최초의 장부인 분개장을 조회할 수 있다.

5 일월계표

[회계관리 → 전표/장부관리 → 일월계표]

일계표는 매일의 거래 분개내역을 계정과목별로 집계한 표이고, 월계표는 일계표를 월 단위로 집계한 내역이다. 차변의 계는 당월에 발생한 금액(출금된 것)이고, 대변의 계는 상대계정이 현금인지 대체인지를 구분하는 것(입금된 것)을 의미한다.

6 총계정원장

[회계관리 → 전표/장부관리 → 총계정원장]

결산의 기초가 되는 주요 장부로서 모든 계정과목의 차변과 대변의 합계와 잔액의 현황이 집계되어 기록되는 집계장부이다.

7 현금출납장

[회계관리 → 전표/장부관리 → 현금출납장]

현금의 수입과 지출의 내용을 상세히 기록 및 계산하는 보조장부로서 현금의 입금과 출금을 날짜 및 입금출금 순서로 조회 및 출력이 가능하다. 현금출납장은 전체, 프로젝트별, 결의부서별, 결의사원별로 나누어 조회 및 출력을 할 수 있다.

8 계정별원장

[회계관리 → 전표/장부관리 → 계정별원장]

각 계정의 거래내역을 상세히 기록한 장부로 총계정원장의 보조장부이다. 전체, 프로젝트별, 부서별로 나누어 조회 또는 출력할 수 있다.

9 거래처원장

[회계관리 → 전표/장부관리 → 거래처원장]

거래처별로 매출채권이 얼마인지, 매입채무는 얼마나 남아 있는지 등 채권 채무관리를 위해 거래처별 잔액이나 거래의 내용을 기록한 보조장부이다.

① **잔액 탭** : 하나의 계정과목에 대하여 거래가 있었던 각 거래처별로 전월과 당월의 잔액을 보기 위한 메뉴이다.

② **원장 탭** : 조회기간 내의 해당 거래처에 대한 개별적인 거래내역을 조회하는 메뉴이다.

③ **총괄잔액 탭** : 해당 거래처 전 계정과목의 잔액명세서(리스트)를 보고자 할 때 사용된다.

④ **총괄내용 탭** : 해당 거래처 전 계정과목의 내용을 보고자 할 때 사용된다.

10 관리항목원장

[회계관리 → 전표/장부관리 → 관리항목원장]

전표입력 시 관리항목부분에서 입력된 관리사항을 전표 단위로 조회하는 메뉴이다. 관리항목원장은 관리내역코드가 입력된 자료만 조회조건에 따라 조회가능하다.

① **잔액 탭** : 하나의 계정과목에 대하여 관리항목별로 전월과 당월의 잔액을 보기 위한 메뉴이다.

② **원장 탭** : 조회기간 내의 해당 관리항목에 대한 개별적인 거래내역을 조회하는 메뉴이다.

③ **총괄잔액 탭** : 해당 관리항목 전 계정과목의 잔액명세서(리스트)를 보고자 할 때 사용된다.

④ **총괄내용 탭** : 해당 관리항목 전 계정과목의 내용을 보고자 할 때 사용된다.

11 관리내역현황

[회계관리 → 전표/장부관리 → 관리내역현황]

관리항목의 내역별 사용현황을 계정과목별로 파악하는 현황 메뉴이다. 핵심ERP 프로그램에서는 발생기준, 전년대비, 내역현황, 잔액, 원장으로 구분하여 비교분석할 수 있다.

12 매입매출장

[회계관리 → 전표/장부관리 → 매입매출장]

매입매출장은 부가가치세 관리와 관련하여 중요한 의미를 갖고 있으며, [전표입력]에서 입력된 매입·매출장은 부가가치세와 관련된 제반 거래내용을 상세히 기록·계산한 보조장부이다. 프로그램에서는 '25500.부가세예수금(매출부가세)'와 '13500.부가세대급금 (매입부가세)' 계정으로 입력된 자료에 의해 자동작성된다.

⑬ 기간비용현황

[회계관리 → 전표/장부관리 → 기간비용현황]

당기에 발생한 경비 중 결산 시 기간 경과분과 미경과분을 구분해야 한다. 이때 당기에 발생한 경비 중에 차기에 해당하는 금액이 얼마인지 [기간비용현황] 메뉴에서 확인할 수 있다. 프로그램에서는 차기로 이월되는 금액이 있는 계정과목인 경우 연동항목을 설정해놓으면 자동으로 계산해준다.

> **알아두기**
>
> 계정과목등록에서 '13300.선급비용' 계정과 '26300.선수수익' 계정의 연동항목에 '09.기간비용'으로 설정되어 있다.

⑭ 외화명세서

[회계관리 → 전표/장부관리 → 외화명세서]

외화자산이라는 연동항목을 외화 관련 계정과목에 설정하여 외화명세서를 지원하고 있다. 계정과목에 대해 이월원화(외화) 및 발생원화(외화)금액, 반제원화(외화)금액, 잔액을 조회할 수 있다.

⑮ 주요계정증감현황

[회계관리 → 전표/장부관리 → 주요계정증감현황]

계정별 성격에 맞는 관리항목을 설정하여 주요 계정의 증감현황을 한번에 조회할 수 있는 메뉴이다.

⑯ 계정별변동추이분석

[회계관리 → 전표/장부관리 → 계정별변동추이분석]

계정과목별 월별 발생한 금액 및 잔액을 조회하고, 당기발생 금액과 전기발생 금액을 비교할 때 조회할 수 있는 메뉴이다.

⑰ 지출증빙서류검토표(관리용)

[회계관리 → 전표/장부관리 → 지출증빙서류검토표(관리용)]

법인조정 서식인 지출증빙서류검토표를 간단하게 작성할 수 있도록 제공해주는 관리용 메뉴이다.

Tip 실무문제 유형

Q : 당사의 6월 손익계산서상 지출증빙서류 수취금액은 26,610,000원이다. 6월 지출액에 대한 지출
증빙별 금액이 아래와 같이 확인되었다. 지출증빙별 해당 금액으로 올바르지 않은 것은 무엇인가?

① 신용카드   2,530,000원   ② 현금영수증 2,360,000원

③ 세금계산서 21,220,000원   ④ 계산서   5,950,000원

A : 지출증빙서류검토표(관리용)에서 재무제표를 손익계산서로 선택하여 금액을 확인할 수 있다.

⑱ 채권년령분석

[회계관리 → 전표/장부관리 → 채권년령분석]

매출채권 등을 포함한 모든 채권은 항상 대손의 위험성이 존재하므로 [채권년령분석] 메뉴를 통해 대
손을 추산하는 분석자료로 활용할 수 있다.

Tip 실무문제 유형

Q : 〈회계1급〉 회사는 6개월 이상 채권이 회수되지 않은 거래처를 파악하고자 한다. 선입선출법에 따
라서 외상매출금 잔액을 확인할 경우 2020년 9월 30일 현재 6개월 이상 채권 회수가 가장 안 되
고 있는 거래처는 무엇인가?

① (주)상상유통   ② (주)영은실업

③ (주)하진테크   ④ (주)중원

A : [채권년령분석]에서 해당 보기의 조건대로 실행하여 푸는 유형이다.

⑲ 채권채무잔액조회서

[회계관리 → 전표/장부관리 → 채권채무잔액조회서]

채권 및 채무계정에 대한 잔액을 조회하고 채권채무조회서를 작성할 수 있으며, 여신한도체크가 가능
하다.

⑳ 전자세금계산서검증및전표처리

[회계관리 → 전표/장부관리 → 전자세금계산서검증및전표처리]

프로그램에서 발행되어 처리된 전자세금계산서 데이터와 국세청에 전송된 전자세금계산서 발행분의
차이를 확인할 수 있는 메뉴이다.

3 부가가치세관리

부가가치세 신고와 관련된 각종 신고서와 부속서류들을 조회 및 출력 할 수 있는 메뉴이다. 해당 프로그램에서는 일반과세자의 신고서만 지원되므로 일반과세자에 대한 부분을 설명하도록 하겠다.

1 부가세신고서

[회계관리 → 부가가치세관리 → 부가세신고서]

부가가치세 신고서는 각 신고기간에 대한 부가가치세 과세표준과 납부세액 또는 환급세액 등을 기재하여 관할세무서에 신고하는 서류로 부가가치세법상 규정된 서식을 말한다.

알아두기

구분 번호별 내역 요약	
1	일반 매출전자세금계산서 발행분(유형 11번)
2	매입자발행분 전자세금계산서(유형 33번)
3	카드매출, 현금영수증 발행분(유형 17번, 31번)
4	기타(유형 14번)
5	영세율 거래 중 전자세금계산서 발행분(유형 12번)
6	외국에 직접 수출하는 경우(유형 16번)
7	예정신고누락분(매출분)
9	합계(과세표준 및 매출세액)
10	일반 매입전자세금계산서 수취분(유형 21, 22, 24, 25번)
11	고정자산매입 전자세금계산서 수취분(유형 21, 22, 24, 25번)
12	예정신고누락분(매입분)
14	기타공제매입세액 : 카드과세매입, 현금영수증매입(유형 27번, 유형 28번)
16	공제받지 못할 매입세액(유형 24번)
17	납부세액 계산
18	기타 경감·공제세액(1기·2기 확정신고분 전자신고 시 10,000원 세액공제)

Tip 실무문제 유형

Q : 다음은 당사의 부가세신고서 화면의 일부이다. 화면에 대한 설명으로 가장 적합하지 않은 것은 무엇인가?

① 당사의 2020년 1기 확정신고기간의 부가세신고서이다.

② 7월 25일까지 납부해야하는 부가가치세액은 32,245,000원이다.

③ '3.신용카드.현금영수증발행분'에 대한 금액 25,000,000원은 전액 카드매출에 대한 것이다.

④ '10.일반매입'에 대한 금액 145,000,000원은 전액 세무구분이 과세매입인 거래에 대한 금액이다.

A : 직접 시뮬레이션에서 내용을 확인하여 보기에서 문제를 푸는 유형이다.

• 부가가치세 매출세액부분 코드 요약

	구 분			금 액	세율	세 액
과세표준 매출세액	과세	세금계산서발급분	1	11	10/100	
		매입자발행세금계산서	2		10/100	
		신용카드.현금영수증발행분	3	17, 31	10/100	
		기타(정규영수증외매출분)	4	14	10/100	
	영세율	세금계산서발급분	5	12	0/100	
		기 타	6	16	0/100	
	예 정 신 고 누 락 분		7			
	대 손 세 액 가 감		8			
	합 계		9		㉗	

• 부가가치세 매입세액부분 코드 요약

매입세액	세금계산서 수취분	일 반 매 입	10	21,22,24,25	
		수출기업수입분납부유예	10-1		
		고정자산매입	11	21,24,25	
	예 정 신 고 누 락 분		12		
	매입자발행세금계산서		13		
	그 밖의 공제매입세액		14	27	
	합 계 (10-(10-1)+11+12+13+14)		15		
	공제받지못할 매입세액		16	24	
	차 감 계 (15-16)		17		㉕
납부(환급) 세액 (매출세액㉗ - 매입세액㉕)					㉘

알아두기

부가가치세 과세기간 및 신고, 납부일
① 1기 예정 신고
- 과세기간 : 1/1 ~ 3/31 → 신고 및 납부 : 4/25
② 1기 확정 신고(예정신고 누락분 반영가능)
- 과세기간 : 4/1 ~ 6/30 → 신고 및 납부 : 7/25
③ 2기 예정 신고
- 과세기간 : 7/1 ~ 9/30 → 신고 및 납부 : 10/25
④ 2기 확정 신고(예정신고 누락분 반영가능)
- 과세기간 : 10/1 ~ 12/31 → 신고 및 납부 : 1/25

부가가치세 납부세액

$$납부세액 = 매출세액 - 매입세액$$

2 세금계산서합계표

[회계관리 → 부가가치세관리 → 세금계산서합계표]

발행 또는 수취한 세금계산서의 매수, 거래처, 공급가액 및 세액을 집계한 집계표로서 매출처별·매입처별로 구분되어 조회된다. 세금계산서 합계표는 부가가치세신고시에 반드시 제출되어야 하는 양식이다.

3 계산서합계표

[회계관리 → 부가가치세관리 → 계산서합계표]

발행 또는 수취한 계산서를 거래처별로 수수된 계산서의 매수와 공급가액 및 세액을 집계한 집계표이다. 계산서합계표는 매출처별계산서합계표, 매입처별계산서합계표로 구분된다.

4 매입세액불공제내역

[회계관리 → 부가가치세관리 → 매입세액불공제내역]

부가가치세 신고 시에 공제받지 못하는 대상의 세금계산서 내역을 작성하는 메뉴로서 매입세액 불공제분 계산근거와 공통매입세액 안분계분의 계산이 지원된다.

⑤ 신용카드발행집계표/수취명세서

[회계관리 → 부가가치세관리 → 신용카드발행집계표/수취명세서]

'신용카드/현금영수증수취명세서', '신용카드발행집계표' 2가지 탭으로 증빙자료를 확인할 수 있다. 매입의 경우에는 '신용카드/현금영수증수취명세서'에서, 매출의 경우에는 '신용카드발행집계표'에서 조회된다.

⑥ 건물등감가상각자산취득명세서

[회계관리 → 부가가치세관리 → 건물등감가상각자산취득명세서]

건물, 기계장치, 차량운반구, 비품 등 감가상각대상 자산을 구입한 경우 그 상세내역을 조회하고 부가 가치세 신고 시에 제출하는 양식을 지원하는 메뉴이다.

⑦ 수출실적명세서

[회계관리 → 부가가치세관리 → 수출실적명세서]

재화를 직접 수출하는 경우 기존 수출관련 영세율 첨부서류를 제출하는 대신에 수출실적명세서를 작 성하여 부가가치세 신고기간별로 제출하면 되는데, 이때 사용하는 메뉴이다.

⑧ 내국신용장.구매확인서 전자발급명세서

[회계관리 → 부가가치세관리 → 내국신용장.구매확인서 전자발급명세서]

내국신용장과 구매확인서에 의한 공급실적 명세서를 조회할 수 있는 메뉴이다.

⑨ 영세율매출명세서

[회계관리 → 부가가치세관리 → 영세율매출명세서]

영세율 세금계산서에 의한 매출 내역을 조회할 수 있는 메뉴이다.

⑩ 부동산임대공급가액명세서

[회계관리 → 부가가치세관리 → 부동산임대공급가액명세서]
부동산 임대내역과 간주임대료에 대한 내용을 작성 및 조회할 수 있는 메뉴이다.

⑪ 의제매입세액공제신청서

[회계관리 → 부가가치세관리 → 의제매입세액공제신청서]
의제매입 자료를 입력하고 의제매입세액을 조회할 수 있는 메뉴이다.

⑫ 사업장별세액신고서

[회계관리 → 부가가치세관리 → 사업장별세액신고서]
사업장별로 세액신고 내역과 금액을 조회할 수 있는 메뉴이다.

⑬ 사업자단위과세 사업장별세액명세서

[회계관리 → 부가가치세관리 → 사업자단위과세 사업장별세액명세서]
사업자단위과세 사업장으로 설정되어 있는 사업장에서 사용할 수 있는 메뉴이다.

4 고정자산관리

기계장치, 건물, 차량, 비품 등과 같은 유형자산과 무형자산의 경우 시간이 경과함에 따라 가치가 감소하게 되어 감가상각이 필요하게 된다. 해당 고정자산에 대한 감가상각은 고정자산의 원가를 사용가능한 기간에 걸쳐서 비용으로 배분하는 절차라고 할 수 있다.

1 고정자산등록

[회계관리 → 고정자산관리 → 고정자산등록]

감가상각대상인 자산을 등록하여 감가상각비를 계산하고 각종 명세서를 작성하는 메뉴이다. 계산된 감가상각비는 결산 시 [결산자료입력] 메뉴에 자동으로 반영된다.

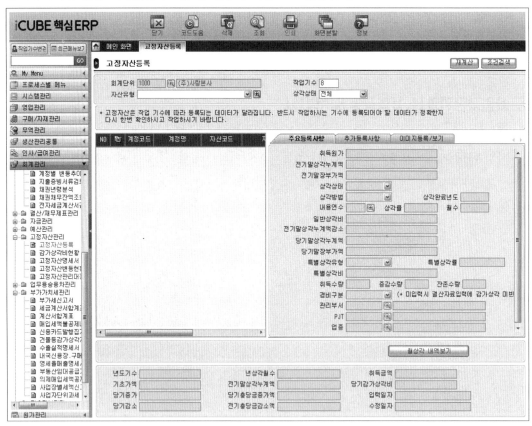

아래의 정보를 바탕으로 고정자산등록 입력하기

자산 유형	기계장치	취득일	2020.01.01.	상각방법	정률법	구입처	우리기계
자산 코드	G001	취득원가	30,000,000	내용연수	8	경비구분	생산부용
자산명	제어장치	감가상각 누계액	0	관리부서		생산부	

• 경 로

자산유형(기계장치) 입력 → 자산코드(G001), 자산명(제어장치), 취득일(2020.01.01.) 입력 →
'주요등록사항' 탭에서 취득원가(30,000,000), 상각방법(정률법), 내용연수(8), 경비구분(1,500
번대), 관리부서(생산부) 입력 → '추가등록사항' 탭에서 구입처(우리기계), 자산변동처리(일자,
구분, 적요, 금액, 변동수량) 입력

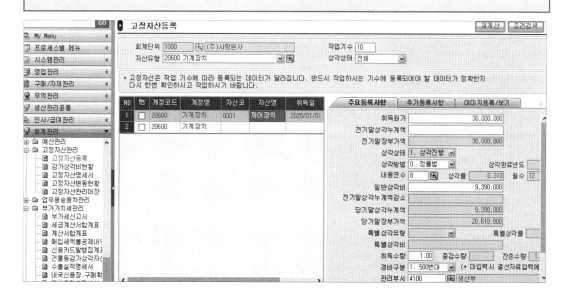

실습예제 [고정자산등록 2]

아래의 정보를 바탕으로 고정자산등록 입력하기

자산 유형	차량운반구	취득일	2018.01.01.	상각방법	정액법	구입처	서울 자동차
자산 코드	H001	취득원가	20,000,000	내용연수	5	경비구분	관리부용
자산명	승용차	감가상각 누계액	8,000,000	관리부서	관리부		

• 경 로

자산유형(차량운반구) 입력 → 자산코드(H001), 자산명(승용차), 취득일(2018.01.01.) 입력 → '주요등록사항' 탭에서 취득원가(20,000,000), 전기말상각누계액(8,000,000), 상각방법(정액법), 내용연수(5), 경비구분(0.800번대), 관리부서(관리부) 입력 → '추가등록사항' 탭에서 구입처(서울자동차), 자산변동처리(일자, 구분, 적요, 금액, 변동수량) 입력

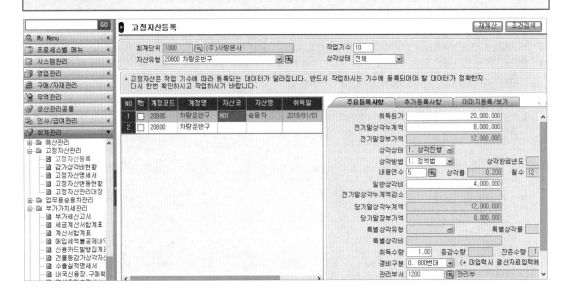

The 알아두기

주요등록사항 탭

경비구분을 800번대(판매비와관리비)와 500번대(제조경비)중 해당 번호를 선택해야 하며, [결산자료입력]에서 감가상각비가 자동반영되므로 경비구분을 정확히 입력해야 한다.

Q : 당사에서 사용하던 차량운반구를 2020년 9월에 양도하였다. 다음 보기의 고정자산을 양도처리한 후 감가상각비 금액은 얼마인가?

> [보기]
> • 자산유형 : 차량운반구   • 코드 : 2080004
> • 자산명 : 스포티   • 자산변동내역 : 2020.09.30. / 전체양도

          * 본 문제는 시뮬레이션 문제로서 [실기메뉴]의 메뉴를 활용하여 문제에 답하시오.

  ① 2,500,003원   ② 4,000,000원

  ③ 5,250,001원   ④ 7,500,001원

A : 직접 시뮬레이션에서 입력하여 내용을 확인하여 푸는 유형이다.

2 감가상각비현황

[회계관리 → 고정자산관리 → 감가상각비현황]

[고정자산등록]에 입력된 고정자산의 감가상각사항을 총괄, 부서별, PJT별로 조회하는 메뉴이다.

3 고정자산명세서

[회계관리 → 고정자산관리 → 고정자산명세서]

고정자산의 감가상각 관련 내용을 취득기간별로 조회할 수 있는 메뉴이다.

4 고정자산변동현황

[회계관리 → 고정자산관리 → 고정자산변동현황]

[고정자산등록]의 '추가등록사항' 탭에서 자산변동관리를 했던 내역을 전체적으로 조회할 수 있는 메뉴이다.

아래의 정보를 바탕으로 고정자산변동 내역 입력하기

- 자산유형 : 차량운반구
- 코드 : H001
- 자산변동내역 : 2020.07.01. / 전체양도 / 금액 10,000,000원

- 경 로
'추가등록사항' 탭 → [보기]의 내용 입력

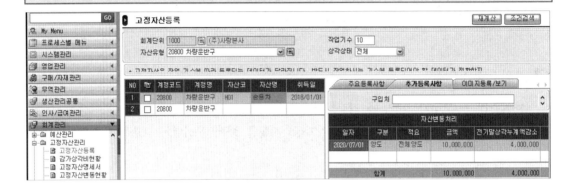

- 고정자산변동현황 조회화면

Q : 당사에서 사용하던 기계장치를 2020년 2월에 양도하였다. 다음 보기의 고정자산을 양도처리 후 감가상각비 금액은 얼마인가?

> [보기]
> • 자산유형 : 기계장치
> • 자산명 : 용접기
> • 코드 : 1005
> • 자산변동내역 : 2020.02.01. / 전체양도

* 본 문제는 시뮬레이션 문제로서 [실기메뉴]의 메뉴를 활용하여 문제에 답하시오.

① 833,337원
② 1,052,220원
③ 1,666,670원
④ 2,468,280원

A : 직접 시뮬레이션에서 입력하여 내용을 확인하여 푸는 유형이다.

5 고정자산관리대장

[회계관리 → 고정자산관리 → 고정자산관리대장]

[고정자산등록]에 입력된 모든 사항을 조회할 수 있는 메뉴이다.

5 결산/재무제표관리

1 결산의 의의와 절차

(1) 결산의 의의

결산이란 한 회계연도의 모든 장부를 마감하고 마지막으로 재무제표와 부속명세서인 이익잉여금처분
계산서(또는 결손금처리계산서) 등을 확정짓는 행위를 의미한다.

(2) 결산의 절차

[결산 전 체크] → [수동결산] → [자동결산] → [전표 승인처리] → [재무제표 조회]

① 결산 전 체크사항

    ㉠ 합계잔액시산표에서 차변합계와 대변합계가 서로 일치하는지 확인한다.

    ㉡ 전기분 재무상태표의 이월이익잉여금 금액이 전기분 이익잉여금처분계산서상의 '전기이월이
      익잉여금 + 당기순이익'이 서로 일치하는지 확인한다.

    ㉢ [전표승인해제] 메뉴에서 미결전표가 남아 있는지 확인한다.

    ㉣ [고정자산등록]에 감가상각자료가 정확하게 입력되었는지 확인한다.

    ㉤ [인사관리]에서 퇴직급여추계액 금액을 확인한다.

    ㉥ [구매/자재관리]에서 재고평가된 재고자산금액을 확인한다.

② 수동결산(수기 전표입력)

    ㉠ 회계관리 → 전표/장부관리 → 전표입력

      [전표입력] 메뉴에서(유형: 1.일반) 12월 31일자로 차변과 대변을 직접 수동으로 분개하여 등록
      한다.

    ㉡ 수동 결산사항 : 자산·부채의 평가, 수익·비용의 이연과 예상, 소모품비 계상, 가지급금, 가
      수금 등 임시계정의 정리 등

    ㉢ 수동 결산정리 분개의 예시

      • 소모품 미사용액 계상(구입 시 소모품비로 비용처리)

        (차) 소모품　　　　　　　×××　　(대) 소모품비　　　　　　　×××

      • 소모품 사용액 계상(구입 시 소모품으로 자산처리)

        (차) 소모품비　　　　　　×××　　(대) 소모품　　　　　　　×××

      • 보험료 미경과(선급)분

        (차) 선급비용　　　　　　×××　　(대) 보험료　　　　　　　×××

      • 임대료 미경과(선수)분

        (차) 임대료　　　　　　　×××　　(대) 선수수익　　　　　　×××

- 이자미수액 계상(수익의 예상)

  (차) 미수수익   ×××   (대) 이자수익   ×××

- 임차료미지분 계상(비용의 예상)

  (차) 임차료   ×××   (대) 미지급비용   ×××

- 단기매매증권(공정가액/시가)으로 평가
  - 평가손실(시세하락)

    (차) 단기매매증권평가손실   ×××   (대) 단기매매증권   ×××
  - 평가이익(시세상승)

    (차) 단기매매증권   ×××   (대) 단기매매증권평가손실   ×××

③ 자동결산(프로그램에서 자동생성)

   ㉠ 회계관리 → 결산/재무제표관리 → 결산자료입력

     [결산자료입력]에서 자동결산항목에 대한 금액을 입력하면 결산대체분개가 자동으로 생성된다.

   ㉡ 자동결산 항목

- 기말재고자산(상품, 제품, 원재료, 재공품)의 매출원가대체
- 감가상각비 계상(유형, 무형자산)
- 퇴직급여추계액 계상
- 대손충당금 설정
- 준비금설정 및 환입
- 법인세 계상

   ㉢ 자동 결산정리 분개의 예시

- 기말상품의 매출원가 대체

  (차) 상품매출원가   ×××   (대) 상 품   ×××

- 유형자산에 대한 감가상각비 계상(간접법)

  (차) 감가상각비   ×××   (대) 감가상각누계액   ×××

- 무형자산에 대한 감가상각비 계상(직접법)

  (차) 감가상각비   ×××   (대) 유형자산   ×××

- 매출채권(외상매출금 + 받을어음)에 대한 대손충당금 설정

  (차) 대손상각비   ×××   (대) 대손충당금   ×××

- 퇴직급여추계액 계상

  (차) 퇴직급여   ×××   (대) 퇴직급여충당부채   ×××

- 법인세 계상

  (차) 법인세등   ×××   (대) 미지급법인세   ×××

알아두기

수동결산과 자동결산의 항목 요약

경비구분을 800번대(판매비와관리비)와 500번대(제조경비)중 해당번호를 선택해야 한다. [결산자료입력]에서 감가상각비가 자동반영되므로 경비구분을 정확히 입력해야 한다.

2 결산자료입력

[회계관리 → 결산/재무제표관리 → 결산자료입력]

(1) 계정설정 탭

결산자료의 입력 전에 선행되어야 하는 작업으로 결산작업에 필요한 결산계정을 설정하는 메뉴이다. 상단의 계정생성 아이콘을 클릭하여 일괄생성할 수 있다.

실습예제 [계정설정]

아래의 정보를 바탕으로 계정설정하기

- 계정과목 : 45500.제품매출원가
- 원가경비 : 1.500번 제조
- 원가구분 : 1.제조
- 표준원가명세서 : 1.제조원가명세서

- 경 로
  회계관리 → 결산/재무제표관리 → 결산자료입력 → '계정설정' 탭 → 상단의 '계정생성' 클릭
  후 '예' → '매출원가 및 원가경비선택' 보조창에서 '선택(TAB)' 클릭 후 보기의 내용 입력 및
  확인 클릭

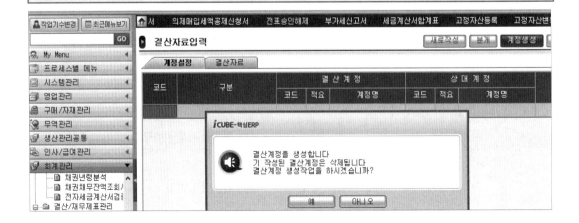

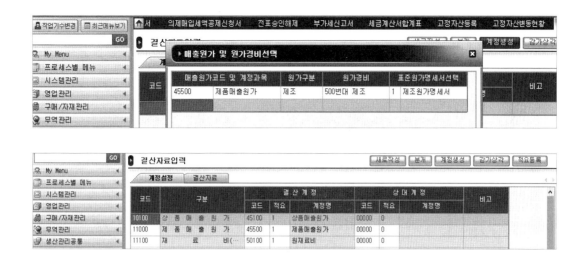

(2) 결산자료 탭

결산정리사항을 입력하고 전표를 발행하는 메뉴이다. 조회하면 기중에 회계전표로 입력된 내용이 보이고, 분개대상금액 중 색깔로 되어 있는 부분은 발생대상 금액으로 직접 입력해야 하는 항목에 해당된다.

실습예제 [결산자료입력 1] - 유가증권의 평가

아래의 정보를 바탕으로 결산자료 입력하기

(주)사랑이 보유하고 있는 단기매매증권가액의 기말현재 공정가액은 10,000,000원이다. 영업외비용 범위에 '단기매매증권평가손실(94100)' 계정을 등록한 후 결산자료를 전표에 입력하여 반영하기

• 경로 1
회계관리 → 결산/재무제표관리 → 합계잔액시산표 → 기간(2020.12.31.) 입력 → 계정별 탭 →
단기매매증권 잔액 확인

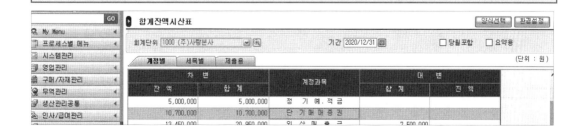

• 경로 2

회계관리 → 기초정보관리 → 계정과목등록 → '94100.단기매매증권평가손실' 입력

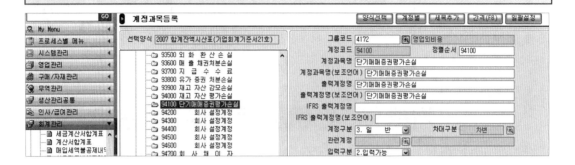

• 경로 3

회계관리 → 전표/장부관리 → 전표입력 → 날짜(12.31.) 입력 → 유형(1.일반) 입력 → 분개장
구분(3.차변) → 코드/계정과목(94100.단기매매증권평가손실), 금액(700,000) 입력 → 분개장
구분(4.대변) → 코드/계정과목(10700.단기매매증권), 금액(700,000) 입력 → 적요명(단기매매
증권 기말평가) 입력 → 하단 관리항목에 유가증권 내역 입력
(당기에 발생된 내역만 있으므로 당기의 내역만 임의대로 입력했음 - 화면 참조)

• 분 개

단기매매증권 장부가액이 10,700,000원이고 공정가액이 10,000,000원이므로 700,000원 손실
처리

(차) 94100.단기매매증권평가손실 700,000   (대) 10700.단기매매증권   700,000

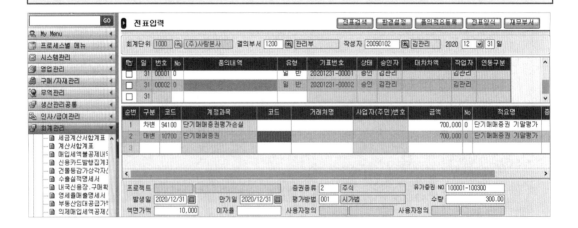

실습예제 [결산자료입력 2] – 선급비용 대체([기간비용현황] 메뉴 이용)

아래의 정보를 바탕으로 결산자료 입력하기

5월 20일에 (주)우리화재에 납부한 차량보험료 중 당기 결산 시 비용에 해당되는 내역을 전표
처리하기

• 경로 1
회계관리 → 전표/장부관리 → 기간비용현황 → 구분(1.선급비용) 입력 → (주)우리화재 내역
확인 → 상단의 '전표발행' 클릭 → 처리기간(2020.01. ~ 2020.12.) 입력 후 전표발행

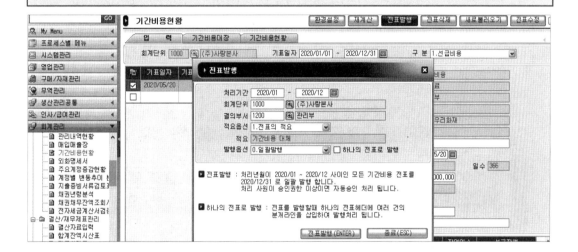

• 경로 2
회계관리 → 전표/장부관리 → 전표입력 → 날짜(12.31.) 입력 후 내용 확인

아래의 정보를 바탕으로 결산자료 입력하기

재고자산 실사 결과 기말재고액은 다음과 같았다. [결산자료입력]에 등록하여 반영하기
• 기말 상품 재고액 : 1,000,000원
• 기말 원재료 재고액 : 1,000,000원
• 기말 제품 재고액 : 1,000,000원

• 경 로
회계관리 → 결산/재무제표관리 → 결산자료입력 → 기간(2020.01. ~ 2020.12.) 입력 → 분개
대상금액에 색상처리된 부분을 더블클릭하여 금액을 직접 입력

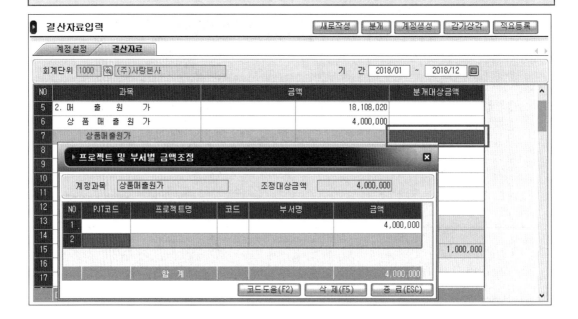

• 상품매출원가 입력화면

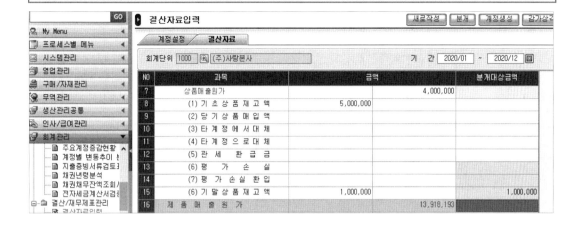

• 기말 원재료 재고액 입력화면

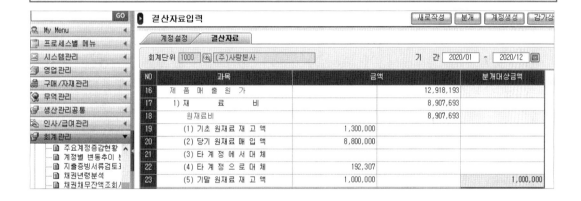

- 기말 제품 재고액 입력화면

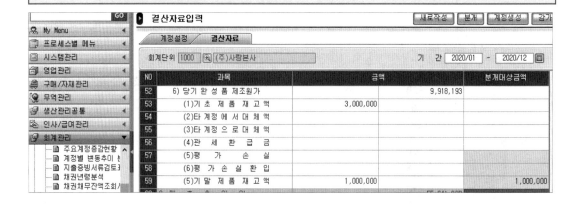

[결산자료입력 4] – 감가상각비 계상

아래의 정보를 바탕으로 결산자료 입력하기

[고정자산등록] 메뉴에서 자동계산된 금액을 결산에 반영하기

• 경 로
회계관리 → 결산/재무제표관리 → 결산자료입력 → 기간(2020.01. ~ 2020.12.) 입력 → 상단
의 '감가상각' 클릭 → '예' 클릭하여 자동반영

- 기계장치 감가상각비 자동반영 화면(제조경비에 해당)

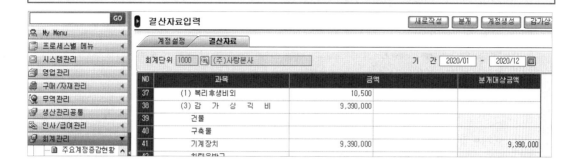

NO	과목	금액	분개대상금액
37	(1) 복리후생비외	10,500	
38	(3) 감 가 상 각 비	9,390,000	
39	건물		
40	구축물		
41	기계장치	9,390,000	9,390,000

실습예제 [결산자료입력 5] - 퇴직급여충당부채 설정

아래의 정보를 바탕으로 결산자료 입력하기

기말 퇴직급여충당부채 추가액 설정하기
• 생산직 : 1,000,000원
• 사무직 : 1,000,000원

• 경 로
회계관리 → 결산/재무제표관리 → 결산자료입력 → 기간(2020.01. ~ 2020.12.) 입력 → 생산
직 노무비 범위의 '분개대상금액'란 더블클릭 후 '금액'란에 입력 → 사무직 '판매비와관리비' 범
위의 '분개대상금액'란 더블클릭 후 '금액'란에 입력

• 생산직 퇴직급여충당부채 내역 입력 화면

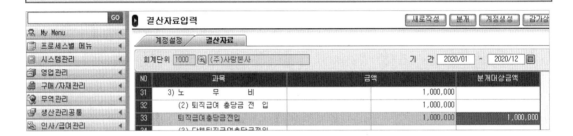

• 사무직 퇴직급여충당부채 내역 입력 화면

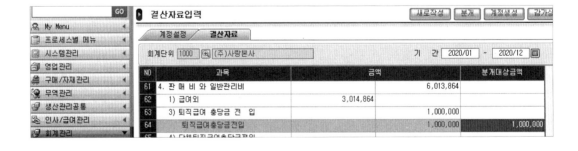

실습예제 [결산자료입력 6] - 대손충당금 설정

아래의 정보를 바탕으로 결산자료 입력하기

받을어음 잔액의 2%를 설정

• 경로 1

회계관리 → 결산/재무제표관리 → 합계잔액시산표 → 기간(2020.12.31.) 입력 → '계정별' 탭에서
받을어음 잔액 확인

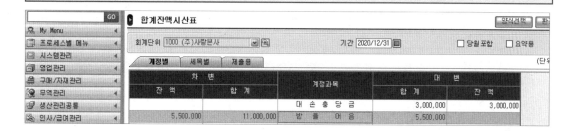

• 받을어음 대손충당금 설정액 = 받을어음 장부가액 × 2%
  = 5,500,000원 × 2%
  = 110,000원

• 경로 2

회계관리 → 결산/재무제표관리 → 결산자료입력 → 기간(2020.01. ~ 2020.12.) 입력 → '판매
비와관리비' 범위 대손상각 받을어음의 분개대상금액란 더블클릭 후 '금액'란에 대손충당금 설
정액 입력

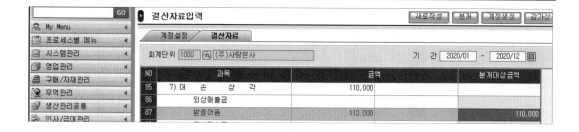

실습예제 [결산자료입력 7] - 법인세 계상

아래의 정보를 바탕으로 결산자료 입력하기

법인세 300,000원 계상하기

• 경 로
회계관리 → 결산/재무제표관리 → 결산자료입력 → 기간(2020.01. ~ 2020.12.) 입력 → 법인
세등의 '분개대상금액'란 더블클릭 후 '금액'란에 입력

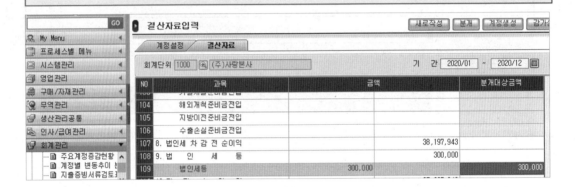

실습예제 [결산자료입력 8] - 전표발생 및 전표승인처리

• 경로 1
회계관리 → 결산/재무제표관리 → 결산자료입력 → 기간(2020.01. ~ 2020.12.) 입력 → 상단
의 '분개' 클릭 후 하단의 그림 순서대로 진행 후 '전표발행' 클릭

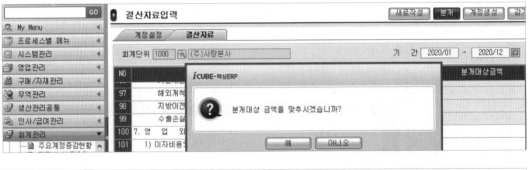

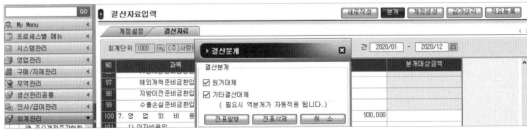

> • 경로 2
> 회계관리 → 전표/장부관리 → 전표승인해제 → 결의기간(2020.12.31.) 입력 후 조회 → 전표발
> 행된 내역이 미결상태로 조회됨 → 내역 선택 후 상단의 '승인처리' 클릭

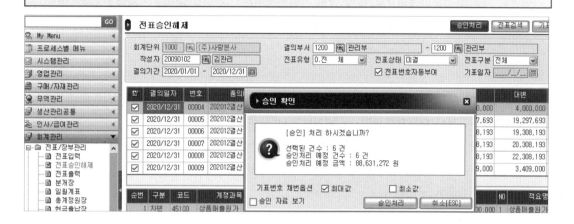

 알아두기

> 자동결산분개를 삭제하려면 승인해제를 먼저 한 후에 [결산자료입력]에서 상단의 '분개' 아이콘을 클릭
> 한 후 '전표삭제'를 클릭하면 [전표입력]의 결산분개내역이 삭제된다.

❸ 합계잔액시산표

[회계관리 → 결산/재무제표관리 → 합계잔액시산표]

합계잔액시산표는 입력된 자료가 대차차액 없이 정확히 처리되었는지를 검증하는 기능을 한다. 그래서 결산 전 또는 결산 후에 시산표를 작성함으로써 전표처리의 정확성을 확인할 수 있다. 즉, 합계잔액시산표는 분개장에서 원장으로의 전기가 정확하게 되었는지를 검증하기 위해 작성된다. 전표입력된 자료에 의한 월별 합계잔액시산표를 조회·출력하는 곳으로 계정별·세목별·제출용으로 조회할 수 있다.

❹ 재무상태표

[회계관리 → 결산/재무제표관리 → 재무상태표]

재무상태표는 일정시점에 있어서의 기업의 재무상태를 나타내는 정태적 보고서이다. 손익계산서를 작성하고 난 후의 당기순이익은 재무상태표상 이익잉여금에 주기하여 표시된다. 관리용·제출용·세목별로 구분하여 조회할 수 있으며, 해당 메뉴는 가장 기본적인 재무상태표로서 전기분과 당기분 전체 비교식으로 조회된다.

5 손익계산서

[회계관리 → 결산/재무제표관리 → 손익계산서]

손익계산서는 일정기간에 있어서 기업의 영업성적(경영성과)를 나타내는 동태적 보고서를 의미한다. 입력된 자료가 자동반영되므로 매월 말의 손익계산서를 기간별로 관리용·제출용·세목별로 구분하여 조회할 수 있다.

6 원가보고서

[회계관리 → 결산/재무제표관리 → 원가보고서]

원가보고서는 손익계산서의 제품매출원가가 얼마나 산출될 것인지 그 내역을 기록한 재무제표 부속명세서를 말한다. 제조업인 경우는 제조원가명세서, 건설업인 경우에는 도급공사원가명세서·분양공사원가명세서 등으로 구분된다.

The 알아두기

업종별 매출원가코드 및 계정과목, 원가경비선택의 내역은 다음과 같다.

업 종	매출원가코드 및 계정과목	원가경비선택	
도·소매업	45100.상품매출원가	0	없 음
제조업	45500.제품매출원가	1	500번대, 제조
도급건설업	45200.도급공사매출원가	2	600번대, 도급
분양건설업	45300.분양공사매출원가	3	700번대, 분양

7 이익잉여금처분계산서

[회계관리 → 결산/재무제표관리 → 이익잉여금처분계산서]

이익잉여금처분계산서는 이익잉여금의 총 변동사항을 명확하게 보고하기 위하여 작성하는 재무제표 부속명세서를 의미한다.

실습예제 [이익잉여금 처분계산서]

2020년 12월 31일자로 이익잉여금처분계산서 처리하기

• 경로 1
  회계관리 → 결산/재무제표관리 → 이익잉여금처분계산서 → 처분확정일(2020.12.31.) 입력 후
  조회 → 상단의 '저장' 클릭

• 경로 2
  회계관리 → 결산/재무제표관리 → 재무상태표 → 기간(2020.12.31.) 입력 후 조회 → 전기의
  '미처분 이익 잉여금' 확인

- 경로 3

  회계관리 → 결산/재무제표관리 → 이익잉여금처분계산서 → 처분확정일(2020.12.31.) 입력 후
  조회 → 상단의 '전기분작성' 클릭 → '전기분 작성' 보조창에 재무상태표에서 확인한 미처분이
  익잉여금 입력(기타법정적립금 임의금액 입력)

- 경로 4

  회계관리 → 결산/재무제표관리 → 이익잉여금처분계산서 → 처분확정일(2020.12.31.) 입력 후
  조회 → 상단의 '전표생성' 클릭 → '예' 클릭하여 전표생성

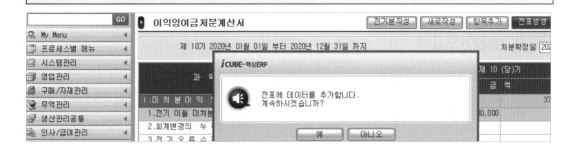

- 경로 5

  회계관리 → 전표/장부관리 → 전표승인해제 → 결의기간(2020.12.31.) 입력 후 조회 → 전표발
  행된 내역이 미결상태로 조회됨 → 내역 선택 후 상단의 '승인처리' 클릭

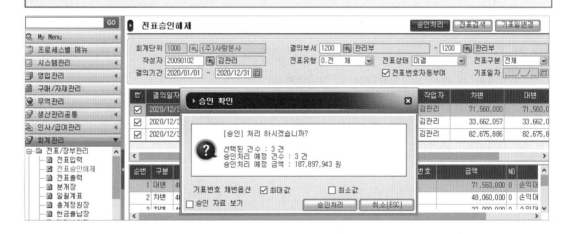

⑧ 기간별손익계산서

[회계관리 → 결산/재무제표관리 → 기간별손익계산서]

각 기간별로 매출·매입·판매비와관리비·영업외수익·영업외비용으로 조회하는 메뉴이며, 월별·
분기별·반기별·전년대비로 구분해서 조회가 가능하다.

⑨ 관리항목별손익계산서

[회계관리 → 결산/재무제표관리 → 관리항목별손익계산서]

회계단위별, 부문별, 부서별, 프로젝트별로 손익현황을 관리항목별로 조회하는 메뉴이다.

⑩ 기간별원가보고서

[회계관리 → 결산/재무제표관리 → 기간별원가보고서]

각 기간별로 제조원가보고서를 조회하는 메뉴이며, 월별·분기별·반기별·전년대비로 구분해서 조회가 가능하다.

⑪ 관리항목별원가보고서

[회계관리 → 결산/재무제표관리 → 관리항목별원가보고서]

회계단위별, 부문별, 부서별, 프로젝트별로 제조원가를 관리항목별로 조회하는 메뉴이다.

⑫ 현금흐름표

[회계관리 → 결산/재무제표관리 → 현금흐름표]

현금흐름표는 기업에서 일정기간 동안 발생한 현금의 변동내역을 나타내는 동태적 보고서이다. 현금흐름표는 기업의 영업활동, 투자활동, 재무활동이 현금흐름에 미친 영향을 구분해서 현금흐름의 변동을 보고하는 양식이다.

6 자금관리

자금관리에서는 자금계획입력과 전표입력 시 계정과목의 입력 등을 통해 자금현황·입출금내역·예적금현황 등 자금의 흐름을 실시간으로 파악할 수 있으며, 받을어음명세서와 지급어음명세서 등을 작성할 수 있다.

과거와 현재 시점별로 자금현황이 조회되므로 기업의 경영활동에 필요한 자금을 계획적으로 조달·운영·통제할 수 있도록 도움을 주는 메뉴이다.

> **The 알아두기**
>
> 자금 등록방법
> - 거래처 등록
>
>   거래처등록(금융거래처) / 고정자금등록(입력) → 일자별자금계획입력 / 고정자금(반영확인) → 자금계획카렌다(반영확인)
>
> - 고정자금
>
>   일자별자금계획입력 / 고정자금(입력) → 자금계획카렌다(반영확인)
>
> - 직접입력
>
>   일자별자금계획입력 → 자금계획카렌다(반영확인)

❶ 일자별자금계획입력

[회계관리 → 자금관리 → 일자별자금계획입력]

자금계획을 수립할 때 입력하는 메뉴로 월별, 일자별로 항목별 입금과 출금 예정액을 입력한다. 고정자금을 등록하여 자금계획에 반영할 수 있고, [금융거래처등록]의 구분을 통해 통장별로 자동이체항목을 반영할 수 있다.

아래의 정보를 바탕으로 고정자금등록하고 1월의 자금계획에 반영하기

지출일자	내 역	자금과목	금 액	기 간	참 고
20일	본사 전화요금	2310.일반경비	300,000원	2020.01.01. ~	민국보통 통장에서 자동이체
20일	지사 전화요금	2310.일반경비	250,000원	2020.01.01. ~	

지출일자	내 역	자금과목	금 액	기 간
25일	본사 임차료	2500.임차료	600,000원	2020.05.01. ~ 2021.04.30.

자금과목등록 코드	자금과목명	집계항목
2500	임차료	2000

지출일자	내 역	자금과목	금 액
31일	기계장치 구입	3100.고정자산구입	10,000,000

The 알아두기

자금코드 부여기준
- 수입계획코드 : 1000번대 경상수입코드, 4000번대 자본조달코드
- 지출계획코드 : 2000번대 경상지출코드, 3000번대 설비투자코드, 5000번대 경상외지출코드

- 경로 1

  회계관리 → 자금등록 → 일자별자금계획입력 → 상단의 '과목등록' 클릭 → '2500.임차료' 입력, 지출계획에 체크, 집계항목(2000) 입력

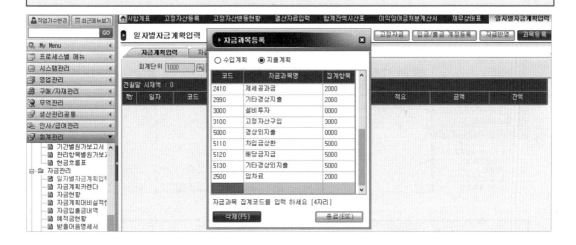

- 경로 2

  시스템관리 → 기초정보관리 → 금융거래처등록 → '98001.민국보통' 체크 → '고정자금등록' 탭에서 자동이체되는 고정자금 내역 입력

- 경로 3

  회계관리 → 자금등록 → 일자별자금계획입력 → 상단의 '고정자금' 클릭 → '자금계획입력-고정자금등록' 보조창에서 본사 임차료를 '2500.임차료'로 입력 → 금액(600,000), 기간 (2020.05.01. ~ 2021.04.30.) 입력

- 경로 4

  회계관리 → 자금등록 → 일자별자금계획입력 → 상단의 '자금반영' 클릭 → '고정자금 및 전표
  반영' 보조창에서 기간(2020.01.01. ~ 2020.01.31.) 입력 후 '적용' → '예' 클릭

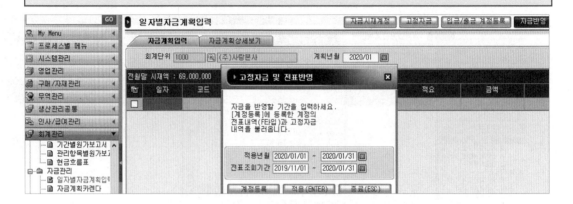

- 경로 5

  회계관리 → 자금등록 → 일자별자금계획입력 → '3100.고정자산구입' 직접 입력

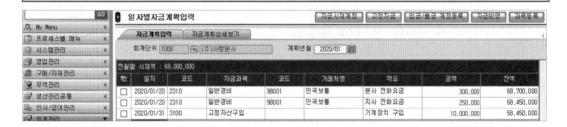

② 자금계획카렌다

[회계관리 → 자금관리 → 자금계획카렌다]
[자금계획입력]에 입력된 내용들이 달력 형식의 화면으로 조회되도록 하는 메뉴이다.

The 알아두기

상단의 '휴일사용여부'를 클릭하여 휴일 사용을 '후'로 체크하면 휴일 지출액이 휴일의 다음 날로 변경된다.

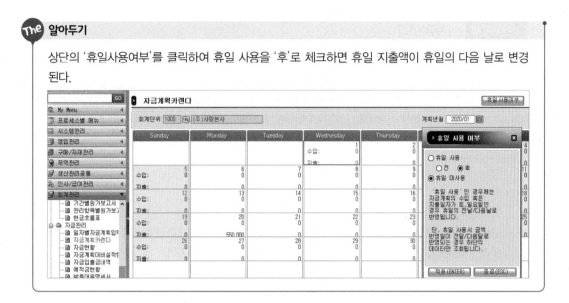

③ 자금현황

[회계관리 → 자금관리 → 자금현황]
자금현황은 자금 관련 계정과목의 증감 잔액을 총괄하여 표시함으로써 조회시점의 자금내역 및 가용자금을 한눈에 파악할 수 있도록 해주는 메뉴이다

(1) 총괄거래현황 탭

매일매일의 유동성자금(현금, 당좌예금, 보통예금, 제예금)의 계정별 변동상황을 조회하는 탭이다.

(2) 어음현황 탭

[전표입력] 메뉴에서 받을어음·지급어음으로 입력승인된 데이터를 확인하는 탭이다.

(3) 자금집행실적 탭

자금운영내역을 관리하기 위한 탭으로 자금의 흐름을 한눈에 파악할 수 있게 해주는 탭이다.

(4) 일일자금계획 탭

조회기간에 해당하는 일자별로 일일자금계획에 등록한 자금과목별 금액을 확인할 수 있는 탭이다.

④ 자금일보

[회계관리 → 자금관리 → 자금일보]
자금계획과 실적에 대한 내용을 일별, 월별로 조회하는 메뉴이다.

실습예제 [자금일보]

아래의 정보를 바탕으로 전표입력하고 1월의 자금일보를 작성하기

지출일자	내 역	자금과목	금 액	기 간	참 고
20일	본사 전화요금	2310.일반경비	300,000원	2020.01.01. ~	민국보통 통장에서 자동이체
20일	지사 전화요금	2310.일반경비	250,000원	2020.01.01. ~	

- 경 로

  회계관리 → 전표/장부관리 → 전표입력 → 날짜 (01.20.) 입력 → 유형(1.일반) 입력 → 분개장 구분(3.차변), 코드/계정과목(81400.통신비), 금액(300,000), 적요명(본사 전화요금) 입력 → 분개장 구분(3.차변), 코드/계정과목(51400.통신비), 금액(250,000), 적요명(지사 전화요금) → 분개장 구분(4.대변), 코드/계정과목(10301.보통예금), 거래처명(98001.민국보통), 금액(550,000), 적요명(전화요금 납부) → 하단 관리항목의 자금과목(2310.일반경비) 입력

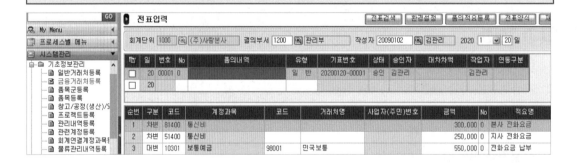

⑤ 자금입출금내역

[회계관리 → 자금관리 → 자금입출금내역]
유동성자금(현금, 당좌예금, 보통예금)에 대한 집행실적내역을 조회하는 메뉴이다. '자금입금내역' 탭에는 [전표입력] 차변에 입력된 내용과 금액이 반영되고, '자금지출내역' 탭에는 [전표입력] 대변에 입력된 내용과 금액이 반영된다.

6 예적금현황

[회계관리 → 자금관리 → 예적금현황]

현재 보유하고 있는 예금과 적금에 대한 자금사항을 관리하는 메뉴로서 잔액 및 원장으로 구분하여 조회할 수 있다.

7 받을어음명세서

[회계관리 → 자금관리 → 받을어음명세서]

현재 보유 중인 받을어음과 정리된 어음에 대해 받을어음별·상태별로 관리하기 위한 메뉴이다. 전표 입력 시 받을어음 계정의 관리화면에서 입력한 내용에 대해 전체 상세내역을 조회할 수 있다.

8 지급어음명세서

[회계관리 → 자금관리 → 지급어음명세서]

현재 보유 중인 지급어음과 정리된 어음에 대해 지급어음별·상태별로 관리하기 위한 메뉴이다. 전표 입력 시 지급어음 계정의 관리화면에서 입력한 내용에 대해 전체 상세내역을 조회할 수 있다.

9 유가증권명세서

[회계관리 → 자금관리 → 유가증권명세서]

현재 보유하고 있는 유가증권에 대한 내용을 관리하기 위한 메뉴이다.

7 예산관리

예산이란 조직이 일정기간 동안 업무에 필요한 경비를 표시한 것을 의미한다. 예산관리란 부서별로 예산을 신청·편성·조정하고, 통제하는 일련의 과정을 말한다.

예산관리 단계 : [예산신청] → [예산편성] → [예산조정]

1 예산관리 메뉴 실행 전 선행작업

[시스템관리] → [회사등록정보] → [시스템환경설정]

조회구분(2.회계) 입력 후 예산관리와 관련된 '20.예산통제구분', '21.예산관리여부', '23.예산관리개시월'에 대해 설정해 주어야 한다. [시스템환경설정] 변경 후에는 반드시 재로그인을 한 후에 예산입력을 해야 한다.

> **The 알아두기**
>
> 20.예산통제구분
> • 결의부서 : 전표입력 시 부서별로 각각 입력하는 경우에 선택한다.
> • 사용부서 : 전표입력 시 회계팀에서 일괄로 입력하는 경우에 선택한다.

실습예제 [시스템환경설정]

아래의 정보를 바탕으로 시스템환경설정하기

• 20.예산통제부서 – 사용부서
• 21.예산관리여부 – 여
• 23.예산관리개시월 – 1월

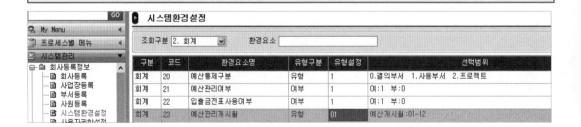

❷ 예산신청입력

[회계관리 → 예산관리 → 예산신청입력]
부서별로 등록할 예산과목에 대해 신청하는 메뉴이다.

실습예제   [예산신청입력]

아래의 정보를 바탕으로 예산신청액 입력하기

(주)사랑본사의 관리부 예산신청액은 다음과 같다. 2020년도분 입력하기

부 서	과 목	월별통제금액
관리부	여비교통비(81200)	1,000,000원
	접대비(81300)	2,000,000원

• 경 로

회계관리 → 예산관리 → 예산신청입력 → 관리항목(1200.관리부), 신청연도(2020.01. ~
2020.12.) 입력 후 조회 → 해당 계정 선택 → 우측하단의 '당기신청'의 보기에서 제시된 금액
입력

• 여비교통비 예산신청 입력화면

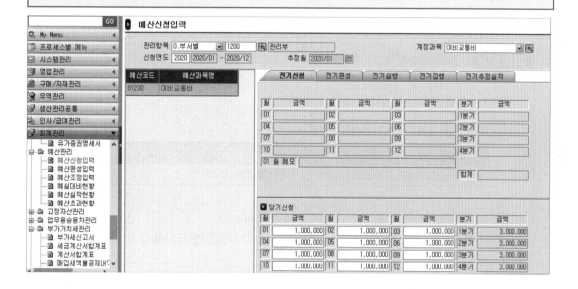

• 접대비 예산신청 입력화면

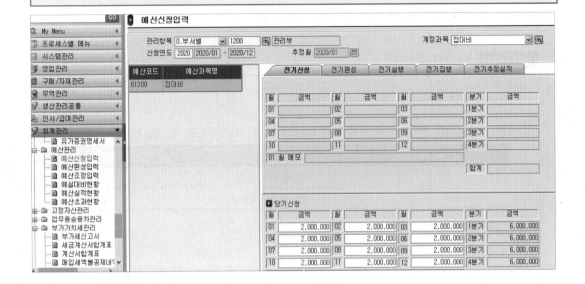

③ 예산편성입력

[회계관리 → 예산관리 → 예산편성입력]

부서별로 신청된 예산과목에 대해 편성하는 메뉴이다.

실습예제 [예산편성입력]

아래의 정보를 바탕으로 예산편성액 입력하기

ⓐ 예산그룹 등록하기(그룹코드 : 1000)

계정과목	예산그룹	예산통제방법
81200(여비교통비) ~ 81300(접대비)	관리부 경비(1000)	월별통제

ⓑ (주)사랑본사 관리부의 예산신청액 전액 반영하기
ⓒ 2020년 5월 21일 관리부에서 사용한 접대비 500,000원(현금지출)을 전표입력한 후에 사용부서별 예산통제 반영하기

ⓐ 예산그룹등록하기(그룹코드 : 1000)

• 경 로
  회계관리 → 예산관리 → 예산편성입력 → 상단의 '그룹등록' 클릭 → '그룹등록 도움창' 보조
  창에서 계정과목명(81200 ~ 81300), 예산통제방식(월별통제) 입력 → 보조창 상단 '예산그룹
  등록' 클릭 → '예산그룹등록' 보조창에서 '1000.관리부 경비' 입력

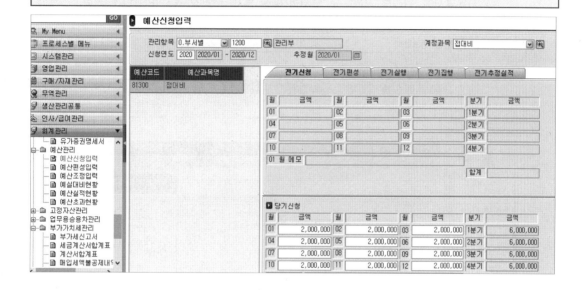

ⓑ (주)사랑본사 관리부의 예산신청액 전액 반영하기

• 경 로
  회계관리 → 예산관리 → 예산편성입력 → 해당 예산코드 체크 → 상단의 '자료복사' 클릭하
  여 당기편성액 반영

ⓒ 2020년 5월 21일 관리부에서 사용한 접대비 500,000원(현금지출)을 전표입력한 후에 사용부
서별 예산통제를 반영하기

- 경 로

  회계관리 → 전표/장부관리 → 전표입력 → 날짜(05.21.) 입력 → 유형(1.일반) → 분개장 구분
  (1.출금), 코드/계정과목(81300.접대비), 금액(500,000), 적요명(관리부 접대비 사용) 입력
  → 사용부서에 '관리부' 입력 → '부서별 예산 통제' 보조창 '확인(ENTER)' 클릭

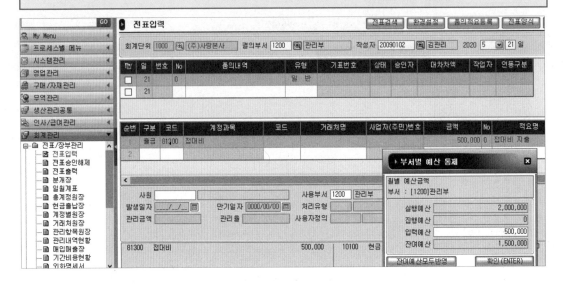

④ 예산조정입력

[회계관리 → 예산관리 → 예산조정입력]

부서별로 편성된 예산과목에 대한 금액을 조정하는 메뉴이다. 추경예산과 예산전용의 방법으로 조정
을 할 수 있다. 추경예산은 금액만 조정할 경우에 사용하며, 예산전용을 선택하게 되면 예산전용을
입력할 수 있는 보조창에 입력하면 된다.

실습예제 [예산조정입력]

아래의 정보를 바탕으로 예산조정 입력하기

일 자	조정월	구 분	전용내역	조정금액
2020.04.05.	2020.04.	2. 예산전용	여비교통비의 금액을 접대비로 전용하여 증가시킴	1,000,000원

- 경 로

회계관리 → 예산관리 → 예산조정입력 → 관리항목(1200.관리부), 신청연도(2020.01. ~ 2020.12.) 입력 → '81200.여비교통비' 클릭 후 우측하단의 조정일자(2020.04.05.), 조정대상월 (2020.04.), 구분(2.예산전용) 입력 → '예산전용' 보조창에서 조정과목(81300.접대비), 조정항 목(1200.관리부), 조정금액(1,000,000), 조정내역(여비교통비의 금액을 접대비로 전용) 입력 후 확인

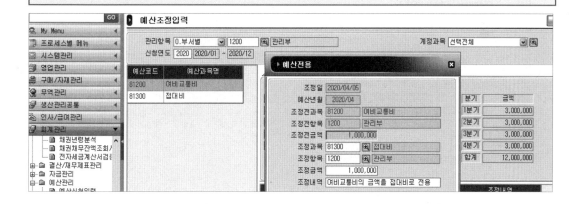

- '당기실행' 탭에서 조정내용 확인
  - 여비교통비 금액 감소

- 접대비 금액 증가

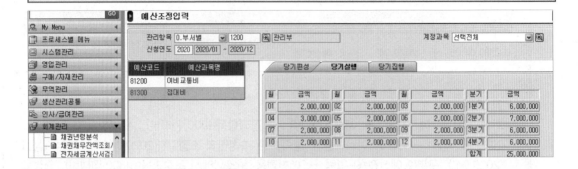

• 당기집행 탭에서 집행내역 확인
  - 접대비 집행내역

5 예실대비현황

[회계관리 → 예산관리 → 예실대비현황]

부서별로 설정해놓은 예산구분별로 실행예산액과 실제집행금액을 대비하여 관리하는 메뉴이다.

6 예산실적현황

[회계관리 → 예산관리 → 예산실적현황]

부서별로 설정해놓은 예산구분별로 예산과 실적을 조회하는 메뉴이다. 집행방식은 결의집행과 승인집행 두 가지 중에 선택하여 조회하면 된다. 결의집행은 [전표입력]에서 미결전표로 남아 있는 금액만 반영되고, 승인집행은 [전표입력]에서 승인처리된 금액만 반영된다.

7 예산초과현황

[회계관리 → 예산관리 → 예산초과현황]

부서별로 실행예산과 집행실적을 비교하여 예산금액보다 얼마나 초과되었는지를 보여주는 메뉴이다.
부서별로 예산과목·전체세목을 선택하여 조회할 수 있다.

제 **4** 편

최근기출문제

프로그램 및 DB 설치

① 네이버카페 [클리프에듀]에 가입
   URL 주소 : https://cafe.naver.com/cliffedu
② 학습자료실 → 프로그램 다운로드 → 최신 프로그램 파일
   다운로드
③ 학습자료실 → 기출 DB 다운로드 → 해당 회차 DB 다운로드

ERP
회계 2급

TEST 01 | 2020년도 3회 기출문제

1 | 2020년도 3회 기출문제 (이론)

01 ERP 도입을 고려할 때 선택기준으로 적절하지 않은 것은?

① 자사에 맞는 패키지를 선정한다.
② 경영진이 확고한 의지를 가지고 진행한다.
③ 현업 중심의 프로젝트를 진행한다.
④ 업무 효율성 향상이 중요하므로 수익성 개선은 고려하지 않는다.

02 ERP의 특징으로 가장 바르지 않은 것은 무엇인가?

① 상호분리된 시스템 구축
② 실시간 정보처리 체계 구축
③ 다국적, 다통화, 다언어 지원
④ 파라미터 지정에 의한 프로세스의 정의

03 다음 중 확장된 ERP시스템의 SCM 모듈을 실행함으로써 얻는 장점으로 가장 적절하지 않은 것은 무엇인가?

① 공급사슬에서의 가시성 확보로 공급 및 수요변화에 대한 신속한 대응이 가능하다.
② 정보투명성을 통해 재고수준 감소 및 재고회전율(inventory turnover) 증가를 달성할 수 있다.
③ 공급사슬에서의 계획(plan), 조달(source), 제조(make) 및 배송(deliver) 활동 등 통합 프로세스를 지원한다.
④ 마케팅(marketing), 판매(sales) 및 고객서비스(customer service)를 자동화함으로써 현재 및 미래 고객들과 상호작용할 수 있다.

04 다음 중 ERP 구축 전에 수행되는 단계적으로 시간의 흐름에 따라 비즈니스 프로세스를 개선해가는 점증적 방법론은 무엇인가?

① BPI(Business Process Improvement)
② BPR(Business Process Re-Engineering)
③ ERD(Entity Relationship Diagram)
④ MRP(Material Requirement Program)

05 다음 중 회계상 거래가 발생할 때마다 장부에 동일한 금액을 차변과 대변으로 나누어 기록하는 방법은?

① 복식부기
② 단식부기
③ 연식부기
④ 삼식부기

06 다음 중 영업활동을 통한 현금흐름에 해당하는 사항으로 맞는 내용은?

① 재화와 용역의 구입에 따른 현금유출
② 유형자산 처분에 따른 현금유입
③ 제3자에 대한 대여금
④ 주식이나 기타 지분상품의 발행에 따른 현금유입

07 다음 중 영업이익에 영향을 미치지 않는 계정과목은?

① 접대비
② 이자비용
③ 판매사원 급여
④ 교육훈련비

08 2020년 1월 1일 1,300,000원을 출자하여 설립된 (주)생산성의 2020년 12월 31일 재무상태표의 자산·부채 계정과목이 아래와 같을 때, 2020년 당기순이익은 얼마인가? (단, 당기순이익 이외의 자본변동은 없었다)

• 현 금	300,000원	• 외상매입금	300,000원
• 상 품	600,000원	• 미지급금	250,000원
• 외상매출금	600,000원	• 건 물	800,000원
• 선급금	300,000원	• 단기차입금	220,000원

① 300,000원
② 350,000원
③ 530,000원
④ 550,000원

09 다음 중 일반기업회계기준에 의해 빈 칸에 들어갈 것으로 적절한 것은?

• 매출액 - 매출원가 = 매출총이익
• 매출총이익 - 판매비및일반관리비 = (   )

① 영업이익　　　　　　　　　② 법인세비용차감전순이익
③ 매출원가　　　　　　　　　④ 영업외수익

10 다음은 무엇에 대한 설명인가?

모든 거래는 어떤 계정의 차변과 다른 계정의 대변에 같은 금액이 기입되므로 아무리 많은 거래가 기입되더라도 차변의 합계금액과 대변의 합계금액은 항상 일치하게 된다.

① 총액표기　　　　　　　　　② 거래의 8요소
③ 대차평균의 원리　　　　　　④ 전표제도

11 다음 거래 내용 중 관련 없는 계정과목은?

> 가. (주)생산성은 상품 5,000,000원을 매출하고 대금은 외상으로 30일 뒤에 받기로 하였다. (부가세는 생략)
> 나. (주)생산성은 사용 중이던 업무용승용차(취득원가 15,000,000원)를 7,000,000원에 처분하고 대금은 어음으로 받았다. (처분시점의 감가상각누계액은 5,500,000원 있음. 부가세는 생략)
> 다. (주)생산성은 본사 회계부에서 사용할 비품(선풍기 5대, 개당 100,000원)을 매입하고 대금은 현금으로 지급하였다. (부가세 생략)

① 외상매출금
② 미수금
③ 비 품
④ 유형자산처분이익

12 [보기]의 거래 내용을 보고 12월 31일 결산 수정분개로 대변에 기록될 내용으로 옳은 것은?

> ─ 보 기 ──────────
> • 2020년 9월 1일 사무용품 3,000,000원을 현금으로 구입하다. (사무용품은 구입시점에서 자산 처리하며, 구입 전 사무용품 재고는 없다)
> • 2020년 12월 31일 결산 시까지 소모품 사용액은 1,000,000원이다.

① 소모품 800,000원
② 소모품비 900,000원
③ 소모품 1,000,000원
④ 소모품비 1,100,000원

13 다음 중 유동자산으로 구분할 수 없는 것은?

① 선급금
② 반제품
③ 매도가능증권
④ 미수수익

14 다음 자료 중 현금및현금성자산을 계산하면 얼마인가?

┌─ 보 기 ───┐
│   │
│ • 현 금   1,000,000원   │
│ • 우 표   35,000원   │
│ • 송금환   50,000원   │
│ • 보통예금   2,500,000원   │
│ • 당좌예금   3,000,000원   │
│ • 수입인지   200,000원   │
│ • 받을어음   900,000원   │
│   │
└───┘

① 5,500,000원

② 6,500,000원

③ 6,550,000원

④ 6,785,000원

15 다음 거래 자료를 기반으로 한 분개로 옳은 것은?

┌───┐
│ 2월 7일 외상매출금 500,000원이 거래처 파산으로 회수불능 채권으로 확정되었다. (대손충당금 잔액은 │
│ 110,000원 있음)   │
└───┘

	차 변		대 변	
①	대손충당금	110,000원	외상매출금	110,000원
②	대손상각비	390,000원	외상매출금	390,000원
③	대손충당금	390,000원	외상매출금	390,000원
④	대손충당금	110,000원	외상매출금	500,000원
	대손상각비	390,000원		

다음 자료를 기반으로 기초상품재고액을 계산하면 얼마인가?

• 총매출액	2,000,000원	• 기말상품재고액	500,000원
• 매출총이익	700,000원	• 당기상품매입액	610,000원

① 1,190,000원

② 1,300,000원

③ 1,500,000원

④ 1,810,000원

17 다음 설명으로 적절한 계정과목은?

> 회사가 보유하고 있는 외화자산을 회수할 때 원화로의 회수액이 외화자산의 장부가액보다 작은 경우 처리하는 계정과목

① 외환차익

② 외화환산손실

③ 외환차손

④ 외화환산이익

18 다음 자료에 의해서 자본총계를 계산하면 얼마인가?

• 현 금	200,000원	• 단기대여금	110,000원
• 단기차입금	50,000원	• 비 품	150,000원
• 감가상각누계액	50,000원	• 보통예금	60,000원
• 미지급금	80,000원	• 미수금	90,000원
• 지급어음	50,000원		

① 320,000원
② 350,000원
③ 370,000원
④ 380,000원

19 [보기]에 의해 적립될 이익준비금을 계산하면 얼마인가?

┌─ 보 기 ─────────────────────────────
• 자본금 : 50,000,000원
• 당기순이익 : 2,000,000원
• 이익준비금 : 상법상 최소 한도액만 적립
• 주주배당금 : 15%(현금배당 10%, 주식배당 5%)
└──────────────────────────────────

① 300,000원
② 400,000원
③ 500,000원
④ 600,000원

20 다음 중 비유동부채로 구분할 수 있는 것은?

① 미지급비용
② 지급어음
③ 선수수익
④ 임대보증금

01 당사의 예산통제구분은 무엇인가?

① 결의부서
② 사용부서
③ 자금과목
④ 프로젝트

02 다음 중 회계관리 모듈의 부가가치세관리 메뉴를 사용할 수 있는 권한을 가진 사원은 누구인가?

① 김은찬
② 김종민
③ 성병진
④ 전윤호

03 다음 중 신규 거래처등록 시 거래처 구분에 대한 설명으로 옳지 않은 것은?

① 기타 - 일반, 무역, 주민 이외의 거래처
② 무역 - 무역거래와 관련된 수출 및 수입 거래처
③ 일반 - 세금계산서 및 계산서 등 교부대상 거래처
④ 카드사 - 구매대금의 결제를 위해 교부받은 신용카드

04 2019년에서 2020년으로 이월된 (주)유명 본점의 외상매출금 잔액이 가장 큰 거래처는?

① (주)중원
② (주)주안실업
③ (주)한동테크
④ (주)형광공업

05 (주)유명 본점의 2020년 상반기 중에서 상품매출액이 가장 높은 달은 언제인가?

① 2월

② 3월

③ 4월

④ 5월

06 다음 [보기] 자산의 관리를 담당하고 있는 관리부서는?

┌─ 보 기 ─────────────────────────────────────┐
• 자산유형 : 비품
• 자산코드 : 21200004
• 자산명 : 책장
└──┘

① 생산부

② 영업부

③ 재경부

④ 구매자재부

07 (주)유명 본점은 2020년 1월 31일 결산 시 받을어음에 대해 1%의 대손충당금을 설정하려고 한다. 다음 중 회계처리가 옳은 것은?

① (차) 대손상각비   2,070,000원   (대) 대손충당금   2,070,000원
② (차) 대손상각비   4,390,000원   (대) 대손충당금   4,390,000원
③ (차) 대손충당금   2,070,000원   (대) 대손충당금환입   2,070,000원
④ (차) 대손충당금   4,390,000원   (대) 대손충당금환입   4,390,000원

08 다음 중 예산관리 프로세스로 옳은 것은?

① 예산신청 > 예산편성 > 예산조정
② 예산신청 > 예산조정 > 예산편성
③ 예산편성 > 예산신청 > 예산조정
④ 예산편성 > 예산조정 > 예산신청

09 (주)유명 본점의 2020년 1월 말 현금및현금성자산 잔액은 얼마인가?

① 107,215,000원
② 2,380,172,100원
③ 2,473,579,100원
④ 6,739,373,585원

10 다음 중 (주)유명 본점의 2020년 4월 거래내역에 대한 설명으로 옳은 것은?

① 판매관리비에 포함되는 직원급여 지출액은 9,000,000원이다.
② 판매관리비에 포함되는 사무용품비 지출액은 350,000원이다.
③ 판매관리비에 포함되는 직원급여를 전액 현금으로 지출하였다.
④ 판매관리비에 포함되는 복리후생비를 전액 현금으로 지출하였다.

11 (주)유명 본점에서 2020년도에 수령한 어음 중 실제 발행한 어음은 몇 매인가?

① 3매
② 6매
③ 7매
④ 9매

12 다음 중 2020년 3월 재경부에 편성된 예산을 초과하여 집행한 계정과목은 무엇인가? (집행방식 : 승인집행)

① 통신비
② 여비교통비
③ 사무용품비
④ 차량유지비

13 (주)유명 본점은 매월 수입 및 지출에 대해 일자별자금계획을 수립하고 있다. 다음 중 2020년 12월 31일까지 매월 30일 고정적으로 지출되는 항목으로 등록된 자금과목은?

① 인건비
② 임차료
③ 일반경비
④ 차입금상환

14 (주)유명 본점의 2020년 3월 31일 현재 현금 계정의 가용자금으로 옳은 것은?

① 9,500,000원
② 104,820,000원
③ 107,215,000원
④ 109,274,000원

15 (주)유명 본점의 2020년 1기 부가세 확정신고 시 매입에 대한 예정신고 누락분의 세액은 얼마인가?

① 280,000원
② 300,000원
③ 480,000원
④ 600,000원

16 다음 중 (주)유명 본점의 2020년 1기 부가세 확정신고기간에 영세매출이 발생한 거래처는?

① (주)중원
② (주)주안실업
③ (주)한동테크
④ (주)형광공업

17 (주)유명 본점의 2020년 1기 예정 부가세 신고 시 고정자산매입세액은 총 얼마인가?

① 300,000원
② 2,000,000원
③ 2,300,000원
④ 3,000,000원

18 (주)유명 본점의 2020년 1기 예정 부가가치세 신고와 관련하여 매출세금계산서합계표에 대한 설명으로 옳지 않은 것은?

① 매출처 수는 총 4곳이다.
② 전자세금계산서 외의 매수는 1매이다.
③ (주)주안실업에게 5매의 매출전자세금계산서를 발송하였다.
④ (주)한동테크에게 2매의 매출전자세금계산서를 발송하였다.

19 (주)유명 본점의 입력된 자료를 확인하여 2020년 1기 예정신고 시 매입처별세금계산서합계표에 반영될 세무구분은 몇 개인가?

① 1개
② 2개
③ 3개
④ 4개

20 (주)유명 본점의 부가가치세 신고 시 관할세무서는 어디인가?

① 마포세무서
② 서초세무서
③ 잠실세무서
④ 종로세무서

2020년도 4회 기출문제

1 2020년도 4회 기출문제 (이론)

01 ERP 구축 방법 중 분석단계에 해당되지 않는 것은?

① 현재업무 파악
② 현업 요구사항 분석
③ 주요 성공요인 도출
④ GAP 분석

02 다음 중 ERP에 대한 내용으로 가장 적절하지 않은 것은 무엇인가?

① 글로벌 환경에 쉽게 대응할 수 있다.
② 기업의 다양한 업무를 지원해주는 통합정보시스템이다.
③ 신속한 의사결정이 가능하도록 실시간으로 정보를 제공한다.
④ 인사, 영업, 구매, 생산, 회계 등 기능별로 최적화할 수 있도록 여러 개의 데이터베이스로 구성되어 있다.

03 다음 중 ERP의 장점 및 효과에 대한 설명으로 가장 적절하지 않은 것은 무엇인가?

① ERP는 다양한 산업에 대한 최적의 업무관행인 베스트 프랙틱스(Best Practices)를 담고 있다.
② ERP시스템 구축 후 업무재설계(BPR)를 수행하여 ERP 도입의 구축성과를 극대화할 수 있다.
③ ERP는 모든 기업의 업무 프로세스를 개별 부서원들이 분산처리하면서도 동시에 중앙에서 개별 기능들을 통합적으로 관리할 수 있다.
④ 차세대 ERP는 인공지능 및 빅데이터 분석 기술과의 융합으로 선제적 예측과 실시간 의사결정지원이 가능하다.

04 다음 중 ERP와 CRM 간의 관계에 대한 설명으로 가장 적절하지 않은 것은 무엇인가?

① ERP와 CRM 간의 통합으로 비즈니스 프로세스의 투명성과 효율성을 확보할 수 있다.

② ERP시스템은 비즈니스 프로세스를 지원하는 백오피스 시스템(Back-Office System)이다.

③ CRM시스템은 기업의 고객대응활동을 지원하는 프런트오피스 시스템(Front-Office System)이다.

④ CRM시스템은 조직 내의 인적자원들이 축적하고 있는 개별적인 지식을 체계화하고 공유하기 위한 정보시스템으로 ERP시스템의 비즈니스 프로세스를 지원한다.

05 재무상태표의 기본구조에 관한 설명으로 옳지 않은 것은?

① 유동자산은 당좌자산과 재고자산으로 구분한다.

② 비유동자산은 투자자산, 유형자산, 무형자산, 기타비유동자산으로 구분한다.

③ 자산과 부채는 유동성이 작은 항목부터 배열하는 것을 원칙으로 한다.

④ 자본은 자본금, 자본잉여금, 자본조정, 기타포괄손익누계액 및 이익잉여금(또는 결손금)으로 구분한다.

06 다음 중 도매업을 영위하는 기업의 손익계산서상 영업이익에 영향을 미치지 않는 거래는?

① 본사 건물에 대한 감가상각비를 비용으로 계상하였다.

② 단기대여금에 대한 대손충당금을 설정하였다.

③ 직원들의 단합을 위하여 회식비를 지급하였다.

④ 명절선물을 구입하여 거래처에 증정하였다.

07 일반기업회계기준상 재무제표에 속하지 않는 것은?

① 주 기

② 재무상태표

③ 손익계산서

④ 현금흐름표

08 다음 자료를 이용하여 2019년도 결산 후 손익계산서에 계상되는 대손상각비와 재무상태표에 계상되는 대손충당금 기말 잔액은 각각 얼마인가?

> • 2019년 1월 1일 기초 대손충당금 잔액은 100,000원이다.
> • 2019년 7월 31일 거래처의 파산으로 인하여 매출채권 100,000원을 대손처리하였다.
> • 2019년 12월 31일 기말 매출채권 잔액은 5,000,000원이며, 이 중 회수가능가액은 4,500,000원으로 추정하였다.

	대손상각비	대손충당금
①	100,000원	400,000원
②	400,000원	400,000원
③	400,000원	500,000원
④	500,000원	500,000원

09 (주)생산성본부는 장부상의 기말상품이 100개였으나 실제로 재고조사를 한 결과 90개가 남아 있었다. 기말상품의 단가는 200원이고, 감모손실은 정상적으로 발생한 것이다. 재고자산감모손실 금액과 분류로 옳은 것은?

① 2,000원 - 영업외비용

② 20,000원 - 영업외비용

③ 2,000원 - 매출원가

④ 20,000원 - 매출원가

10 영업용 트럭을 어음을 발행하여 외상으로 구입한 경우, 대변에 기재해야 하는 계정과목은?

① 선수금

② 외상매입금

③ 미수금

④ 미지급금

11 다음 중 현금및현금성자산에 대한 설명으로 맞지 않는 것은?

① 통화(지폐나 주화), 통화대용증권은 현금으로 분류한다.

② 당좌예금은 요구불예금이다.

③ 취득 시 만기가 2개월 남은 환매채는 현금성자산이다.

④ 타인발행선일자수표는 현금으로 분류한다.

12 다음 자료를 활용하여 상품을 매출하는 (주)생산성본부의 당기 상품매출원가를 계산하면 얼마인가?

• 기초상품재고액	30,000,000원
• 기말상품재고액	7,000,000원
• 당기상품총매입액	7,000,000원
• 매입운임	400,000원
• 매입에누리	300,000원

① 26,000,000원   ② 26,500,000원

③ 29,100,000원   ④ 30,100,000원

13 (주)생산성은 다음과 같은 결산자료를 누락하였다. 이로 인한 자산, 부채, 자본, 수익, 비용의 과소 및 과대 효과를 표시한 것으로 옳은 것은?

> 결산시점에서 본사건물의 화재보험료 선급분 500,000원이 미계상되었다. (보험료는 현금으로 지급하였고, 비용처리함)

① 비용의 과대   ② 자산의 과대

③ 부채의 과대   ④ 수익의 과대

14 다음 내용을 보고 자본잉여금으로 분류할 수 있는 것은?

① 주식발행초과금   ② 감자차손

③ 주식할인발행차금   ④ 자기주식처분손실

15 다음 중 제조기업 (주)생산성의 손익계산서에 판매비와관리비로 분류하여야 하는 거래는 무엇인가?

① 공장 생산부의 전기료
② 영업부 사원의 급여
③ 단기매매증권 처분 시 장부가액이 처분가액보다 큰 경우
④ 공장 건물에 대한 보험료

16 다음 [보기] 자료에 의한 거래가 순서대로 반영될 경우 기말 재무상태표상 단기차입금은 얼마인가? (단, 당좌차월 계약 한도 범위액은 3,000,000원이다)

┌─ 보 기 ─────────────────────────────────────┐

1. 기초 당좌예금 잔액   5,000,000원
2. 기중 상품 매출 당좌예금 입금액   1,000,000원
3. 기중 원재료 매입 당좌예금 출금액   2,400,000원
4. 기중 당좌수표 발행액   6,000,000원

└───┘

① 2,400,000원   ② 3,000,000원
③ 3,600,000원   ④ 6,000,000원

17 다음 중 회계의 목적에 대한 설명으로 적절하지 않은 것은?

① 경영자의 수탁책임에 대한 정보의 제공
② 회계감사 방법 및 절차에 대한 정보의 제공
③ 미래 현금흐름 예측에 대한 유용한 정보의 제공
④ 재무상태와 경영성과 및 현금흐름 등에 관한 정보 제공

18 (주)생산성은 다음 주말에 수정경영계획을 발표하기 위해서 이번 주말까지 분기 말의 매출예상 자료를 요구하였다. 이와 밀접하게 관련된 회계정보의 질적특성은?

① 무오류
② 적시성
③ 중립성
④ 완전성

19 다음의 보기를 참고할 때 당기의 재무보고에 미치는 영향은?

> 결산 시에 미지급된 급여 5,000,000원을 계상하지 않았다.

	자 산	부 채	자 본
①	과소계상	과소계상	과소계상
②	과대계상	과소계상	과대계상
③	영향 없음	과소계상	과대계상
④	과소계상	과대계상	영향 없음

20 다음 중 발생주의에 의한 회계처리에 해당하지 않은 것은?

① 자동차에 대한 감가상각
② 매출채권에 대한 대손상각
③ 단기금융자산에 대한 공정가치 평가
④ 당좌수표를 발행하여 매입대금 지급

로그인 : 회계2급 회사 B 김은찬

01 다음 중 iCUBE를 활용하여 마스터 데이터를 입력하는 순서를 올바르게 나열된 것은?

① 회사등록 → 부문등록 → 사업장등록 → 부서등록 → 사원등록

② 회사등록 → 사업장등록 → 부문등록 → 부서등록 → 사원등록

③ 회사등록 → 사업장등록 → 부서등록 → 부문등록 → 사원등록

④ 회사등록 → 부서등록 → 사업장등록 → 부문등록 → 사원등록

02 당사의 예산통제구분은 무엇인가?

① 결의부서
② 사용부서
③ 자금과목
④ 프로젝트

03 다음 회계관리 모듈의 메뉴 중 김종민 사원이 사용할 수 없는 메뉴는?

① 전표입력
② 거래처원장
③ 전표승인해제
④ 채권채무잔액조회서

04 (주)큐브의 2020년 상반기 중 상품매출액이 가장 높은 달은 언제인가?

① 2월
② 3월
③ 4월
④ 5월

05 다음 [보기] 자산의 관리를 담당하고 있는 관리부서는?

> ── 보 기 ──────────────────────────────
> • 자산유형 : 비품
> • 자산코드 : 21200004
> • 자산명 : 노트북

① 생산부
② 영업부
③ 재경부
④ 구매자재부

06 다음 중 예산관리 프로세스로 옳은 것은?

① 예산신청 > 예산편성 > 예산조정
② 예산신청 > 예산조정 > 예산편성
③ 예산편성 > 예산신청 > 예산조정
④ 예산편성 > 예산조정 > 예산신청

07 (주)큐브의 2020년 3월 31일 현재 현금 계정의 가용자금으로 옳은 것은?

① 104,820,000원
② 107,215,000원
③ 128,405,000원
④ 132,500,000원

08 다음 중 (주)큐브의 2020년 한 해 동안 직원급여(판매관리비)가 가장 많이 발생한 분기는?

① 1/4분기
② 2/4분기
③ 3/4분기
④ 4/4분기

09 (주)큐브에서 발행한 지급어음 중 2020년 12월에 만기가 되는 어음은 몇 매인가?

① 1매

② 2매

③ 3매

④ 4매

10 (주)큐브의 2020년 1분기 결산 시 손익계산서에 계상할 차량운반구 감가상각비는 얼마인가?

① 1,570,500원

② 2,124,500원

③ 2,174,500원

④ 2,749,500원

11 (주)큐브의 2020년 1월 말 현금및현금성자산 잔액은 얼마인가?

① 689,052,300원

② 855,449,300원

③ 923,403,000원

④ 927,102,000원

12 다음 중 2020년 3월 31일 기준 (주)큐브의 외상매출금의 잔액이 가장 큰 거래처는?

① (주)성호기업

② (주)주안실업

③ (주)형광공업

④ (주)한동테크

13 (주)큐브의 2020년 6월 30일 결산 시 받을어음에 대해 1%의 대손충당금을 설정하려고 한다. 다음 중 회계처리가 옳은 것은?

① (차) 대손상각비   780,000원   (대) 대손충당금   780,000원

② (차) 대손상각비   2,280,000원   (대) 대손충당금   2,280,000원

③ (차) 대손충당금   2,280,000원   (대) 대손충당금환입   2,280,000원

④ (차) 대손충당금   4,390,000원   (대) 대손충당금환입   4,390,000원

14 (주)큐브의 2020년 1분기에 지출된 판매비와관리비 중 전액 현금으로 지출한 계정과목은?

① 복리후생비
② 여비교통비
③ 차량유지비
④ 사무용품비

15 (주)큐브는 영업용 승용차에 주유하고 주유대금을 법인카드로 결제했다. 본 거래와 관련하여 부가가치세 신고 시 첨부해야 할 서식을 [보기]에서 모두 고르시오.

┌─ 보 기 ─────────────────────────────────────┐
│ ㉠ 신용카드매출전표등 수령명세서
│ ㉡ 매입세액불공제내역
│ ㉢ 건물등감가상각자산취득명세서
│ ㉣ 세금계산서합계표
└──┘

① ㉠
② ㉠, ㉡
③ ㉠, ㉢, ㉣
④ ㉠, ㉡, ㉢, ㉣

16 (주)큐브의 2020년 1기 부가가치세 확정신고와 관련하여 매출세금계산서합계표에 대한 설명으로 옳지 않은 것은?

① 주민등록번호 발급분은 총 1매이다.
② 전자세금계산서 11일이내 전송분은 총 12매이다.
③ (주)형광공업에게 2매의 매출전자세금계산서를 발송하였다.
④ (주)성호기업에게 3매의 매출전자세금계산서를 발송하였다.

17 (주)큐브의 2020년 1기 부가가치세 확정신고 시 신고할 고정자산매입세액은 얼마인가?

① 1,000,000원
② 1,500,000원
③ 2,500,000원
④ 3,000,000원

18 다음 중 건물등감가상각자산취득명세서를 전표에서 불러올 때 해당하는 세무구분이 아닌 것은?

① 21.과세매입

② 22.영세매입

③ 23.면세매입

④ 24.매입불공

19 (주)큐브의 2020년 1기 부가가치세 예정신고기간에 발생한 매출거래 중 거래가 발생하지 않은 세무구분은?

① 11.과세매출

② 12.영세매출

③ 13.면세매출

④ 17.카드매출

20 (주)큐브의 2020년 2기 부가가치세 확정신고 시 매입에 대한 예정신고 누락분의 세액은 얼마인가?

① 1,000,000원

② 1,100,000원

③ 1,500,000원

④ 2,600,000원

TEST
03 | 2020년도 5회 기출문제

1 2020년도 5회 기출문제 (이론)

01 다음 [보기]의 내용은 ERP 구축절차 중 어느 단계에 해당하는가?

┌─ 보 기 ───┐
│ TO–BE 프로세스 도출, 패키지 설치, 추가개발 및 수정보완 문제 논의 │
└──┘

① 설계단계
② 구현단계
③ 분석단계
④ 구축단계

02 다음 중 ERP에 대한 설명으로 가장 옳지 않은 것은 무엇인가?

① 기업내부의 정보인프라 구축이다.
② BPR을 위해서 도입하는 것은 적절치 않다.
③ ERP는 "전사적 자원관리시스템"이라고 불린다.
④ 회사의 업무프로세스가 하나로 통합된 시스템이다. .

03 A회사는 ERP시스템을 도입하여 기업의 경쟁력을 극대화 하려 한다. 성공적으로 ERP를 도입하기 위한 요소가 아닌 것은 다음 중 무엇인가?

① 경영진의 확고한 의지
② 우수한 ERP 패키지 선정
③ 업무 단위별 독립적 추진
④ 기업 구성원 전원이 참여하는 분위기 조성

04 다음 중 ERP와 기존의 정보시스템(MIS) 특성 간의 차이점에 대한 설명으로 가장 적절하지 않은 것은 무엇인가?

① 기존 정보시스템의 업무범위는 단위업무이고, ERP는 통합업무를 담당한다.
② 기존 정보시스템의 전산화 형태는 중앙집중식이고, ERP는 분산처리구조이다.
③ 기존 정보시스템은 수평적으로 업무를 처리하고, ERP는 수직적으로 업무를 처리한다.
④ 기존 정보시스템의 데이터베이스 형태는 파일시스템이고, ERP는 관계형 데이터베이스 시스템 (RDBMS)이다.

05 다음 중 회계의 목적과 거리가 가장 먼 것은?

① 기업의 경영성과를 밝혀준다.
② 일정시점의 기업의 재무상태를 나타내 준다.
③ 기업의 소득에 대한 세금계산의 근거자료를 제공해준다.
④ 단지 외부이해관계자에게만 회계정보를 제공한다.

06 다음 중 회계의 기본가정에 해당하지 않는 것은?

① 계속기업의 가정
② 기업실체의 가정
③ 화폐가치변동의 가정
④ 화폐단위측정의 가정

07 합계잔액시산표상 자산총액은 1,500, 부채총액은 700, 기초자본총액은 600이고 수익총액이 1,000 일 때 비용총액은 얼마인가?

① 500
② 800
③ 1,000
④ 1,200

08 손익계산서는 다음 중 어떤 내용을 나타내는 재무제표인가?

① 일정시점의 회사의 경영성과
② 일정기간 동안의 회사의 재산상태
③ 일정시점의 회사의 재무상태
④ 일정기간 동안의 회사의 경영성과

09 다음 중 판매비와관리비로 분류될 수 없는 것은?

① 매출채권의 대손상각비
② 감가상각비
③ 경상개발비
④ 단기매매증권평가손실

10 다음 (주)생산성의 거래내용을 참고로 계정과목으로 적절하지 않은 것은?

> 가. 현금을 출자하여 영업을 개시하다.
> 나. 비품을 구입하고 법인카드로 결제하다.
> 다. 매출채권을 당점발행수표로 회수하다.

① 인출금
② 미지급금
③ 당좌예금
④ 매출채권

11 기말 재무상태표 일부입니다. 기말시점의 손익계산서에 기록될 대손상각비는 얼마인가?

> • 2020년 기초 대손충당금 180,000원, 기중 대손발생액 120,000원
> • 2020년 기말 재무상태표상 매출채권 잔액은 20,000,000원, 대손설정액은 매출채권 잔액의 1%인 200,000원이다.

① 60,000원
② 120,000원
③ 140,000원
④ 200,000원

12 "7월 2일 금고 속에 있는 현금 실재액은 80,000원이며, 장부상 현금 계정의 잔액은 110,000원으로 확인된다. 현재 그 차액의 원인은 알 수 없다." 차변에 기록될 적절한 계정과목과 금액은?

① 현금 30,000원
② 현금과부족 30,000원
③ 잡이익 30,000원
④ 잡손실 30,000원

13 다음 분개에 대한 거래를 올바르게 추정한 것은? (단, 결산일 현재 대손충당금은 0이다)

(차) 대손상각비	300,000	(대) 대손충당금	300,000

① 매출채권 300,000원이 회수불가능한 것으로 확정되다.
② 매출채권 300,000원이 회수불가능할 것으로 결산일에 추정하다.
③ 대손충당금을 설정해 두었던 매출채권 300,000원이 회수불가능하게 되다.
④ 상각처리해 두었던 매출채권 300,000원을 회수하였다.

14 1월 1일 비품을 4,000만원에 취득하였다. 내용연수는 5년이다. 다음 해 12월 31일 결산 시에 계상하여야 할 감가상각비는? (감가상각법은 정률법이며 잔존가액은 없다. 내용연수 5년의 정률상각률은 0.45이다)

① 8,000,000원
② 9,900,000원
③ 12,500,000원
④ 40,000,000원

15 다음은 일반기업회계기준에 따른 무형자산에 대한 설명이다. 가장 옳지 않은 것은?

① 무형자산이란 물리적 형태는 없지만 식별가능하고 기업이 통제하고 있으며 미래 경제적 효익이 있는 비화폐성자산을 의미한다.
② 내부적으로 창출한 영업권은 무형자산으로 인정하지 않는다.
③ 무형자산의 상각 시에는 일반적으로 정액법이 사용된다.
④ 무형자산의 상각기간은 제한 없이 선택할 수 있다.

16 다음 중 비유동부채로 구분할 수 있는 것은?

① 사 채

② 선수금

③ 예수금

④ 미지급비용

17 재무상태표의 구성항목 중 부채와 자본에 대한 설명으로 옳지 않은 것은?

① 주주가 상법상 액면금액을 초과하여 불입한 부분은 자본잉여금에 속한다.

② 기타포괄손익이란 손익계산서의 당기순이익이 자본부분에 표시된 것이다.

③ 상법상 액면금액에 해당하는 불입자본을 자본금이라고 한다.

④ 회계에서는 추정에 의한 부채도 계상할 수 있다.

18 신입사원의 명함제작 시 처리하는 계정과목으로 가장 적절한 것은?

① 세금과공과

② 도서인쇄비

③ 교육훈련비

④ 광고선전비

19 다음 정보를 통해 매출원가를 구하시오.

• 기초재고액	200,000원
• 당기매입액	600,000원
• 기말재고액	300,000원

① 200,000원

② 300,000원

③ 400,000원

④ 500,000원

20 손익계산서상 비용을 매출원가, 판매비와관리비, 영업외비용으로 구분할 경우 다음 중 동일한 구분에 속하는 비용만으로 나열된 것은?

① 대손상각비, 무형자산상각비, 감가상각비

② 경상개발비, 외환차손, 외화환산손실

③ 통신비, 외화환산손실, 사채상환손실

④ 유형자산처분손실, 사채상환손실, 접대비

로그인 : 회계2급 회사 A 김은찬

01 당사가 사용하고 있는 전표출력 기본양식은 무엇인가?

① 4번양식   ② 5번양식
③ 6번양식   ④ 7번양식

02 다음 중 김은찬 사원의 회계입력방식에 대한 설명으로 옳은 것은? (직접 전표를 입력하는 경우이며, 대차차액은 없는 것으로 가정한다)

① 전표입력 시 승인전표가 생성되며 장부에 반영된다.
② 전표입력 시 미결전표가 생성되며 미결전표만 수정이 가능하다.
③ 전표입력 시 미결전표가 생성되며 미결·승인전표 모두 수정이 가능하다.
④ 전표입력 시 미결전표가 생성되며 승인권자가 승인해야 장부에 반영된다.

03 다음 회계관리 메뉴 중 전윤호 사원이 사용할 수 있는 메뉴는?

① 분개장   ② 전표출력
③ 총계정원장   ④ 현금출납장

04 다음 [보기] 자산의 관리를 담당하고 있는 관리부서는?

```
┌─ 보 기 ──────────────────────────────────────────────┐
│ • 자산유형 : 비품                                      │
│ • 자산코드 : 21200004                                  │
│ • 자산명 : 책장                                        │
└──────────────────────────────────────────────────────┘
```

① 생산부   ② 영업부
③ 재경부   ④ 구매자재부

05 다음 중 (주)유명 본점의 2020년 3월 31일 기준 외상매출금 잔액이 가장 큰 거래처는?

① (주)중원
② (주)성호기업
③ (주)주안실업
④ (주)하진테크

06 핵심ERP에서는 다양하게 원가를 산출할 수 있도록 관리항목별 손익계산서를 제공하고 있다. 다음 중 원가를 산출할 수 없는 관리항목은?

① 부문별
② 비용센터별
③ 프로젝트별
④ 회계단위별

07 (주)유명 본점의 2020년 한 해 동안 직원급여(판매관리비)가 가장 많이 발생한 분기는?

① 1/4분기
② 2/4분기
③ 3/4분기
④ 4/4분기

08 당사는 예산을 사용부서별로 관리하고 있다. 다음 중 2020년 2월 한 달 동안 재경부에 편성된 예산을 초과하여 집행한 계정과목은 무엇인가? (집행방식은 승인집행으로 조회한다)

① 81300.접대비
② 82100.보험료
③ 82200.차량유지비
④ 82900.사무용품비

09 당사는 매월 고정적으로 지출되는 자금을 관리하고 있다. 다음 보기 중 2020년 3월에 고정적으로 지출되는 자금과목이 아닌 것은?

① 2210.인건비
② 2310.일반경비
③ 2510.임차료
④ 2520.보험료

10 (주)유명 본점의 받을어음 중 만기가 2020년 4월 30일인 어음은 몇 매인가?

① 1매
② 2매
③ 3매
④ 4매

11 (주)유명 본점은 분기별로 결산을 진행하고 있다. (주)유명 본점의 2020년 1분기 결산 시 손익계산서에 계상할 비품의 감가상각비는 얼마인가?

① 148,152원
② 296,289원
③ 387,388원
④ 444,426원

12 (주)유명 본점의 2020년 7월 한 달 동안 지출된 판매비와관리비 중 전액 현금으로 지출한 계정과목은?

① 상여금
② 접대비
③ 통신비
④ 보험료

13 다음 중 (주)유명 본점의 2020년 상반기 상품매출액이 가장 높은 달은 언제인가?

① 2월
② 3월
③ 4월
④ 5월

14 (주)유명 본점은 2020년 3월 31일 결산 시 받을어음에 대해 1%의 대손충당금을 설정하려고 한다. 다음 중 회계처리가 옳은 것은?

① (차) 대손상각비	2,070,000원	(대) 대손충당금	2,070,000원
② (차) 대손상각비	3,390,000원	(대) 대손충당금	3,390,000원
③ (차) 대손충당금	2,070,000원	(대) 대손충당금환입	2,070,000원
④ (차) 대손충당금	3,390,000원	(대) 대손충당금환입	3,390,000원

15 (주)유명 본점의 2020년 1기 부가가치세 예정신고 시 신고할 고정자산매입세액은 얼마인가?

① 2,000,000원   ② 2,300,000원

③ 3,000,000원   ④ 4,700,000원

16 다음 중 (주)유명 본점의 2020년 1기 부가가치세 예정신고기간에 면세매출이 발생한 거래처는?

① (주)중원   ② (주)주안실업

③ (주)한동테크   ④ (주)형광공업

17 (주)유명 본점의 2020년 1기 부가가치세 확정신고 시 매입에 대한 예정신고 누락분의 세액은 얼마인가?

① 280,000원   ② 300,000원

③ 480,000원   ④ 600,000원

18 (주)유명 본점의 2020년 1기 부가가치세 예정신고기간의 카드매입 세액은 얼마인가?

① 380,000원   ② 420,000원

③ 540,000원   ④ 920,000원

19 다음 중 건물등감가상각자산취득명세서를 전표에서 불러올 때 해당하는 세무구분이 아닌 것은?

① 21.과세매입   ② 22.영세매입

③ 23.면세매입   ④ 24.매입불공

20 (주)유명 본점의 부가가치세 신고 시 관할세무서는 어디인가?

① 마포세무서   ② 서초세무서

③ 잠실세무서   ④ 종로세무서

TEST
04 2020년도 6회 기출문제

01 ERP를 구축할 때, 설계단계에 해당하지 않는 것은?

① To-BE 프로세스 도출
② GAP 분석
③ 인터페이스 문제 논의
④ TFT 구성

02 다음은 무엇에 대한 설명인가?

> 비용, 품질, 서비스, 속도와 같은 핵심적 부분에서 극적인 성과를 이루기 위해 기업의 업무프로세스를 기본적으로 다시 생각하고 근본적으로 재설계하는 것

① BPR
② JIT
③ TQM
④ 커스터마이징

03 다음 중 ERP에 대한 설명으로 가장 적절하지 않은 것은?

① ERP는 기능 및 일 중심의 업무처리 방식을 취하고 있다.
② ERP는 개방적이고, 확장적이며, 유연한 시스템 구조를 가지고 있다.
③ ERP 패키지는 어느 한 시스템에 입력하면 전체적으로 자동 반영되어 통합 운영이 가능한 시스템이다.
④ 최신의 IT 기술을 활용하여 생산, 판매, 인사, 회계 등 기업 내 모든 업무를 통합적으로 관리하도록 도와주는 전사적 자원관리시스템이다.

04 다음 중 ERP시스템에 대한 투자비용에 관한 개념으로 시스템의 전체 라이프사이클(life—cycle)을 통해 발생하는 전체 비용을 계량화하는 것을 무엇이라 하는가?

① 유지보수 비용(Maintenance Cost)

② 시스템 구축비용(Construction Cost)

③ 소프트웨어 라이선스비용(Software License Cost)

④ 총소유비용(Total Cost of Ownership)

05 다음 중 주석공시와 관련된 회계원칙은?

① 충분성   ② 보수주의

③ 이해가능성   ④ 계속성

06 다음은 손익계산서 계산구조이다. 괄호 (가)와 (나)에 적절한 단어는?

• 매출액 – (라   ) = (다   )

• (다   ) – 판매비와관리비 = (가   )

• (가   ) + 영업외수익 – (나   ) = 법인세차감전순이익

• 법인세차감전순이익 – 법인세비용 = 당기순이익

	(가)	(나)
①	영업이익	영업외비용
②	매출총이익	영업외비용
③	매출원가	매출총이익
④	영업외비용	영업이익

07 다음 내용을 보고 거래추정으로 옳지 않은 것은?

• 10월 1일	(차) 현 금	150,000원	(대) 자본금	150,000원
• 10월 3일	(차) 상 품	300,000원	(대) 매입채무	300,000원
• 10월 5일	(차) 광고선전비	50,000원	(대) 미지급금	50,000원
• 10월 10일	(차) 차입금	60,000원	(대) 현 금	70,000원
	이자비용	10,000원		

① 10월 1일 현금 150,000원을 출자하여 영업을 개시하다.
② 10월 3일 상품 300,000원을 외상으로 매입하다.
③ 10월 5일 신입사원 명함을 제작하고 제작비용 50,000원을 10일 뒤에 지급하기로 했다.
④ 10월 10일 차입금 60,000원과 그에 대한 이자 10,000원을 현금으로 지급하다.

08 회계상 거래로 인식되기 위한 조건으로 맞는 것은?

① 금액의 측정가능성, 거래상대방의 존재
② 자산·부채·자본의 변화, 거래상대방의 존재
③ 자산·부채·자본의 변화, 금액의 측정가능성
④ 과거사건의 결과, 거래상대방의 존재

09 다음 중 영업외비용으로만 구성되어진 것은?

① 단기매매증권처분손실, 급여, 복리후생비, 이자비용,
② 기부금, 재해손실, 이자비용, 대손상각비
③ 세금과공과, 광고선전비, 대손상각비, 접대비
④ 이자비용, 기부금, 단기매매증권처분손실, 기타의대손상각비

10 다음 거래 내용에 대한 회계처리로 적절하지 않은 것은?

- 11월 3일 상품 600,000원을 K상사에 매입 주문하고 계약금 10%를 보통예금계좌에서 이체하다.
- 11월 5일 업무용 책상과 의자를 250,000원에 구입하고 4일 뒤에 현금으로 지급하기로 하다.
- 11월 8일 김동현 사원을 서울로 출장보내기로 하고 출장비로 300,000원을 현금으로 지급하다.
- 11월 20일 거래처로부터 3,000,000원을 현금으로 차입하다. (차입기간은 2년)

	날 짜	차 변		대 변	
①	11월 3일	선급금	60,000원	보통예금	60,000원
②	11월 5일	비 품	250,000원	외상매입금	250,000원
③	11월 8일	가지급금	300,000원	현 금	300,000원
④	11월 20일	현 금	3,000,000원	장기차입금	3,000,000원

11 다음 내용에 대한 결산시점의 분개로 적절한 것은?

- 9월 1일 공장 건물에 대한 1년 화재보험료 2,400,000원을 당좌예금계좌에서 이체하다. (회계담당자는 본 거래에 대해 비용처리함)
- 12월 31일 결산시점에 보험료 미경과분 1,600,000원을 계상하다.

	차 변		대 변	
①	미지급비용	1,600,000	보험료	1,600,000
②	선급비용	1,600,000	보험료	1,600,000
③	보험료	800,000	미지급비용	800,000
④	보험료	800,000	선급비용	800,000

12 (주)수원의 결산 결과 손익계산서에 당기순이익이 150,000원으로 계상되어 있으나 다음과 같은 사항들을 발견하고 수정하였다. 수정 후의 당기순이익으로 옳은 것은?

- 손익계산서에 계상된 임차료 중 20,000원은 차기 비용이다.
- 손익계산서에 계상된 임대료 중 30,000원은 차기 수익이다.

① 80,000원
② 120,000원
③ 140,000원
④ 160,000원

13 소유하고 있는 약속어음 365,000원을 은행에서 할인 받고, 할인료를 차감한 실수금을 당좌예금에 입금하였다. 매출채권처분손실을 계산하시오. (단, 할인일수 60일, 할인율은 연 20%임)

① 10,000원   ② 11,000원

③ 12,000원   ④ 13,000원

14 재고자산을 평가하려고 한다. 저가법 적용 시 틀린 것은?

① 진부화되어 판매가치가 하락된 경우 적용가능하다.

② 재고자산의 평가기준은 순실현가능가치이다.

③ 총액기준도 사용가능하다.

④ 재고자산평가손실은 매출원가에 가산한다.

15 다음의 지출내역을 참고로 비용 처리해야 할 금액은 얼마인가?

> 가. 본사 건물 유리 파손에 따른 교체비용 : 1,000,000원
> 나. 공장 건물 내 제품 보관을 위해 냉난방기 설치비용 : 30,000,000원
> 다. 본사 건물외벽의 도색비 : 3,000,000원
> 라. 상기 대금은 전액 3개월 만기 어음을 발행하여 지급하였음

① 1,000,000원   ② 3,000,000원

③ 4,000,000원   ④ 30,000,000원

16 유형자산을 취득한 초기에 정액법에 따라 감가상각하였을 경우 정률법에 의한 경우에 비하여 이익 및 유형자산의 금액에 미치는 영향은 어떻게 나타나는가?

① 이익이 크고 유형자산의 장부가액도 크게 표시된다.

② 이익이 크고 유형자산의 장부가액은 적게 표시된다.

③ 이익이 적고 유형자산의 장부가액도 적게 표시된다.

④ 이익이 적고 유형자산의 장부가액은 크게 표시된다.

17 다음 계정들의 성격으로 옳지 않은 것은?

① 임차료 계정 – 증가 시 차변에 기록
② 미수금 계정 – 감소 시 대변에 기록
③ 선수금 계정 – 증가 시 차변에 기록
④ 미지급금 계정 – 감소 시 차변에 기록

18 다음 내용을 보고 자본잉여금으로 분류할 수 있는 것은?

① 주식발행초과금   ② 자기주식
③ 주식할인발행차금   ④ 감자차손

19 아래 상황을 읽고 당기 손익계산서에 들어갈 보험료를 계산하면?

• 결산일은 12월 31일이다.
• 회사는 보유 중인 자동차에 대한 1년 치 보험료로 120만원을 선불로 지불했다.
• 보험기간 : 올해 10월 1일 ~ 다음 해 9월 30일

① 200,000원   ② 300,000원
③ 900,000원   ④ 1,000,000원

20 다음 자료를 활용하여 상품매출원가를 계산하면 얼마인가?

• 상품매출액	10,000,000원
• 기초상품재고액	9,000,000원
• 기말상품재고액	6,500,000원
• 당기상품매입액	4,800,000원
• 매입에누리	700,000원
• 매출에누리	400,000원
• 매입할인	500,000원

① 3,900,000원   ② 5,700,000원
③ 6,100,000원   ④ 6,900,000원

01 다음 중 신규 거래처등록 시 거래처 구분에 대한 설명으로 옳지 않은 것은?

① 기타 - 일반, 무역, 주민 이외의 거래처
② 무역 - 무역거래와 관련된 수출 및 수입 거래처
③ 일반 - 세금계산서 및 계산서 등 교부대상 거래처
④ 카드사 - 구매대금의 결제를 위해 교부받은 신용카드

02 다음 회계관리 메뉴 중 김종민 사원이 사용할 수 없는 메뉴는?

① 전표입력   ② 전표출력
③ 현금출납장   ④ 거래처원장

03 당사의 예산통제구분은 무엇인가?

① 결의부서   ② 사용부서
③ 자금과목   ④ 프로젝트

04 (주)큐브의 2020년 3월 31일 외화예금 계정의 가용자금으로 옳은 것은?

① 33,000,000원   ② 128,405,000원
③ 261,522,000원   ④ 848,909,300원

05 (주)큐브는 2020년 3월 31일 결산 시 받을어음에 대해 1%의 대손충당금을 설정하려고 한다. 다음 중 회계처리가 옳은 것은?

① (차) 대손상각비   1,000,000원   (대) 대손충당금   1,000,000원
② (차) 대손상각비   2,500,000원   (대) 대손충당금   2,500,000원
③ (차) 대손충당금   1,000,000원   (대) 대손충당금환입   1,000,000원
④ (차) 대손충당금   2,500,000원   (대) 대손충당금환입   2,500,000원

06 (주)큐브의 판매비와관리비 중 2020년 3분기 지출액이 가장 큰 계정과목은?

① 상여금
② 접대비
③ 통신비
④ 지급임차료

07 당사는 매월 고정적으로 지출되는 자금을 관리하고 있다. (주)큐브의 2020년 3월에 고정적으로 지출되는 자금금액은 얼마인가?

① 20,000,000원
② 22,000,000원
③ 22,300,000원
④ 22,500,000원

08 (주)큐브는 분기별로 결산을 진행하고 있다. (주)큐브의 2020년 1분기 결산 시 손익계산서에 계상할 건물 감가상각비는 얼마인가?

① 1,570,000원
② 2,124,500원
③ 2,749,500원
④ 7,499,756원

09 '재경부'에 당기 편성된 2020년 복리후생비(판매비와관리비) 예산 총액은 얼마인가?

① 28,000,000원
② 30,000,000원
③ 33,000,000원
④ 36,000,000원

10 (주)큐브는 2020년 1년간의 지출증빙서류검토표를 작성하려고 한다. 각 증빙별 합계금액으로 옳지 않은 것은?

① 계산서 : 250,000원
② 현금영수증 : 500,000원
③ 세금계산서 : 643,730,000원
④ 신용카드(법인) : 1,500,000원

11 (주)큐브는 6개월 이상 채권이 회수되지 않은 거래처를 파악하고자 한다. 선입선출법에 따라 외상매출금 잔액을 확인할 경우 2020년 6월 30일 현재 6개월 이상 채권이 회수가 되지 않는 거래처는 어디인가?

① (주)성호기업
② (주)주안실업
③ (주)한동테크
④ (주)형광공업

12 (주)큐브의 2020년 상반기 중 외상매출금 발생금액이 가장 큰 달은 언제인가?

① 3월　　　　　　　　　　　② 4월
③ 5월　　　　　　　　　　　④ 6월

13 다음 [보기] 자산의 관리를 담당하고 있는 관리부서는?

┌─ 보 기 ───┐
- 자산유형 : 비품
- 자산코드 : 21200006
- 자산명 : 복사기A
└──┘

① 생산부　　　　　　　　　　② 영업부
③ 재경부　　　　　　　　　　④ 구매자재부

14 다음 중 2020년 1월 31일 기준 (주)큐브의 외상매출금의 잔액이 가장 큰 거래처는?

① (주)성호기업　　　　　　　② (주)주안실업
③ (주)형광공업　　　　　　　④ (주)한동테크

15 (주)큐브의 2020년 2기 부가가치세 확정신고 시 매입에 대한 예정신고 누락분의 세액은 얼마인가?

① 280,000원　　　　　　　　② 300,000원
③ 600,000원　　　　　　　　④ 1,100,000원

16 (주)큐브의 2020년 1기 부가가치세 예정신고 시 '매입처별세금계산서합계표'에 반영될 세무구분은 몇 개인가?

① 1개　　　　　　　　　　　② 2개
③ 3개　　　　　　　　　　　④ 4개

17 (주)큐브의 2020년 1기 부가가치세 예정신고기간의 카드매입 세액은 얼마인가?

① 116,000원　　　　　　　　② 121,000원
③ 275,000원　　　　　　　　④ 466,000원

18 (주)큐브의 2020년 2기 부가가치세 예정신고기간 매입한 거래 중 공제받지 못할 매입세액에 대한 불공제 사유는 무엇인가?

① 접대비관련매입세액
② 사업과 관련없는 지출
③ 사업자등록 전 매입세액
④ 비영업용소형승용차구입 및 유지

19 (주)큐브의 부가가치세 신고 시 관할세무서는 어디인가?

① 마포세무서
② 서초세무서
③ 송파세무서
④ 종로세무서

20 다음 중 '건물등감가상각자산취득명세서'를 전표에서 불러올 때 해당하는 세무구분이 아닌 것은?

① 21.과세매입
② 22.영세매입
③ 23.면세매입
④ 24.매입불공

TEST

05 | 2021년도 1회 기출문제

1 | 2021년도 1회 기출문제 (기출)

01 원가, 품질, 서비스, 속도와 같은 주요 성과측정치의 극적인 개선을 위해 업무프로세스를 급진적으로 재설계하는 것으로 정의할 수 있는 것은 무엇인가?

① BSC(Balanced Scorecard)
② BPR(business process reengineering)
③ CALS(Commerce At Light Speed)
④ EIS(Executive Information System)

02 다음 중 e-Business 지원 시스템을 구성하는 단위 시스템에 해당되지 않는 것은 무엇인가?

① 성과측정관리(BSC)
② EC(전자상거래) 시스템
③ 의사결정지원시스템(DSS)
④ 고객관계관리(CRM) 시스템

03 다음 중 ERP 도입의 예상 효과로 가장 적절하지 않은 것은 무엇인가?

① 투명한 경영
② 결산작업의 단축
③ 사이클 타임(Cycle Time) 감소
④ 개별 업무시스템 효율적 운영

04 다음 중 클라우드 서비스 기반 ERP와 관련된 설명으로 가장 적절하지 않은 것은 무엇인가?

① ERP 구축에 필요한 IT인프라 자원을 클라우드 서비스로 빌려 쓰는 형태를 IaaS라고 한다.
② ERP 소프트웨어 개발을 위한 플랫폼을 클라우드 서비스로 제공받는 것을 PaaS라고 한다.
③ PaaS에는 데이터베이스 클라우드 서비스와 스토리지 클라우드 서비스가 있다.
④ 기업의 핵심 애플리케이션인 ERP, CRM 솔루션 등의 소프트웨어를 클라우드 서비스를 통해 제공받는 것을 SaaS라고 한다.

05 금액이 소액인 업무용 비품을 구입한 경우 이를 자산으로 처리하지 않고 비용으로 처리하는 것은 다음 중 어떤 원칙에 근거한 것인가?

① 이해가능성   ② 중요성

③ 충분성   ④ 신뢰성

06 다음 재무제표 중 일정시점을 중심으로 기업의 정보를 불특정 다수의 이해관계자들에게 전달하는 보고서는?

① 자본변동표   ② 손익계산서

③ 재무상태표   ④ 현금흐름표

07 다음 자료로 총비용을 계산하면 얼마인가? (단, 회계기간 중 자본거래는 없음)

- 자산(기초 5,000,000원, 기말 15,000,000원)
- 부채(기초 4,000,000원, 기말 6,200,000원)
- 총수익 8,100,000원

① 1,000,000원   ② 300,000원

③ 7,800,000원   ④ 8,800,000원

08 다음 중 괄호 (가), (나)에 적절한 금액은?

기초상품재고액	상품매입액	기말상품재고액	상품매출원가
200,000원	450,000원	150,000원	(가)
매출액	매출총이익	판매비와관리비	당기순이익
630,000원	(다)	30,000원	(나)

	(가)	(나)
①	130,000원	130,000원
②	500,000원	100,000원
③	100,000원	500,000원
④	450,000원	100,000원

09 다음 중 회계상의 거래로 인식할 수 없는 것은?

① 상품을 구입하기로 하고 계약금을 지급하다.
② 상품을 주문하다.
③ 화재로 건물이 소실되다.
④ 현금을 분실하다.

10 다음 [보기] 자료를 참고하여 결산시점 회계처리 시 차변 계정과목과 금액으로 적절한 것은?

┌─ 보 기 ───┐
│ 1. 기초 퇴직급여충당부채 : 10,000,000원
│ 2. 당기 중 지급된 퇴직급여 : 8,000,000원
│ 3. 당기 말 결산 시점 회사의 전 임직원이 일시에 퇴직할 경우 지급해야 할 퇴직금추계액 : 12,000,000원
└───┘

① 퇴직급여 2,000,000원
② 퇴직급여충당부채 12,000,000원
③ 퇴직급여 10,000,000원
④ 퇴직급여충당부채 2,000,000원

11 다음 중 주요장부에 해당하는 장부는?

① 거래처원장
② 총계정원장
③ 상품재고장
④ 받을어음기입장

12 아래 자료를 참고하여 기타의대손상각비를 1% 계상하면?

• 외상매출금	4,000,000원	• 미수금	600,000원
• 대여금	2,000,000원	• 가지급금	2,000,000원
• 선수금	5,000,000원	• 받을어음	12,000,000원

① 20,000원
② 26,000원
③ 76,000원
④ 120,000원

13 다음 중 통화대용증권으로 분류할 수 없는 것은?

① 타인발행수표
② 자기앞수표
③ 우편환증서
④ 당점발행수표

14 다음 [보기] 자료에 의한 거래가 순서대로 반영될 경우 기말 재무상태표상 단기차입금은 얼마인가? (단, 당좌차월 계약 한도 범위액은 2,000,000원이다)

┌─ 보 기 ─────────────────────────────────┐
1. 기초 당좌예금 잔액   5,000,000원
2. 기중 상품 매출 당좌예금 입금액   3,000,000원
3. 기중 원재료 매입 당좌예금 출금액   3,400,000원
4. 기중 당좌수표 발행액   6,000,000원
└───┘

① 1,400,000원
② 2,000,000원
③ 4,600,000원
④ 6,000,000원

15 장부가액이 180,000원이고 액면가액이 100,000원인 단기매매증권을 처분하고 100,000원을 지급받은 경우 단기매매증권처분손익은 얼마인가?

① 이익 80,000원

② 손실 80,000원

③ 이익 100,000원

④ 손실 100,000원

16 갑회사의 회계연도 말의 결산직전의 대손충당금 계정잔액이 300,000원, 매출채권의 기말잔액은 50,000,000원이다. 갑회사는 기말에 매출채권 잔액의 1%를 대손충당금으로 설정하고 있다. 이 경우 회계처리로 맞는 것은?

① (차) 대손상각비   500,000   (대) 대손충당금   500,000

② (차) 대손상각비   200,000   (대) 대손충당금   200,000

③ (차) 대손충당금   500,000   (대) 대손상각비   500,000

④ (차) 대손충당금   200,000   (대) 대손상각비   200,000

17 기초상품재고액이 5억원이고 당기 중 매입상품이 10억원일 경우 손익계산서의 매출원가가 12억원이라면 기말상품재고액온 얼마인가?

① 3억원

② 10억원

③ 12억원

④ 15억원

18 다음 중 일반적으로 자본적 지출에 속하는 것은?

① 타이어 교체
② 건물외벽 페인트공사
③ 난방장치의 설치
④ 마모된 부품 교체

19 다음 중 부채로만 구성된 것은?

① 매입채무 – 선급금 – 미지급금 – 예수금
② 선수금 – 외상매입금 – 단기차입금 – 미수금
③ 미지급금 – 선수금 – 선수수익 – 예수금
④ 외상매입금– 미수금 – 선수수익 – 선수금

20 다음 중 제조기업 (주)한결의 손익계산서에 영업외비용으로 분류하여야 하는 계정과목은 무엇인가?

① 기타의대손상각비
② 도서인쇄비
③ 매입 시 발생한 부대비용
④ 보험료

로그인 : 회계2급 회사 B 김은찬

01 다음 회계관리 메뉴 중 김종민 사원이 사용할 수 없는 메뉴는?

① 전표입력
② 전표출력
③ 거래처원장
④ 현금출납장

02 당사에 등록된 계정과목 중 '11100.대손충당금'은 어떤 계정의 차감계정인가?

① 10200.당좌예금
② 10400.기타제예금
③ 10800.외상매출금
④ 11000.받을어음

03 당사의 회계 관련 시스템환경설정으로 옳지 않은 것은?

① 등록된 자산은 월할상각 방식으로 상각한다.
② 중국어 재무상태표를 조회 및 출력할 수 있다.
③ 전표의 관리항목인 프로젝트별로 예산을 통제한다.
④ 전표를 출력할 때 4번 양식을 기본양식으로 사용한다.

04 다음 중 2021년 3월 31일 기준 (주)유명 본점의 외상매출금의 잔액이 가장 큰 거래처는?

① (주)성호기업
② (주)주안실업
③ (주)한동테크
④ (주)형광공업

05 다음 중 예산관리 프로세스로 옳은 것은?

① 예산신청 > 예산편성 > 예산조정
② 예산신청 > 예산조정 > 예산편성
③ 예산편성 > 예산신청 > 예산조정
④ 예산편성 > 예산조정 > 예산신청

06 (주)유명 본점 2021년 6월 30일 결산 시 받을어음에 대해 2%의 대손충당금을 설정하려고 한다. 다음 중 회계처리가 옳은 것은?

① (차) 대손상각비   11,166,000원   (대) 대손충당금   11,166,000원
② (차) 대손상각비   13,486,000원   (대) 대손충당금   13,486,000원
③ (차) 대손충당금   11,166,000원   (대) 대손충당금환입   11,166,000원
④ (차) 대손충당금   13,486,000원   (대) 대손충당금환입   13,486,000원

07 당사는 업무용승용차를 'L1.업무용승용차' 관리항목으로 사용하여 관리하고 있다. 2021년 상반기 중 '82200.차량유지비' 계정의 지출금액이 가장 큰 차량의 차량번호는?

① 12가 0102
② 14가 0717
③ 15가 2664
④ 17가 8087

08 (주)유명 본점의 2021년 3월 31일 기준 현금및현금성자산 잔액은 얼마인가?

① 1,050,497,000원
② 1,092,203,600원
③ 2,380,172,100원
④ 3,590,469,685원

09 (주)유명 본점은 2021년 1년간의 지출증빙서류검토표를 작성하려고 한다. 각 증빙별 합계금액으로 옳지 않은 것은?

① 계산서 : 456,000원
② 세금계산서 : 926,450,000원
③ 신용카드(개인) : 1,670,000원
④ 신용카드(법인) : 2,630,000원

10 (주)유명 본점의 자산 중 2021년 1월 자산변동처리가 발생한 내역은?

① 양 도
② 폐 기
③ 부서이동
④ 자본적지출

11 (주)유명 본점의 2021년 3월 말 결산 시 소모품의 기말 재고액은 4,500,000원이다. 장부의 금액을 확인한 후 이와 관련된 기말 결산 수정분개로 옳은 것은? (단, 소모품은 취득 시 자산처리하였다)

① (차) 소모품   4,500,000원   (대) 소모품비   4,500,000원
② (차) 소모품비   4,500,000원   (대) 소모품   4,500,000원
③ (차) 소모품   6,000,000원   (대) 소모품비   6,000,000원
④ (차) 소모품비   6,000,000원   (대) 소모품   6,000,000원

12 (주)유명 본점의 2021년 상반기 중 외상매출금 발생금액이 가장 큰 달은 언제인가?

① 3월
② 4월
③ 5월
④ 6월

13 2021년 3분기에 (주)유명 본점에서 현금지출이 가장 많았던 판매관리비 계정과목은 무엇인가?

① 81100.복리후생비   ② 81200.여비교통비

③ 81400.통신비   ④ 82200.차량유지비

14 (주)유명 본점의 2021년 매출액이 가장 높은 분기는 언제인가?

① 1/4분기   ② 2/4분기

③ 3/4분기   ④ 4/4분기

15 (주)유명 본점은 영업용 승용차에 주유하고 주유대금을 법인카드로 결제했다. 본 거래와 관련하여 부가가치세 신고 시 첨부해야 할 서식은?

① 세금계산서합계표

② 매입세액불공제내역

③ 건물등감가상각자산취득명세서

④ 신용카드매출전표등 수령명세서

16 다음 [보기]의 세무구분 중 '의제매입세액공제신청서'에 반영되는 세무구분을 모두 고르시오

```
┌─ 보 기 ─────────────────────────────────┐
│  ㉠ 21.과세매입            ㉡ 22.영세매입          │
│  ㉢ 23.면세매입            ㉣ 24.매입불공제         │
│  ㉤ 25.수입               ㉥ 26.의제매입세액등      │
└─────────────────────────────────────────┘
```

① ㉢, ㉥   ② ㉣, ㉥

③ ㉠, ㉢, ㉥   ④ ㉠, ㉡, ㉢, ㉥

17 다음 중 (주)유명 본점의 2021년 2기 부가가치세 예정신고기간에 영세매출이 발생한 거래처는?

① (주)성호기업
② (주)주안실업
③ (주)형광공업
④ (주)한동테크

18 (주)유명 본점의 2021년 1기 부가가치세 예정신고기간 매입한 거래 중 공제받지 못할 매입세액에 대한 불공제 사유는 무엇인가?

① 접대비관련매입세액
② 사업과 관련없는 지출
③ 사업자등록 전 매입세액
④ 비영업용소형승용차구입 및 유지

19 (주)유명 본점의 부가세 신고 시 해당하는 주업종 코드는 무엇인가?

① 142101.광업
② 322001.제조업
③ 513320.도매 및 소매업
④ 809007.교육서비스업

20 (주)유명 본점의 2021년 1기 부가가치세 예정신고 시 신고할 고정자산매입 건수는?

① 1건
② 2건
③ 3건
④ 4건

2020년도 3회 정답 및 해설

1 2020년도 3회 기출문제 (이론)

01	02	03	04	05	06	07	08	09	10
④	①	④	①	①	①	②	③	①	③
11	12	13	14	15	16	17	18	19	20
④	③	③	③	④	①	③	④	③	④

01 업무효율성 향상을 통해 수익성 개선도 도모할 수 있도록 ERP 도입을 해야한다.

02 통합시스템 구축이라는 특징을 가지고 있다.

03 ④ CRM(고객관계관리)에 대한 장점에 해당한다.

04 BPR은 급진적으로 비즈니스 프로세스를 개선하는 방식인데 반해 BPI는 점증적으로 비즈니스 프로세스를 개선하는 방식에 해당된다.

05 복식부기는 거래의 이중성 또는 대칭관계를 전제로 하여, 대차 양변에 동시에 기입함으로써 대차변의 각 합계가 일치되도록 기록하는 것을 말한다.

06 ① : 영업활동에 의한 현금흐름
② , ③ : 투자활동에 의한 현금흐름
④ : 재무활동에 의한 현금흐름

07 이자비용은 영업외비용이므로 영업이익에 영향을 미치지 않는다. 이 외의 보기는 판매비와관리비에 해당하며 영업이익에 영향을 미친다.

08 • 기말자산 = 현금 300,000원 + 외상매출금 600,000원 + 건물 800,000원 + 상품 600,000원 + 선급금 300,000원 = 2,600,000원
• 기말부채 = 외상매입금 300,000원 + 미지급금 250,000원 + 단기차입금 220,000원 = 770,000원
• 기말자본 = 기말자산 2,600,000원 − 기말부채 770,000원 = 1,830,000원
∴ 당기순이익 = 기말자본 1,830,000원 − 기초자본 1,300,000원 = 530,000원

09 매출총이익 − 판매비및일반관리비 = 영업이익

10 대차평균의 원리에 대한 설명이다.

11
가.	(차) 외상매출금	5,000,000	(대) 상품매출	5,000,000
나.	(차) 미수금	7,000,000	(대) 차량운반구	15,000,000
	감가상각누계액	5,500,000		
	유형자산처분손실	2,500,000		
다.	(차) 비 품	500,000	(대) 현 금	500,000

12
- 자산처리 시 사용금액이 수정분개 대상금액이 된다.
  → (차) 소모품비   1,000,000   (대) 소모품   1,000,000

13 매도가능증권은 비유동자산으로 구분한다.

14 현금 1,000,000원 + 송금환 50,000원 + 보통예금 2,500,000원 + 당좌예금 3,000,000원 = 6,550,000원

15
(차) 대손충당금	110,000	(대) 외상매출금	500,000
대손상각비	390,000		

16
- 총매출액 2,000,000원 − 매출총이익 700,000원 = 매출원가 1,300,000원
- 매출원가 1,300,000원 = 기초상품재고액 ××× + 당기상품매입액 610,000원 − 기말상품재고액 500,000원
- ∴ 기초상품재고액 = 1,190,000원

17
① 외환차익 : 외화자산을 회수할 때에 원화 회수액이 그 외화자산의 장부가액보다 큰 경우
② 외화환산손실 & ④ 외화환산이익 : 기말에 화폐성 외화자산과 부채를 적절한 환율로 평가하였을 때의 원화금액과
   장부상에 기입되어 있는 원화금액과의 사이에 발생하는 차액

18
- 자산 = 현금 200,000원 + 단기대여금 110,000원 + 비품 150,000원 − 감가상각누계액 50,000원[주] + 보통예금
  60,000원 + 미수금 90,000원 = 560,000원
- 부채 = 단기차입금 50,000원 + 미지급금 80,000원 + 지급어음 50,000원 = 180,000원
- ∴ 자본 = 자산 560,000원 − 부채 180,000원 = 380,000원
[주] 감가상각누계액은 자산의 차감계정

19
- 상법상 매기 적립하여야 할 이익준비금은, 금전에 의한 이익배당액의 1/10 이상 적립해야 한다.
- 최소이익준비금 = 현금배당액 × 1/10
- 현금배당액 = 자본금 × 현금배당율
- ∴ 산출식 = (50,000,000원 × 10%) × 1/10 = 500,000원

20 임대보증금은 비유동부채에 속한다.

01	02	03	04	05	06	07	08	09	10
②	①	④	①	④	②	①	①	③	①

11	12	13	14	15	16	17	18	19	20
①	①	②	③	④	③	③	③	④	②

01 [시스템관리] → [회사등록정보] → [시스템환경설정]에서 내용을 확인한다.

02 [시스템관리] → [회사등록정보] → [사용자권한설정]에서 내용을 확인한다.

03 [시스템관리] → [기초정보관리] → [일반거래처등록]에 대한 내용으로 '카드사'는 가맹점에 가입한 경우 사용하는 내역이다. 구매대금의 결제를 위해 교부받은 신용카드의 구분은 '신용카드'로 등록한다.

04 [회계관리] → [전표/장부관리] → [거래처원장]에서 내용을 조회한다.

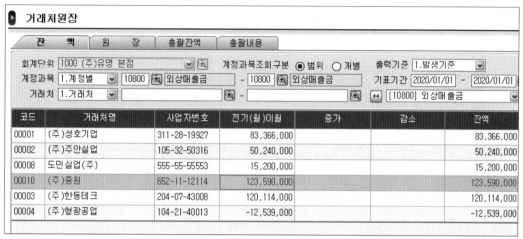

05 [회계관리] → [전표/장부관리] → [총계정원장]에서 내용을 조회한다.

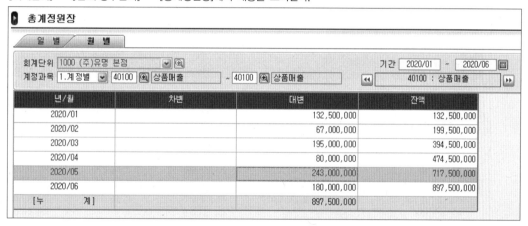

06 [회계관리] → [고정자산관리] → [고정자산등록]에서 내용을 확인한다.

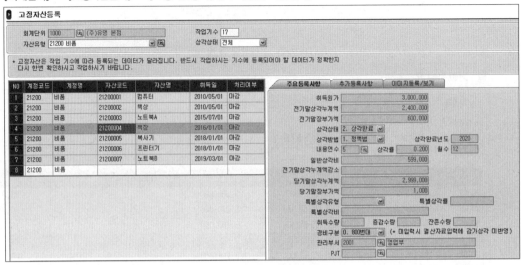

07 [회계관리] → [결산/재무제표관리] → [재무상태표]에서 받을어음 및 대손충당금 잔액을 확인한 후에 설정한다.

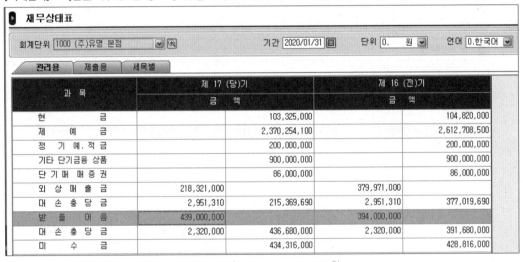

- 기말 받을어음 대손충당금 설정액 = 439,000,000원 × 1% = 4,390,000원
- 기말 받을어음 대손충당금 잔액 = 2,320,000원
- 결산 시 추가 대손충당금 설정액 = 4,390,000원 − 2,320,000원 = 2,070,000원
  → (차) 대손상각비   2,070,000   (대) 대손충당금   2,070,000

08 예산관리는 예산신청 > 예산편성 > 예산조정 프로세스로 진행된다.

09 [회계관리] → [결산/재무제표관리] → [재무상태표] 내 〈제출용〉 탭에서 조회한다.

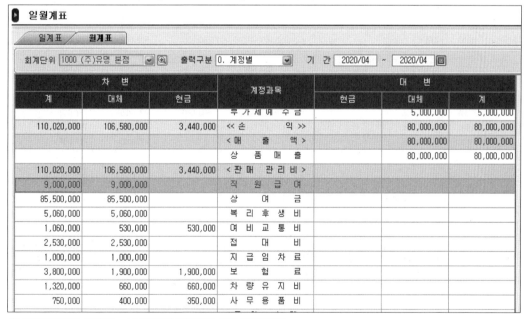

재무상태표

회계단위 1000 (주)유명 본점   기간 2020/01/31   단위 0. 원   언어 0.한국어

〈관리용 / **제출용** / 세목별〉

과 목	제 17 (당)기 금 액		제 16 (전)기 금 액	
자 산				
Ⅰ. 유 동 자 산		6,318,660,585		6,630,014,585
(1) 당 좌 자 산		5,295,960,585		5,647,314,585
현 금 및 현금성자산	2,473,579,100		2,717,528,500	
정 기 예. 적 금	200,000,000		200,000,000	
기타 단기금융 상품	900,000,000		900,000,000	
단 기 매 매 증 권	86,000,000		86,000,000	
매 출 채 권	1,091,637,000		1,202,787,000	
대 손 충 당 금	(5,271,310)		(5,271,310)	
소 모 품	10,500,000		10,500,000	
선 급 비 용	1,643,995		1,643,995	
부 가 세 대 급 금	537,841,000		534,111,000	

10 [회계관리] → [전표/장부관리] → [일월계표]에서 내용을 확인한다.

일월계표

〈일계표 / **월계표**〉

회계단위 1000 (주)유명 본점   출력구분 0. 계정별   기 간 2020/04 ~ 2020/04

차 변			계정과목	대 변		
계	대체	현금		현금	대체	계
			부 가 세 예 수 금		5,000,000	5,000,000
110,020,000	106,580,000	3,440,000	《 손 익 》		80,000,000	80,000,000
			〈 매 출 액 〉		80,000,000	80,000,000
			상 품 매 출		80,000,000	80,000,000
110,020,000	106,580,000	3,440,000	〈 판 매 관 리 비 〉			
9,000,000	9,000,000		직 원 급 여			
85,500,000	85,500,000		상 여 금			
5,060,000	5,060,000		복 리 후 생 비			
1,060,000	530,000	530,000	여 비 교 통 비			
2,530,000	2,530,000		접 대 비			
1,000,000	1,000,000		지 급 임 차 료			
3,800,000	1,900,000	1,900,000	보 험 료			
1,320,000	660,000	660,000	차 량 유 지 비			
750,000	400,000	350,000	사 무 용 품 비			

② 판매관리비에 포함되는 사무용품비 지출액은 750,000원이다.

③ 판매관리비에 포함되는 직원급여를 전액 현금 이외의 방법으로 지출하였다.

④ 판매관리비에 포함되는 복리후생비를 전액 현금 이외의 방법으로 지출하였다.

11 [회계관리] → [자금관리] → [지급어음명세서]에서 내용을 확인한다.

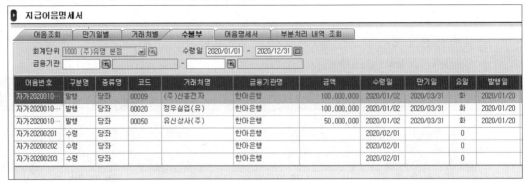

12 [회계관리] → [예산관리] → [예산초과현황]에서 집행율을 조회한다.

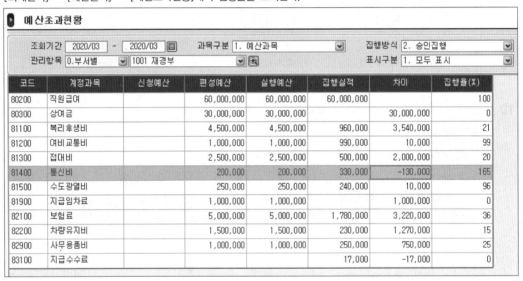

13 [회계관리] → [자금관리] → [일자별자금계획입력] 내 〈고정자금〉 아이콘을 클릭하여 내용을 확인한다.

14 [회계관리] → [자금관리] → [자금현황]에서 내용을 확인한다.

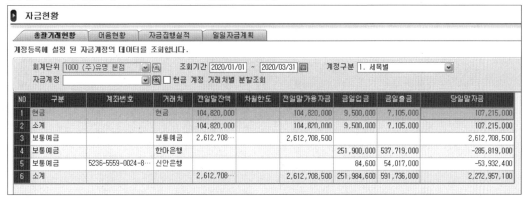

15 [회계관리] → [부가가치세관리] → [부가세신고서]에서 기간(2020/04/01 ~ 2020/06/30)을 입력한 후 〈불러오기〉 아이콘을 클릭하여 내역을 확인한다.

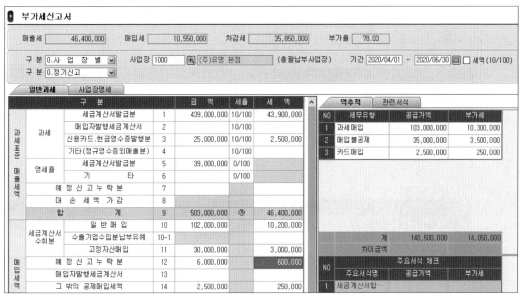

16 [회계관리] → [전표/장부관리] → [매입매출장]에서 기간(2020/04/01 ~ 2020/06/30)을 입력한 후 내용을 확인한다.

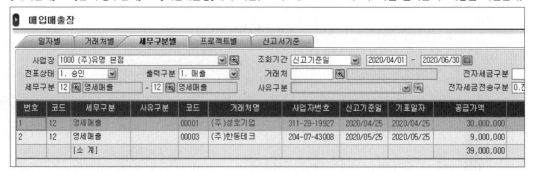

17 [회계관리] → [부가가치세관리] → [건물등감가상각자산취득명세서]에서 기간(2020/01 ~ 2020/03)을 입력한 후 〈불러오기〉 아이콘을 클릭하여 내역을 확인한다.

18 [회계관리] → [부가가치세관리] → [세금계산서합계표]에서 기간(2020/01 ~ 2020/03)을 입력한 후 내용을 확인한다.

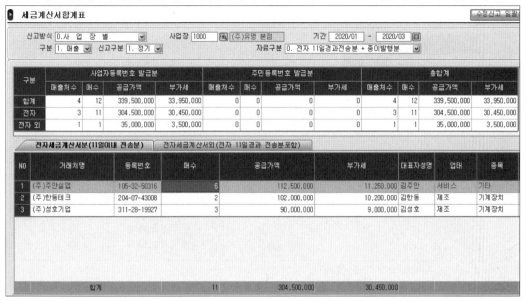

19 [회계관리] → [전표/장부관리] → [매입매출장]에서 기간(2020/01/01 ~ 2020/03/31)을 입력한 후 내용을 확인하면 1기 예정신고기간에 발생한 매입처별세금계산서합계표에 반영되는 세무구분은 21.과세매입·22.영세매입·24.매입불공제· 25.수입 4개이다.

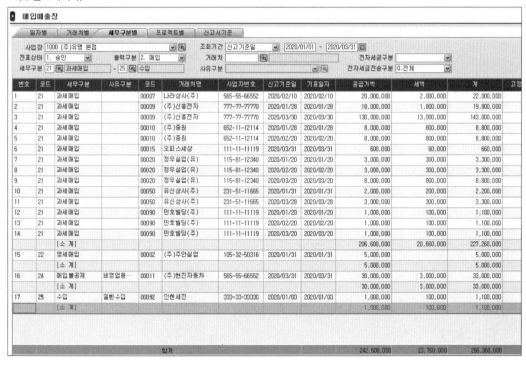

20 [시스템관리] → [회사등록정보] → [사업장등록]에서 내용을 확인한다.

사업장등록

코드	사업장명
1000	(주)유명 본점
2000	(주)유명 지점

기본등록사항 | 신고관련사항 | 추가등록사항

사업자등록번호	192-81-19582
법인등록번호	110304-1010301
대표자명	노기승
사업장우편번호	137070 🔍
사업장주소	서울 서초구 서초동
사업장번지	1059-9
전화번호	02)
FAX 번호	)
업 태	서비스, 도소매
종 목	기계장치
관할세무서	214 🔍 서초
개업년월일	___/__/__ 📅
폐업년월일	___/__/__ 📅

TEST 02 2020년도 4회 정답 및 해설

1 2020년도 4회 기출문제 (이론)

01	02	03	04	05	06	07	08	09	10
④	④	②	④	③	②	①	④	③	④
11	12	13	14	15	16	17	18	19	20
④	④	①	①	②	①	②	②	③	④

01 GAP 분석(패키지 기능과 TO-BE 프로세스와의 차이분석)은 2단계 설계단계에 해당된다.

02 통합데이터 관리가 가능하며, 관계형 데이터베이스를 채택하고 있다.

03 일반적으로 ERP시스템이 구축되기 전에 업무재설계를 수행해야 ERP 구축성과가 극대화될 수 있다.

04 조직 내의 인적자원들이 축적하고 있는 개별적인 지식을 체계화하고 공유하기 위한 정보시스템은 지식관리시스템 (KMS)이다.

05 자산과 부채는 유동성이 큰 항목부터 배열하는 것을 원칙으로 한다.

06 단기대여금에 대한 기타의대손상각비는 영업외비용으로서 영업이익에 영향을 미치지 않는다.

07 주기는 해당하지 않는다.

08 • 기말 대손충당금 설정액 = 5,000,000원 − 4,500,000원 = 500,000원
   • 기말 대손충당금 잔액 = 기초 대손충당금 잔액 100,000원 − 기중 대손발생액 100,000원 = 0원
   • 결산 시 추가 대손충당금 설정액 = 500,000원 − 0원 = 500,000원
   → (차) 대손상각비   500,000   (대) 대손충당금   500,000

09 재고자산감모손실 = (100개 − 90개) × 200원 = 2,000원, 징상직으로 발생한 감모손실은 매출원가에 가산한다.

10 • 유형자산인 차량운반구(영업용 트럭)를 어음을 발행하여 외상으로 구입한 경우에는 미지급금 계정으로 처리한다.

→ (차) 차량운반구　　　　　×××　　(대) 미지급금　　　　　×××

11 타인발행선일자수표가 매출로 인한 것이면, 매출채권으로 분류한다.

12 상품매출원가 = 기초상품재고액 30,000,000원 + (당기상품총매입액 7,000,000원 + 매입운임 400,000원 - 매입에 누리 300,000원) - 기말상품재고액 7,000,000원 = 30,100,000원

13 결산수정분개 《(차) 선급비용 500,000 (대) 보험료 500,000》이 누락되었기 때문에 비용이 과대되는 효과가 발생한다.

14 감자차손, 주식할인발행차금, 자기주식처분손실은 자본조정에 해당한다.

15 ①, ④는 제조원가에 속하며, ③은 단기매매증권처분손실로서 영업외비용에 속한다.

16 • 기초 당좌예금 잔액 5,000,000원 + 기중 당좌예금 입금액 1,000,000원 - 기중 당좌예금 출금액 2,400,000원 = 당좌예금 잔액 3,600,000원
• 당좌수표 발행액 6,000,000원 중 당좌예금 잔액 3,600,000원을 초과하는 금액 2,400,000원이 당좌차월(단기차입금)이 된다.

17 회계의 목적은 정보이용자들의 경제적 의사결정에 유용한 정보를 제공하는 것이다. 그러나 회계감사 방법 및 절차에 대한 정보는 회계감사 기준에 적시되어 있는 것으로 회계감사인에게 유용한 정보가 된다.

18 회계정보는 정보로서의 효용가치가 상실하기 전에 이용이 가능한 적시성이 있어야 한다. 따라서 정답은 ②가 된다. ①, ③, ④는 근본적 질적특성 중 표현의 충실성을 나타낸다.

19 《(차) 급여 5,000,000 (대) 미지급비용 5,000,000》의 분개처리가 누락됨으로써, 비용이 누락되어 그만큼 이익이 증가되고, 부채 역시 그만큼 과소계상된다. 자산은 영향이 없다.

20 발생주의는 현금의 수입이나 지출과 관계없이 수익은 획득되었을 때, 비용은 발생되었을 때 인식한다. ①, ②, ③은 발생주의에 의한 회계처리를 의미하고, ④는 현금주의에 의한 회계처리를 의미한다.

01	02	03	04	05	06	07	08	09	10
②	②	④	④	②	①	③	②	①	④
11	12	13	14	15	16	17	18	19	20
②	②	①	③	①	③	④	③	③	②

01 회사등록 → 사업장등록 → 부문등록 → 부서등록 → 사원등록 순서대로 입력한다.

02 [시스템관리] → [회사등록정보] → [시스템환경설정]에서 내용을 확인한다.

03 [시스템관리] → [회사등록정보] → [사용자권한설정]에서 내용을 확인한다.

04 [회계관리] → [전표/장부관리] → [총계정원장]에서 내용을 조회한다.

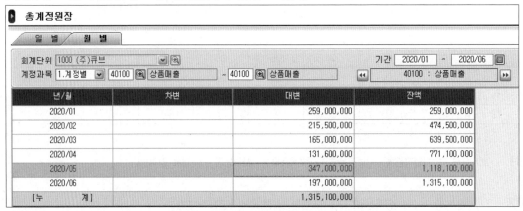

05 [회계관리] → [고정자산관리] → [고정자산등록]에서 내용을 확인한다.

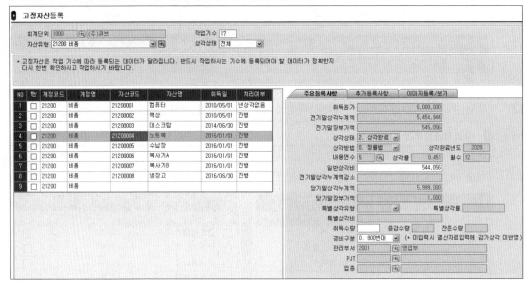

06 예산관리는 예산신청 > 예산편성 > 예산조정 프로세스로 진행된다.

07 [회계관리] → [자금관리] → [자금현황]에서 내용을 확인한다.

08 [회계관리] → [결산/재무제표관리] → [기간별손익계산서]에서 내용을 확인한다.

09 [회계관리] → [자금관리] → [지급어음명세서] 내 〈만기일별〉 탭에서 만기일(2020/12/01 ～ 2020/12/31)을 입력한 후 내용을 확인한다.

10 [회계관리] → [고정자산관리] → [감가상각비현황]에서 내용을 확인한다.

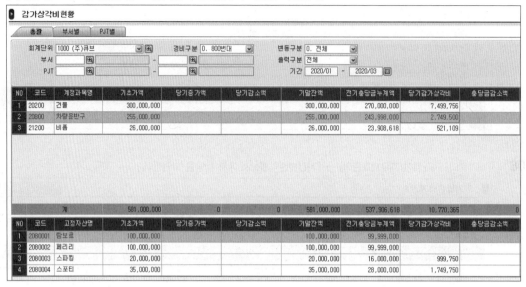

NO	코드	계정과목명	기초가액	당기증가액	당기감소액	기말잔액	전기충당금누계액	당기감가상각비	충당금감소액
1	20200	건물	300,000,000			300,000,000	270,000,000	7,499,756	
2	20800	차량운반구	255,000,000			255,000,000	243,998,000	2,749,500	
3	21200	비품	26,000,000			26,000,000	23,908,618	521,109	
		계	581,000,000	0	0	581,000,000	537,906,618	10,770,365	0

NO	코드	고정자산명	기초가액	당기증가액	당기감소액	기말잔액	전기충당금누계액	당기감가상각비	충당금감소액
1	2080001	람보르	100,000,000			100,000,000	99,999,000		
2	2080002	페리리	100,000,000			100,000,000	99,999,000		
3	2080003	스파킹	20,000,000			20,000,000	16,000,000	999,750	
4	2080004	스포티	35,000,000			35,000,000	28,000,000	1,749,750	

11 [회계관리] → [결산/재무제표관리] → [재무상태표] 내 〈제출용〉 탭에서 조회한다.

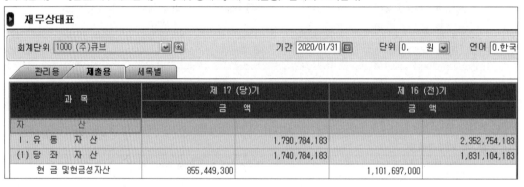

재무상태표

회계단위 1000 (주)큐브   기간 2020/01/31   단위 0. 원   언어 0.한국

과 목	제 17 (당)기 금 액		제 16 (전)기 금 액	
자 산				
Ⅰ. 유 동 자 산		1,790,784,183		2,352,754,183
(1) 당 좌 자 산		1,740,784,183		1,831,104,183
현 금 및현금성자산	855,449,300		1,101,697,000	

12 [회계관리] → [전표/장부관리] → [거래처원장]에서 내용을 조회한다.

거래처원장

회계단위 1000 (주)큐브   계정과목조회구분 ◉범위 ○개별   출력기준 1.발생기준
계정과목 1.계정별 10800 외상매출금 ~ 10800 외상매출금   기표기간 2020/01/01 ~ 2020/03/31
거래처 1.거래처   ~   [10800] 외상매출금

코드	거래처명	사업자번호	전기(월)이월	증가	감소	잔액	거래처분류코드
00004	(주)형광공업	104-21-40013	94,500,000	112,500,000	38,000,000	169,000,000	1000
00002	(주)주안실업	105-32-50316	152,299,700	192,500,000	110,000,000	234,799,700	2000
00003	(주)한동테크	204-07-43008	38,275,000	218,050,000	215,817,000	40,508,000	2000
00001	(주)성호기업	311-28-19927	123,177,300	176,000,000	195,077,300	104,100,000	3000
00008	도민실업(주)	555-55-55553	41,200,000		30,000,000	11,200,000	3000

13 [회계관리] → [결산/재무제표관리] → [재무상태표]에서 받을어음 및 대손충당금 잔액을 확인한 후에 설정한다.

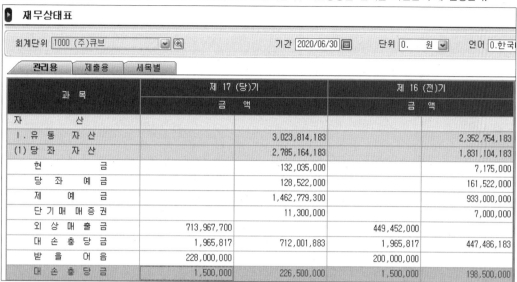

• 기말 받을어음 대손충당금 설정액 = 228,000,000원 × 1% = 2,280,000원

• 기말 받을어음 대손충당금 잔액 = 1,500,000원

• 결산 시 추가 대손충당금 설정액 = 2,280,000원 − 1,500,000원 = 780,000원

　→ (차) 대손상각비　　　　　780,000　　(대) 대손충당금　　　　　780,000

14 [회계관리] → [전표/장부관리] → [일월계표]에서 내용을 확인한다.

차 변			계정과목	대 변	
계	대체	현금		현금	대체
			< 매 출 액 >		639,500,00
			상 품 매 출		639,500,00
523,650,000	523,650,000		< 매 출 원 가 >		
523,650,000	523,650,000		상 품 매 출 원 가		
248,845,000	237,575,000	11,270,000	< 판 매 관 리 비 >		
150,000,000	150,000,000		직 원 급 여		
57,000,000	57,000,000		상 여 금		
9,735,000	9,735,000		복 리 후 생 비		
4,750,000	2,400,000	2,350,000	여 비 교 통 비		
5,110,000	3,960,000	1,150,000	접 대 비		
405,000		405,000	통 신 비		
455,000		455,000	수 도 광 열 비		
3,000,000	3,000,000		지 급 임 차 료		
3,080,000		3,080,000	차 량 유 지 비		
2,780,000	850,000	1,930,000	사 무 용 품 비		
12,530,000	10,630,000	1,900,000	소 모 품 비		

15 ㉡ 매입세액불공제내역 - 영업용이므로 해당 안 됨
　　㉢ 건물등감가상각자산취득명세서 - 자산 취득이 아니므로 해당 안 됨
　　㉣ 세금계산서합계표 - 세금계산서가 아니라 카드매입이므로 해당 안 됨

16 [회계관리] → [부가가치세관리] → [세금계산서합계표]에서 기간(2020/04 ～ 2020/06)을 입력한 후 내용을 확인한다.

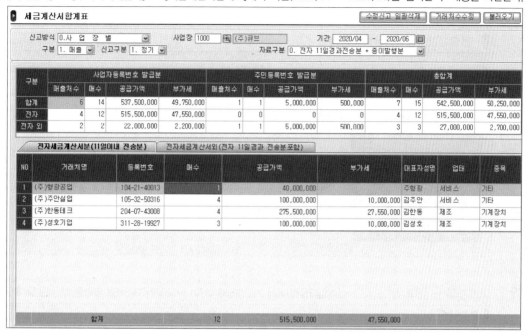

17 [회계관리] → [부가가치세관리] → [건물등감가상각자산취득명세서]에서 기간(2020/04 ～ 2020/06)을 입력한 후 〈불러오기〉 아이콘을 클릭하여 내용을 확인한다.

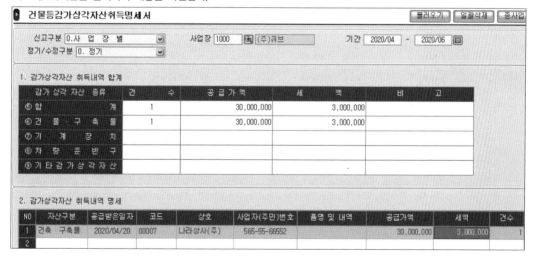

18 [회계관리] → [부가가치세관리] → [건물등감가상각자산취득명세서]에서 〈불러오기〉 아이콘을 클릭하게 되면 세무구분이 21.과세매입·22.영세매입·24.매입불공·25.수입·27.카드매입·28.현금영수증매입·41.카드기타인 데이터를 불러온다.

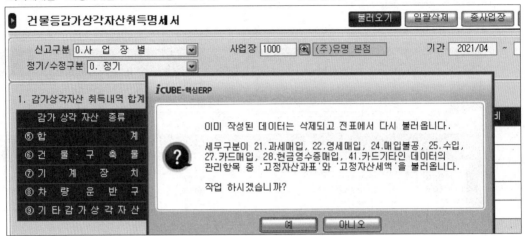

19 [회계관리] → [전표/장부관리] → [매입매출장]에서 기간(2020/01/01 ~ 2020/03/31)을 입력한 후 내용을 확인한다.

20 [회계관리] → [부가가치세관리] → [부가세신고서]에서 기간(2020/10/01 ~ 2020/12/31)을 입력한 후 〈불러오기〉 아이콘을 클릭하여 내용을 확인한다.

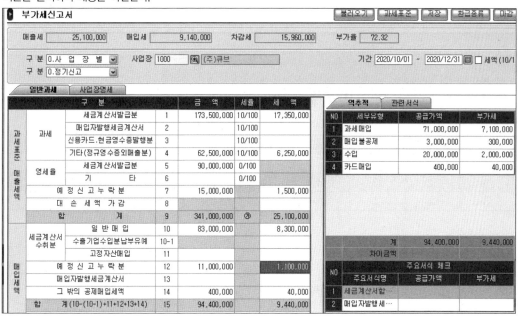

2020년도 5회 정답 및 해설

1 2020년도 5회 기출문제 (이론)

01	02	03	04	05	06	07	08	09	10
①	②	③	③	④	③	②	④	④	①
11	12	13	14	15	16	17	18	19	20
③	②	②	②	④	①	②	②	④	①

01 설계단계에 해당한다.

02 BPR이 효과적으로 이루어질 수 있도록 하기 위해서 ERP를 도입하게 된다.

03 통합시스템 구축이 될 수 있도록 도입해야 한다.

04 기존 정보시스템(MIS)은 수직적으로 업무를 처리하고, ERP는 수평적으로 업무를 처리한다.

05 회계정보를 통한 소통의 대상은 기업의 내부 및 외부의 이해관계자들 모두가 된다.

06 화폐가치가 변하지 않는다고 가정한다.

07 • 자산 1,500 + 비용 ××× = 부채 700 + 자본 600 + 수익 1,000
∴ 비용 = 800

08 손익계산서는 일정기간 동안 회사가 벌어들인 수익과 수익을 획득하기 위하여 지출한 비용, 그 결과로 남은 순이익을 표시하는 보고서이다.

09 단기매매증권평가손실은 영업외비용으로 분류된다.

10
가.	(차) 현 금	×××	(대) 자본금	×××
나.	(차) 비 품	×××	(대) 미지급금	×××
다.	(차) 당좌예금	×××	(대) 매출채권	×××

11
- 기말 대손충당금 잔액 = 기초 대손충당금 잔액 180,000원 − 기중 대손발생액 120,000원 = 60,000원
- 기말 대손충당금 설정액 = 200,000원
- 결산 시 추가 대손충당금 설정액 = 200,000원 − 60,000원 = 140,000원
  → (차) 대손상각비   140,000   (대) 대손충당금   140,000

12
- 현금 실재액이 장부상 금액보다 적기 때문에 다음과 같은 분개가 발생한다.
  → (차) 현금과부족   30,000   (대) 현 금   30,000

13 장래 대손 예상금액에 대해 미리 비용으로 반영한 것이므로 ②번이 적절한 추정이다.

14
- 올해 감가상각비 = 40,000,000원 × 0.45 = 18,000,000원
- 다음 해 감가상각비 = (40,000,000원 − 18,000,000원) × 0.45 = 9,900,000원

15 무형자산이 사용가능한 시점부터 합리적인 기간 동안 상각하도록 하고 있으나 독점적·배타적인 권리를 부여하고 있는 관계법령이나 계약에 의해 정해진 경우를 제외하고는 상각기간이 20년을 초과하지 못하도록 규정하고 있다.

16 사채가 비유동부채에 해당한다.

17 기타포괄손익은 주주와의 거래결과 또는 당기순이익의 구성요소가 아니면서 자본의 변동을 초래한 항목을 자본에 별도로 나타내는 것이다.

18 도서인쇄비가 적절한 계정과목에 해당한다.

19 매출원가 = 기초재고액 200,000원 + 당기매입액 600,000원 − 기말재고액 300,000원 = 500,000원

20 대손상각비, 무형자산상각비, 감가상각비, 경상개발비, 통신비, 접대비는 판매관리비에 해당하고 외환차손, 외화환산손실, 사채상환손실, 유형자산처분손실은 영업외비용에 해당한다.

2 2020년도 5회 기출문제 (실무)

01	02	03	04	05	06	07	08	09	10
①	①	②	②	③	②	①	①	④	②
11	12	13	14	15	16	17	18	19	20
④	③	④	②	②	③	④	①	③	②

01 [시스템관리] → [회사등록정보] → [시스템환경설정]에서 내용을 확인한다.

02 [시스템관리] → [회사등록정보] → [사원등록]에서 내용을 확인한다.

03 [시스템관리] → [회사등록정보] → [사용자권한설정]에서 내용을 확인한다.

04 [회계관리] → [고정자산관리] → [고정자산등록]에서 내용을 확인한다.

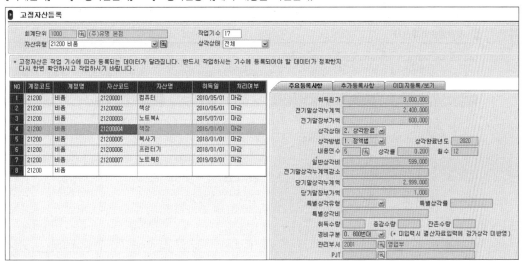

05 [회계관리] → [전표/장부관리] → [거래처원장]에서 내용을 조회한다.

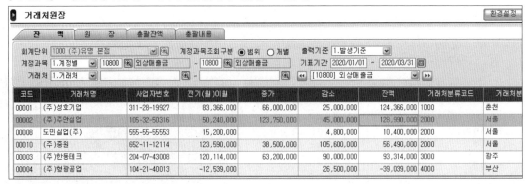

06 [회계관리] → [결산/재무제표관리] → [관리항목별손익계산서]에서 확인한다.

07 [회계관리] → [결산/재무제표관리] → [기간별손익계산서]에서 내용을 확인한다.

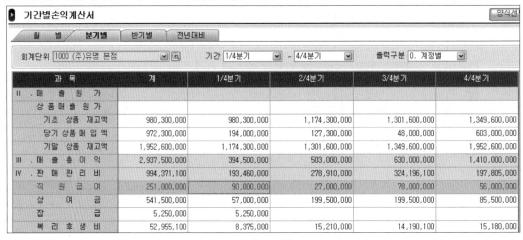

08 [회계관리] → [예산관리] → [예산실적현황]에서 집행율을 조회한다.

예산실적현황

| 부서별 | 부문별 | 회계단위별 | 프로젝트 | 프로젝트분류 |

조회기간 2020/02 ~ 2020/02   예산그룹 [ ] ~ [ ]
부서 1001 재경부   집행방식 2. 승인집행

코드	예산과목명	누계예산대비실적				당월예산대비실적			
		실적	예산	잔여예산	집행율(%)	실적	예산	잔여예산	집행율(%)
81300	접대비	2,530,000	2,500,000	-30,000	101	2,530,000	2,500,000	-30,000	101
81400	통신비		200,000	200,000	0		200,000	200,000	0
81500	수도광열비		150,000	150,000	0		150,000	150,000	0
81900	지급임차료		1,000,000	1,000,000	0		1,000,000	1,000,000	0
82100	보험료	1,710,000	5,000,000	3,290,000	34	1,710,000	5,000,000	3,290,000	34
82200	차량유지비	500,000	1,500,000	1,000,000	33	500,000	1,500,000	1,000,000	33
82900	사무용품비	230,000	1,000,000	770,000	23	230,000	1,000,000	770,000	23
	합 계	7,500,000	106,850,000	99,350,000	7	7,500,000	106,850,000	99,350,000	7

코드	예산과목명	누계예산대비실적				당월예산대비실적			
		실적	예산	잔여예산	집행율(%)	실적	예산	잔여예산	집행율(%)
81300	접대비	2,530,000	2,500,000	-30,000	101	2,530,000	2,500,000	-30,000	101

09 [회계관리] → [자금관리] → [일자별자금계획입력] 내 〈고정자금〉 아이콘을 클릭하여 내용을 확인한다.

일자별자금계획입력

자금시재계정 | **고정자금** | 입금/출금 계정등록 | 자금반영 | 과목등

| 자금계획입력 | 자금계획상세보기 |

회계단위

전월말 시재액

▶ 자금계획입력-고정자금등록

일자	적요	코드	자금과목명	코드	거래처	금액	기간
20	차입금 상환	5110	차입금상환	98001	한아은행	5,000,000	2016/01/01 ~ 2020/12/31
25	급여지급	2210	인건비	00080	급여	50,000,000	~
25	사무실 전화요금	2310	일반경비	00013	아이텔레콤(주)	200,000	2013/01/01 ~
30	사무실 임차료	2510	임차료	00090	민호빌딩(주)	2,000,000	2013/01/01 ~ 2020/12/31

10 [회계관리] → [자금관리] → [받을어음명세서]에서 내용을 확인한다.

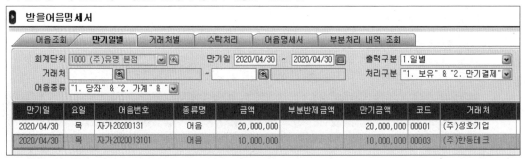

만기일	요일	어음번호	종류명	금액	부분반제금액	만기금액	코드	거래처
2020/04/30	목	자가20200131	어음	20,000,000		20,000,000	00001	(주)성호기업
2020/04/30	목	자가2020013101	어음	10,000,000		10,000,000	00003	(주)한동테크

11 [회계관리] → [고정자산관리] → [감가상각비현황]에서 내용을 확인한다.

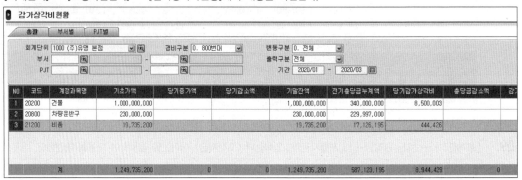

NO	코드	계정과목명	기초가액	당기증가액	당기감소액	기말잔액	전기충당금누계액	당기감가상각비	충당금감소액	감
1	20200	건물	1,000,000,000			1,000,000,000	340,000,000	8,500,003		
2	20800	차량운반구	230,000,000			230,000,000	229,997,000			
3	21200	비품	19,735,200			19,735,200	17,126,195	444,426		
		계	1,249,735,200	0	0	1,249,735,200	587,123,195	8,944,429	0	

12 [회계관리] → [전표/장부관리] → [일월계표]에서 내용을 확인한다.

차 변			계정과목	대 변		
계	대체	현금		현금	대체	계
			< 매 출 액 >		170,000,000	170,000,000
			상 품 매 출		170,000,000	170,000,000
109,000,000	102,700,000	6,300,000	< 판 매 관 리 비 >			
9,000,000	9,000,000		직 원 급 여			
85,500,000	85,500,000		상 여 금			
4,660,000	2,130,000	2,530,000	복 리 후 생 비			
1,060,000	530,000	530,000	여 비 교 통 비			
2,530,000	2,530,000		접 대 비			
330,000		330,000	통 신 비			
3,800,000	1,900,000	1,900,000	보 험 료			
1,320,000	660,000	660,000	차 량 유 지 비			
800,000	450,000	350,000	사 무 용 품 비			

13 [회계관리] → [전표/장부관리] → [총계정원장]에서 내용을 조회한다.

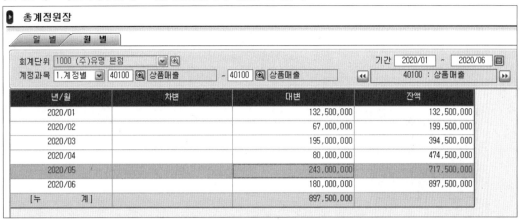

년/월	차변	대변	잔액
2020/01		132,500,000	132,500,000
2020/02		67,000,000	199,500,000
2020/03		195,000,000	394,500,000
2020/04		80,000,000	474,500,000
2020/05		243,000,000	717,500,000
2020/06		180,000,000	897,500,000
[누 계]		897,500,000	

14 [회계관리] → [결산/재무제표관리] → [재무상태표]에서 받을어음 및 대손충당금 잔액을 확인한 후에 설정한다.

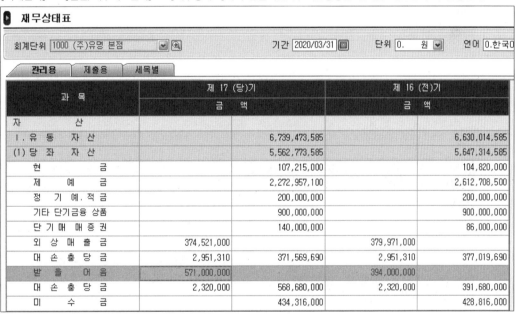

과 목	제 17 (당)기 금 액		제 16 (전)기 금 액	
자 산				
I . 유 동 자 산		6,739,473,585		6,630,014,585
(1) 당 좌 자 산		5,562,773,585		5,647,314,585
현 금		107,215,000		104,820,000
제 예 금		2,272,957,100		2,612,708,500
정 기 예 . 적 금		200,000,000		200,000,000
기타 단기금융 상품		900,000,000		900,000,000
단 기 매 매 증 권		140,000,000		86,000,000
외 상 매 출 금	374,521,000		379,971,000	
대 손 충 당 금	2,951,310	371,569,690	2,951,310	377,019,690
받 을 어 음	571,000,000		394,000,000	
대 손 충 당 금	2,320,000	568,680,000	2,320,000	391,680,000
미 수 금		434,316,000		428,816,000

- 기말 받을어음 대손충당금 설정액 = 571,000,000원 × 1% = 5,710,000원
- 기말 받을어음 대손충당금 잔액 = 2,320,000원
- 결산 시 추가 대손충당금 설정액 = 5,710,000원 − 2,320,000원 = 3,390,000원

  → (차) 대손상각비   3,390,000   (대) 대손충당금   3,390,000

15 [회계관리] → [부가가치세관리] → [건물등감가상각자산취득명세서]에서 기간(2020/01 ~ 2020/03)을 입력한 후 〈불러오기〉 아이콘을 클릭하여 내용을 불러온다.

16 [회계관리] → [부가가치세관리] → [계산서합계표]에서 기간(2020/01 ~ 2020/03)을 입력한 후 내용을 확인한다.

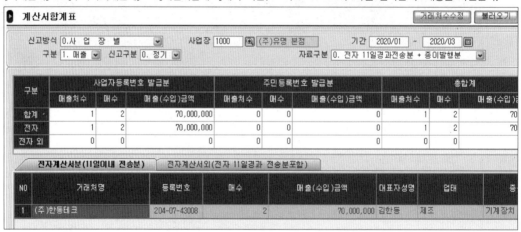

17 [회계관리] → [부가가치세관리] → [부가세신고서]에서 기간(2020/04/01 ~ 2020/06/30)을 입력한 후 〈불러오기〉 아이콘을 클릭하여 내용을 확인한다.

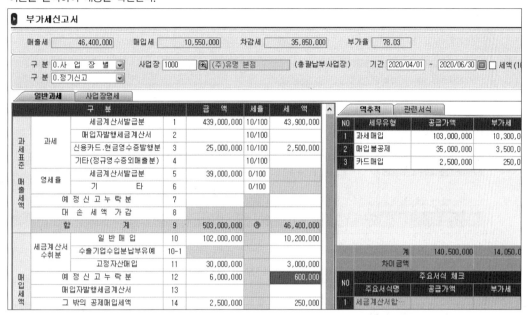

18 [회계관리] → [부가가치세관리] → [신용카드발행집계표/수취명세서]에서 기간(2020/01 ~ 2020/03)을 입력한 후 〈불러오기〉 아이콘을 클릭하여 내용을 확인한다.

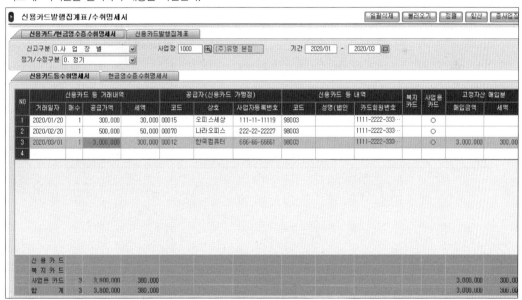

19 [회계관리] → [부가가치세관리] → [건물등감가상각자산취득명세서]에서 〈불러오기〉 아이콘을 클릭하게 되면 세무구분이 21.과세매입·22.영세매입·24.매입불공·25.수입·27.카드매입·28.현금영수증매입·41.카드기타인 데이터를 불러온다.

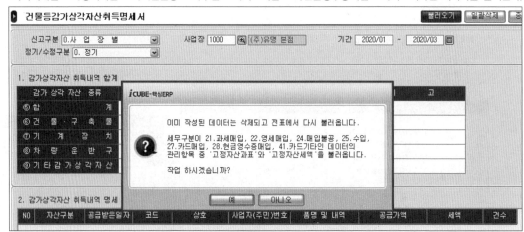

20 [시스템관리] → [회사등록정보] → [사업장등록]에서 내용을 확인한다.

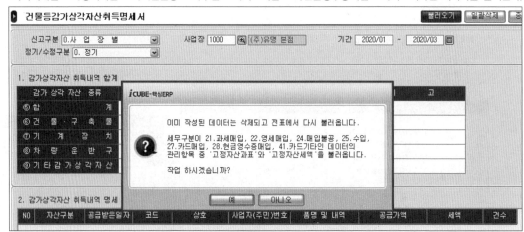

TEST 04 2020년도 6회 정답 및 해설

1 2020년도 6회 기출문제 (이론)

01	02	03	04	05	06	07	08	09	10
④	①	①	④	①	①	③	③	④	②
11	12	13	14	15	16	17	18	19	20
②	③	③	③	③	①	③	①	②	③

01 TFT 구성은 분석단계에 해당한다.

02
- JIT : 재고를 쌓아 두지 않고서도 적기에 제품을 공급하는 생산방식이다.
- TQM : 전사적 품질경영으로서 제품 및 서비스의 품질을 향상을 위해 기존의 조직문화와 경영관행을 재구축하는 것을 의미한다.
- 커스터마이징 : 일종의 맞춤 제작 서비스를 말하며, 개발된 솔루션이나 기타 서비스를 소비자의 요구에 따라 원하는 형태로 재구성·재설계하는 것을 의미한다.

03 프로세스 중심의 업무처리 방식을 취하고 있다.

04 총소유비용(Total Cost of Ownership)을 의미한다.

05 주석은 재무제표 본문에 포함되지 않은 재무정보를 충분히 알려주기 위한 것으로 '충분성'과 관련되었다고 볼 수 있다.

06
- 매출액 − (라. 매출원가) = (다. 매출총이익)
- (다. 매출총이익) − 판매비와관리비 = (가. 영업이익)
- (가. 영업이익) + 영업외수익 − (나. 영업외비용) = 법인세차감전순이익
- 법인세차감전순이익 − 법인세비용 = 당기순이익

07 10월 5일 신입사원 명함제작 비용은 도서인쇄비 계정으로 회계처리해야 한다.

08 회계상의 거래로 인식되기 위해서는 우선 기업의 자산, 부채, 자본에 변화가 있어야 하고 그 변화가 금액으로 측정이 가능해야 한다.

09 급여, 복리후생비, 대손상각비, 세금과공과, 광고선전비, 접대비는 판매비와관리비에 속한다.

10 업무용 책상 구입비는 미지급금 계정으로 처리해야 한다.

11 미경과분 1,600,000원을 수정분개 처리하면 된다.

12 150,000원 + 20,000원(비용의감소) − 30,000원(수익의 감소) = 140,000원

13 365,000원 × 20% × 60/365 = 12,000원이 매출채권처분손실에 해당된다.

14 총액기준은 사용불가하다. 종목별기준이 원칙이다.

15 수익적 지출은 '가. 1,000,000원 + 다. 3,000,000원 = 4,000,000원'이 해당된다.

16 초기에는 정액법이 정률법보다 감가상각비를 적게 계상한다. 그러나 일정기간이 지난 시점부터는 정액법이 감가상각비를 더 많이 계상하게 된다.

17 선수금은 부채 계정으로서 증가 시 대변에 기록한다.

18 주식발행초과금이 자본잉여금에 속한다. 이 외의 보기는 자본조정에 해당한다.

19 1년 치 보험료가 120만원이므로 매월 보험료는 10만원이다. 그러므로 당기분의 보험료는 3개월(10월 1일 ~ 12월 31일) × 10만원 = 30만원이 된다.

20 • 순매입액 = 당기 상품매입액 4,800,000원 − 매입에누리 700,000원 − 매입할인 500,000원 = 3,600,000원
∴ 상품매출원가 = 기초 상품재고액 9,000,000원 + 순매입액 3,600,000원 − 기말 상품재고액 6,500,000원 = 6,100,000원

01	02	03	04	05	06	07	08	09	10
④	②	②	①	①	①	③	④	③	④
11	12	13	14	15	16	17	18	19	20
④	③	②	②	④	②	③	④	③	③

01 [시스템관리] → [기초정보관리] → [일반거래처등록]에 대한 내용으로 '카드사'는 가맹점에 가입한 경우 사용하는 내역이다. 구매대금의 결제를 위해 교부받은 신용카드의 구분은 '신용카드'로 등록한다.

02 [시스템관리] → [회사등록정보] → [사용자권한설정]에서 내용을 확인한다.

03 [시스템관리] → [회사등록정보] → [시스템환경설정]에서 내용을 확인한다.

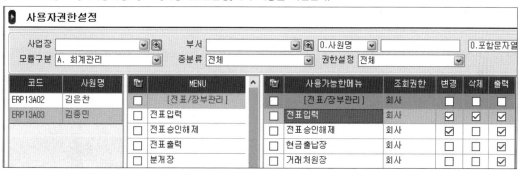

04 [회계관리] → [자금관리] → [자금현황]에서 내용을 확인한다.

05 [회계관리] → [결산/재무제표관리] → [재무상태표]에서 받을어음 및 대손충당금 잔액을 확인한 후에 설정한다.

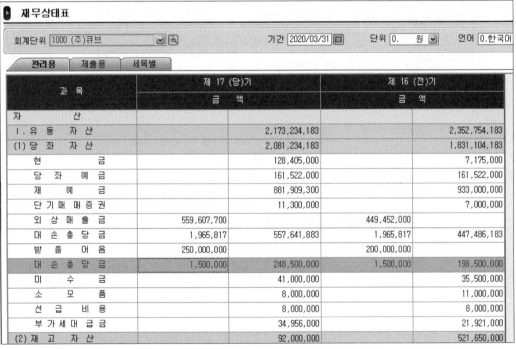

- 기말 받을어음 대손충당금 설정액 = 250,000,000원 × 1% = 2,500,000원
- 기말 받을어음 대손충당금 잔액 = 1,500,000원
- 결산 시 추가 대손충당금 설정액 = 2,500,000원 − 1,500,000원 = 1,000,000원

  → (차) 대손상각비   1,000,000   (대) 대손충당금   1,000,000

06 [회계관리] → [결산/재무제표관리] → [기간별손익계산서]에서 내용을 확인한다.

과 목	계	3/4분기
Ⅰ . 매 출 액	530,000,000	530,000,000
상 품 매 출	530,000,000	530,000,000
Ⅱ . 매 출 원 가		
상 품 매 출 원 가		
기초 상품 재고액	236,650,000	236,650,000
당기 상품 매입액	196,000,000	196,000,000
기말 상품 재고액	432,650,000	432,650,000
Ⅲ . 매 출 총 이 익	530,000,000	530,000,000
Ⅳ . 판 매 관 리 비	298,670,000	298,670,000
직 원 급 여	109,000,000	109,000,000
상 여 금	142,500,000	142,500,000
복 리 후 생 비	14,430,000	14,430,000
여 비 교 통 비	2,930,000	2,930,000
접 대 비	8,240,000	8,240,000
통 신 비		
수 도 광 열 비		
세 금 과 공 과 금		
지 급 임 차 료	3,000,000	3,000,000
차 량 유 지 비	4,920,000	4,920,000
사 무 용 품 비	2,250,000	2,250,000
소 모 품 비	11,400,000	11,400,000
Ⅴ . 영 업 이 익	231,330,000	231,330,000

07 [회계관리] → [자금관리] → [일자별자금계획입력] 내 〈고정자금〉 탭에서 내용을 확인한다.

일자	적요	코드	자금과목명	코드	거래처	금액	기간	
10	사무실전화요금	2310	일반경비	00013	아이텔레콤(주)	200,000	2018/03/01 ~	2020/02/28
20	차입금이자상환	5140	이자상환	98001	한아은행	300,000	2019/01/01 ~	2020/12/31
25	사무실임차료	2510	사무실임차료	00090	민호빌딩(주)	2,000,000	2017/01/01 ~	2020/12/31
25	직원급여	2210	인건비			20,000,000	2018/01/01 ~	2020/12/31

08 [회계관리] → [고정자산관리] → [감가상각비현황]에서 내용을 확인한다.

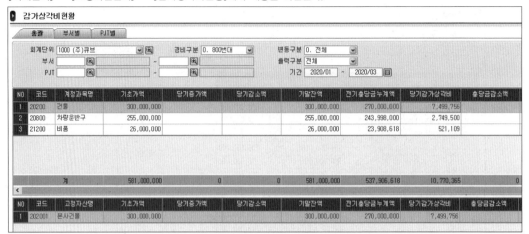

09 [회계관리] → [예산관리] → [예산조정입력]에서 내용을 확인한다.

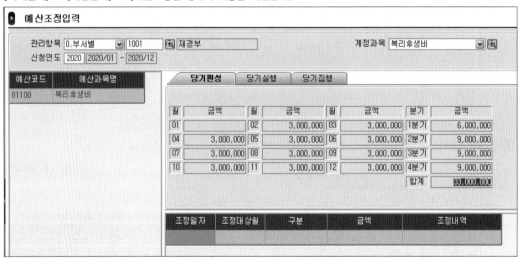

10 [회계관리] → [전표/장부관리] → [지출증빙서류검토표(관리용)]에서 내용을 확인한다.

11 [회계관리] → [전표/장부관리] → [채권년령분석]에서 내용을 확인한다.

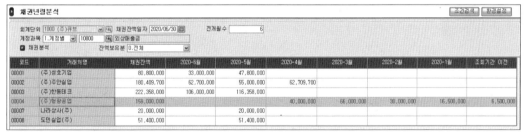

12 [회계관리] → [전표/장부관리] → [총계정원장]에서 내용을 조회한다.

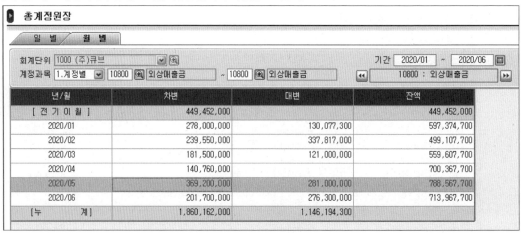

총계정원장

년/월	차변	대변	잔액
[전 기 이 월]	449,452,000		449,452,000
2020/01	278,000,000	130,077,300	597,374,700
2020/02	239,550,000	337,817,000	499,107,700
2020/03	181,500,000	121,000,000	559,607,700
2020/04	140,760,000		700,367,700
2020/05	369,200,000	281,000,000	788,567,700
2020/06	201,700,000	276,300,000	713,967,700
[누 계]	1,860,162,000	1,146,194,300	

13 [회계관리] → [고정자산관리] → [고정자산등록]에서 내용을 확인한다.

고정자산등록

NO		계정코드	계정명	자산코드	자산명	취득일	처리여부
1	☐	21200	비품	21200001	컴퓨터	2010/05/01	년상각없음
2	☐	21200	비품	21200002	책상	2010/05/01	진행
3	☐	21200	비품	21200003	데스크탑	2014/06/30	진행
4	☐	21200	비품	21200004	노트북	2016/01/01	진행
5	☐	21200	비품	21200005	수납장	2016/01/01	진행
6	☐	21200	비품	21200006	복사기A	2016/01/01	진행
7	☐	21200	비품	21200007	복사기B	2016/01/01	진행
8	☐	21200	비품	21200008	냉장고	2016/06/30	진행
9	☐	21200	비품				

14 [회계관리] → [전표/장부관리] → [거래처원장]에서 내용을 조회한다.

15 [회계관리] → [부가가치세관리] → [부가세신고서]에서 기간(2020/10/01 ~ 2020/12/31)을 입력한 후 〈불러오기〉아
이콘을 클릭하여 내용을 확인한다.

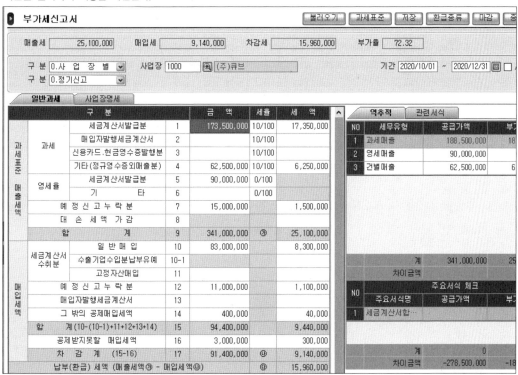

16 [회계관리] → [전표/장부관리] → [매입매출장]에서 조회기간 1/4분기 입력 후 내용을 조회한다.

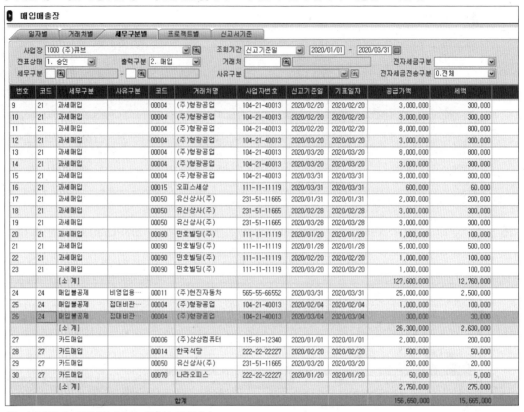

번호	코드	세무구분	사유구분	코드	거래처명	사업자번호	신고기준일	기표일자	공급가액	세액
9	21	과세매입		00004	(주)형광공업	104-21-40013	2020/02/20	2020/02/20	3,000,000	300,000
10	21	과세매입		00004	(주)형광공업	104-21-40013	2020/02/20	2020/02/20	3,000,000	300,000
11	21	과세매입		00004	(주)형광공업	104-21-40013	2020/02/20	2020/02/20	8,000,000	800,000
12	21	과세매입		00004	(주)형광공업	104-21-40013	2020/03/20	2020/03/20	3,000,000	300,000
13	21	과세매입		00004	(주)형광공업	104-21-40013	2020/03/20	2020/03/20	8,000,000	800,000
14	21	과세매입		00004	(주)형광공업	104-21-40013	2020/03/20	2020/03/20	3,000,000	300,000
15	21	과세매입		00004	(주)형광공업	104-21-40013	2020/03/31	2020/03/31	3,000,000	300,000
16	21	과세매입		00015	오피스세상	111-11-11119	2020/03/31	2020/03/31	600,000	60,000
17	21	과세매입		00050	유신상사(주)	231-51-11665	2020/01/31	2020/01/31	2,000,000	200,000
18	21	과세매입		00050	유신상사(주)	231-51-11665	2020/02/28	2020/02/28	3,000,000	300,000
19	21	과세매입		00050	유신상사(주)	231-51-11665	2020/03/28	2020/03/28	3,000,000	300,000
20	21	과세매입		00090	민호빌딩(주)	111-11-11119	2020/01/20	2020/01/20	1,000,000	100,000
21	21	과세매입		00090	민호빌딩(주)	111-11-11119	2020/01/28	2020/01/28	5,000,000	500,000
22	21	과세매입		00090	민호빌딩(주)	111-11-11119	2020/02/20	2020/02/20	1,000,000	100,000
23	21	과세매입		00090	민호빌딩(주)	111-11-11119	2020/03/20	2020/03/20	1,000,000	100,000
		[소 계]							127,600,000	12,760,000
24	24	매입불공제	비영업용…	00011	(주)현진자동차	565-55-66552	2020/03/31	2020/03/31	25,000,000	2,500,000
25	24	매입불공제	접대비관…	00004	(주)형광공업	104-21-40013	2020/02/04	2020/02/04	1,000,000	100,000
26	24	매입불공제	접대비관…	00004	(주)형광공업	104-21-40013	2020/03/04	2020/03/04	300,000	30,000
		[소 계]							26,300,000	2,630,000
27	27	카드매입		00006	(주)상상컴퓨터	115-81-12340	2020/01/01	2020/01/01	2,000,000	200,000
28	27	카드매입		00014	한국식당	222-22-22227	2020/02/20	2020/02/20	500,000	50,000
29	27	카드매입		00050	유신상사(주)	231-51-11665	2020/03/20	2020/03/20	200,000	20,000
30	27	카드매입		00070	나라오피스	222-22-22227	2020/01/20	2020/01/20	50,000	5,000
		[소 계]							2,750,000	275,000
		합계							156,650,000	15,665,000

② 과세매입과 매입불공제 2개 내역이 해당된다.

17 [회계관리] → [부가가치세관리] → [신용카드발행집계표/수취명세서]에서 조회기간 1/4분기 입력 후 불러오기로 내용을 불러온다.

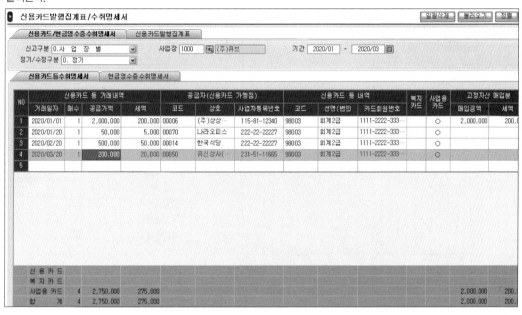

18 [회계관리] → [부가가치세관리] → [매입세액불공제내역]에서 기간(2020/07 ~ 2020/09)을 입력한 후 〈불러오기〉 아이콘을 클릭하여 내용을 확인한다.

19 [시스템관리] → [회사등록정보] → [사업장등록]에서 내용을 확인한다.

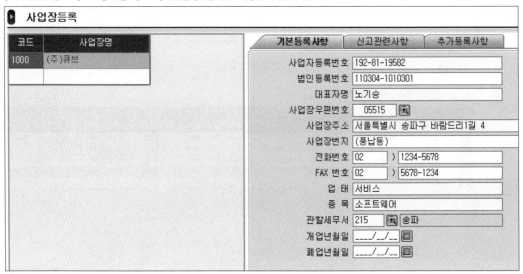

20 [회계관리] → [부가가치세관리] → [건물등감가상각자산취득명세서]에서 〈불러오기〉 아이콘을 클릭하게 되면 세무구분이 21.과세매입·22.영세매입·24.매입불공·25.수입·27.카드매입·28.현금영수증매입·41.카드기타인 데이터를 불러온다.

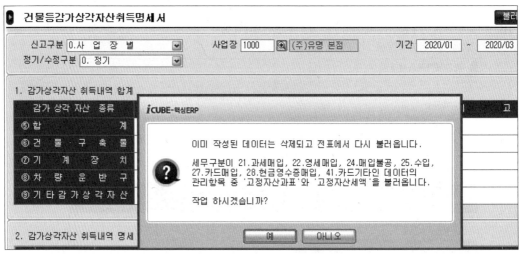

TEST 05 | 2021년도 1회 정답 및 해설

01	02	03	04	05	06	07	08	09	10
②	①	④	③	②	③	②	②	②	③
11	12	13	14	15	16	17	18	19	20
②	②	④	①	②	②	①	③	③	①

01
- BSC(Balanced Scorecard) : 조직의 비전과 전략목표 실현을 위해 4가지(재무, 고객, 내부프로세스, 학습과 성장) 관점의 성과지표를 도출하여 성과를 관리하는 성과관리 시스템으로 균형성과표라고 일컫는다.
- CALS(Commerce At Light Speed) : 각종 장비와 제품의 설계, 조립, 생산공정을 단축하고 비용절감과 생산성 향상을 가능케 하는 시스템 공학적 활동을 의미한다.
- EIS(Executive Information System) : 중역들이 주요 성공요소와 관련된 기업 내외부 정보에 쉽게 접근할 수 있도록 해주는 컴퓨터 기반의 시스템을 중역정보시스템이라 한다.

02
성과측정관리(BSC)는 전략적기업경영(SEM) 시스템을 지원하기 위한 단위 시스템에 해당한다.

03
통합시스템의 효율적관리가 가능해진다.

04
데이터베이스 클라우드 서비스와 스토리지 클라우드 서비스는 IaaS에 속한다.

05
한꺼번에 비용으로 처리하는 방법이나 자산으로 처리해서 감가상각비로 매년 나누어서 비용으로 처리하는 방법이나 손익에 미치는 영향이 미미하다는 것과 관련이 있는 것은 중요성의 원칙이다.

06
- 자본변동표 : 자본의 크기와 그 변동에 관한 정보를 제공하는 재무보고서로서 자본금, 이익잉여금, 결손금 등의 변동에 대한 정보가 포함된다.
- 손익계산서 : 기업의 특정 기간 동안의 경영성과를 나타낸다.
- 현금흐름표 : 기업의 현금흐름을 나타내며, 해당 회계기간 동안의 현금 유입과 현금 유출 내용이 표시된다.

07
- 기초자산 5,000,000원 − 기초부채 4,000,000원 = 기초자본 1,000,000원
- 기말자산 15,000,000원 − 기말부채 6,200,000원 = 기말자본 8,800,000원
- 기말자본 8,800,000원 − 기초자본 1,000,000원 = 당기순이익 7,800,000원
- ∴ 총비용 = 총수익 8,100,000원 − 당기순이익 7,800,000원 = 300,000원

08
- 기초 200,000원 + 매입 450,000원 − 기말 150,000원 = (가) 매출원가 500,000원
- 매출액 630,000원 − 매출원가 500,000원 = (다) 매출총이익 130,000원
- 매출총이익 130,000원 − 판관비 30,000원 = (나) 당기순이익 100,000원

09
계약, 주문, 채용 등은 회계상의 거래로 인식할 수 없다.

10
- 기말 퇴직금 추계액 = 12,000,000원
- 기말 퇴직급여충당부채 잔액 = 기초 퇴직급여충당부채 10,000,000원 − 당기 중 지급된 퇴직급여 8,000,000원 = 2,000,000원
- 결산 시 추가 퇴직급여충당부채 금액 = 12,000,000원 − 2,000,000원 = 10,000,000원
  → (차) 퇴직급여　　　　　　　10,000,000　　(대) 퇴직급여충당부채　　　　10,000,000

11
주요장부는 분개장, 총계정원장이 해당한다.

12
- 기타의대손상각비 대상금액 = 미수금 600,000원 + 대여금 2,000,000원 = 2,600,000원
  ∴ 기타의대손상각비 = 2,600,000원 × 1% = 26,000원

13
당점발행수표는 당좌예금 계정으로 처리한다.

14
- 기초 당좌예금 잔액 5,000,000원 + 기중 당좌예금 입금액 3,000,000원 − 기중 당좌예금 출금액 3,400,000원 = 당좌예금 잔액 4,600,000원
- 당좌수표 발행액 6,000,000원 중 당좌예금 잔액 4,600,000원을 초과하는 금액 1,400,000원이 당좌차월(단기차입금)이 된다.

15
처분가액 100,000원 − 장부가액 180,000원만큼 손실 80,000원이 발생했다.

16
- 기말 대손충당금 설정액 = 50,000,000원 × 1% = 500,000원
- 기말 대손충당금 잔액 = 300,000원
- 결산 시 추가 대손충당금 설정액 = 500,000원 − 300,000원 = 200,000원
  → (차) 대손상각비　　　　　　　200,000　　(대) 대손충당금　　　　　　　　200,000

17
- 기초상품재고액 5억원 + 당기 중 매입액 10억원 = 총상품재고 15억원
  ∴ 기말재고 = 총상품재고 15억원 − 매출원가 12억원 = 3억원

18
타이어의 교체, 페인트 공사, 마모된 부품교체는 일반적으로 능률유지(현상유지)를 위한 지출로 보아 수익적 지출로 처리하지만, 난방장치의 설치는 자산의 효율성을 증가시키거나 내용연수를 증가시키기 때문에 자본적 지출로 처리한다.

19
선급금, 미수금은 자산항목이다.

20
기타의대손상각비는 영업외비용으로 처리한다.

01	02	03	04	05	06	07	08	09	10
④	④	③	②	①	①	①	③	②	④

11	12	13	14	15	16	17	18	19	20
④	③	①	④	④	①	①	④	②	②

01 [시스템관리] → [회사등록정보] → [사용자권한설정]에서 내용을 확인한다.

02 [회계관리] → [기초정보관리] → [계정과목등록]에서 내용을 확인한다.

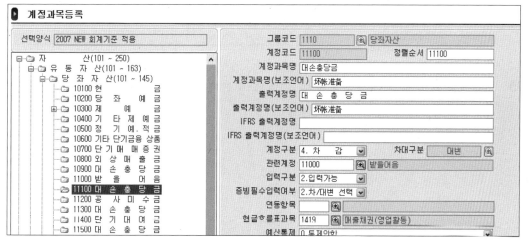

03 [시스템관리] → [회사등록정보] → [시스템환경설정]에서 내용을 확인한다.

04 [회계관리] → [전표/장부관리] → [거래처원장]에서 내용을 조회한다.

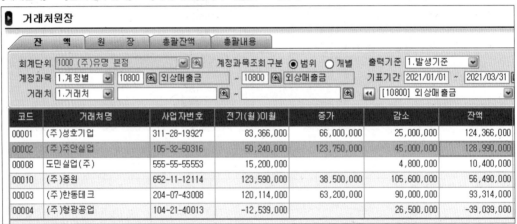

05 예산관리는 예산신청 > 예산편성 > 예산조정 프로세스로 진행된다.

06 [회계관리] → [결산/재무제표관리] → [재무상태표]에서 받을어음 및 대손충당금 잔액을 확인한 후에 설정한다.

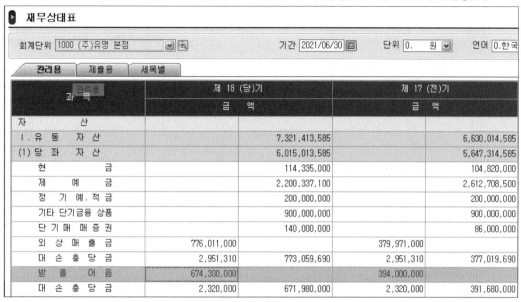

- 기말 받을어음 대손충당금 설정액 = 674,300,000원 × 2% = 13,486,000원
- 기말 받을어음 대손충당금 잔액 = 2,320,000원
- 결산 시 추가 대손충당금 설정액 = 13,486,000원 − 2,320,000원 = 11,166,000원

  → (차) 대손상각비   11,166,000   (대) 대손충당금   11,166,000

07 [회계관리] → [전표/장부관리] → [관리항목원장]에서 내용을 조회한다.

08 [회계관리] → [결산/재무제표관리] → [재무상태표] 내 〈제출용〉 탭에서 조회한다.

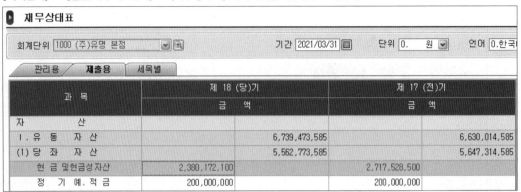

재무상태표

회계단위 1000 (주)유명 본점 ▼ 🔍   기간 2021/03/31 📅   단위 0. 원 ▼   언어 0.한국

| 관리용 | **제출용** | 세목별 |

과 목	제 18 (당)기 금 액		제 17 (전)기 금 액	
자 산				
Ⅰ.유 동 자 산		6,739,473,585		6,630,014,585
(1) 당 좌 자 산		5,562,773,585		5,647,314,585
현 금 및현금성자산	2,380,172,100		2,717,528,500	
정 기 예. 적 금	200,000,000		200,000,000	

09 [회계관리] → [전표/장부관리] → [지출증빙서류검토표(관리용)]에서 내용을 확인한다.

지출증빙서류검토표(관리용)

| 집계 | 상세내역 |

회계단위 1000 (주)유명 본점 ▼ 🔍   기표기간 2021/01/01 ~ 2021/12/31 📅
결의부서 [   ] ▼ 🔍   작성자 [   ] ▼ 🔍   재무제표 0. 전체 ▼

코드	표준과목명	계정금액	신용카드 법인	신용카드 개인	현금영수증	세금계산서	계산서
122	기계장치	20,000,000				20,000,000	
134	차량운반구	104,500,000				104,500,000	
149	기타유형자산	6,000,000	1,000,000			2,000,000	
	[대차대조표 소계]	130,500,000	1,000,000			126,500,000	
045	상품	972,300,000				912,300,000	
078	보험료	50,680,000					
079	복리후생비	52,955,100	230,000				
080	여비교통비	12,910,000	100,000				
084	기타임차료(리스료포함)	11,350,000				11,350,000	
085	접대비	28,130,000				2,200,000	
090	세금과공과	456,000					456,000
093	차량유지비(유류비 포함)	15,700,000		1,670,000			
105	국내지급수수료	17,000					
108	소모품비	19,300,000	1,300,000			600,000	
109	통신비	2,795,000					
110	운반비	330,000					
114	수도광열비(전기료제외)	1,998,000					
	[손익계산서 소계]	1,168,921,100	1,630,000	1,670,000		926,450,000	456,000
051	원재료	2,400,000					
	[500번대 원가 소계]	2,400,000					
	합계	1,301,821,100	2,630,000	1,670,000	0	1,052,950,000	456,000

10 [회계관리] → [고정자산관리] → [고정자산변동현황]에서 내용을 확인한다.

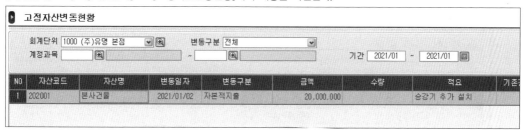

11 [회계관리] → [결산/재무제표관리] → [재무상태표]에서 소모품 장부금액을 확인하고 사용된 만큼을 소모품비로 처리한다.

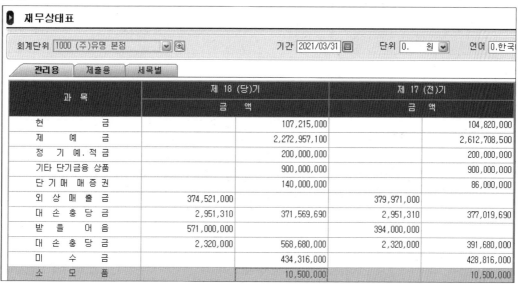

• 소모품 장부금액이 10,500,000원, 소모품 기말 재고액이 4,500,000원이므로 6,000,000원을 비용 처리해야 한다.

→ (차) 소모품비   6,000,000   (대) 소모품   6,000,000

12 [회계관리] → [전표/장부관리] → [총계정원장]에서 내용을 조회한다.

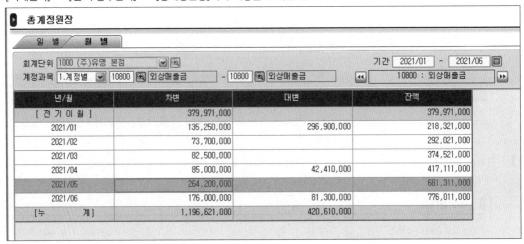

총계정원장

일별 / 월별

| 회계단위 | 1000 (주)유명 본점 | | 기간 | 2021/01 ~ 2021/06 |
| 계정과목 | 1.계정별 10800 외상매출금 ~ 10800 외상매출금 | | | 10800 : 외상매출금 |

년/월	차변	대변	잔액
[전 기 이 월]	379,971,000		379,971,000
2021/01	135,250,000	296,900,000	218,321,000
2021/02	73,700,000		292,021,000
2021/03	82,500,000		374,521,000
2021/04	85,000,000	42,410,000	417,111,000
2021/05	264,200,000		681,311,000
2021/06	176,000,000	81,300,000	776,011,000
[누 계]	1,196,621,000	420,610,000	

13 [회계관리] → [전표/장부관리] → [일월계표]에서 내용을 확인한다.

일월계표

일계표 / 월계표

| 회계단위 | 1000 (주)유명 본점 | 출력구분 | 0. 계정별 | 기 간 | 2021/07 ~ 2021/09 |

차 변			계정과목	대 변		
계	대체	현금		현금	대체	계
3,000,000	3,000,000		비 품			
225,000,000	225,000,000		≪ 부 채 ≫		492,021,000	492,021,000
225,000,000	225,000,000		< 유 동 부 채 >		492,021,000	492,021,000
225,000,000	225,000,000		외 상 매 입 금		49,665,000	49,665,000
			지 급 어 음		155,000,000	155,000,000
			미 지 급 금		231,900,000	231,900,000
			부 가 세 예 수 금		55,456,000	55,456,000
324,196,100	307,886,100	16,310,000	≪ 손 익 ≫		630,000,000	630,000,000
			< 매 출 액 >		630,000,000	630,000,000
			상 품 매 출		630,000,000	630,000,000
324,196,100	307,886,100	16,310,000	< 판 매 관 리 비 >			
78,000,000	78,000,000		직 원 급 여			
199,500,000	199,500,000		상 여 금			
14,190,100	6,800,100	7,390,000	복 리 후 생 비			
3,180,000	1,590,000	1,590,000	여 비 교 통 비			
6,520,000	6,520,000		접 대 비			
1,060,000	400,000	660,000	통 신 비			
400,000		400,000	수 도 광 열 비			
456,000	456,000		세 금 과 공 과 금			
2,350,000	2,350,000		지 급 임 차 료			
11,400,000	9,500,000	1,900,000	보 험 료			
4,640,000	1,320,000	3,320,000	차 량 유 지 비			
2,500,000	1,450,000	1,050,000	사 무 용 품 비			

14 [회계관리] → [결산/재무제표관리] → [기간별손익계산서]에서 내용을 확인한다.

과 목	계	1/4분기	2/4분기	3/4분기	4/4분기
Ⅰ.매 출 액	2,937,500,000	394,500,000	503,000,000	630,000,000	1,410,000,000
상 품 매 출	2,150,500,000	394,500,000	503,000,000	630,000,000	623,000,000
제 품 매 출	787,000,000				787,000,000
Ⅱ.매 출 원 가					
상 품 매 출 원 가					
기초 상품 재고액	980,300,000	980,300,000	1,174,300,000	1,301,600,000	1,349,600,000
당기 상품 매입액	972,300,000	194,000,000	127,300,000	48,000,000	603,000,000
기말 상품 재고액	1,952,600,000	1,174,300,000	1,301,600,000	1,349,600,000	1,952,600,000
Ⅲ.매 출 총 이 익	2,937,500,000	394,500,000	503,000,000	630,000,000	1,410,000,000
Ⅳ.판 매 관 리 비	994,371,100	193,460,000	278,910,000	324,196,100	197,805,000
직 원 급 여	251,000,000	90,000,000	27,000,000	78,000,000	56,000,000
상 여 금	541,500,000	57,000,000	199,500,000	199,500,000	85,500,000
잡 급	5,250,000	5,250,000			

15 법인카드로 결제한 사항이기 때문에 신용카드매출전표등 수령명세서가 해당된다.

16 [회계관리] → [부가가치세관리] → [의제매입세액공제신청서]에서 확인 가능하다. 임의 값을 넣어서 금액이 나오도록 한 것이니 참고하면 된다.
ⓒ 23.면세매입, ⓗ 26.의제매입세액등이 해당된다.

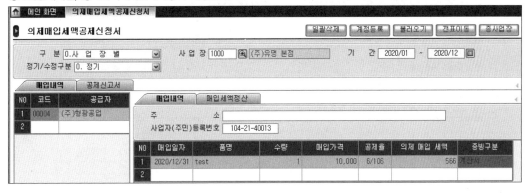

17 [회계관리] → [전표/장부관리] → [매입매출장]에서 기간(2021/07/01 ~ 2021/09/30)을 입력한 후 내용을 확인한다.

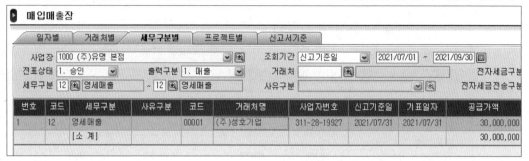

18 [회계관리] → [부가가치세관리] → [매입세액불공제내역]에서 기간(2021/01 ~ 2021/03)을 입력한 후 〈불러오기〉 아이콘을 클릭하여 내용을 확인한다.

매입세액불공제내역   불러오기 | 일괄삭제 | 종사업장

신고구분 [0.사 업 장 별 ▼]   사업장 [1000] 🔍 (주)유명 본점   기간 [2021/01] ~ [2021/03] 📅
정기/수정구분 [0. 정기 ▼]

1. 인적사항
상호(법인명) [(주)유명 본점]   성명(대표자) [노기승]   사업자등록번호 [192-81-19582]

2. 공제받지 못할 매입세액 내역

매입세액 불공제 사유	세금계산서		
	매수	공급가액	불공제매입세액
필요적 기재사항 누락			
사업과 관련없는 지출			
비영업용소형승용차구입 및 유지	1	30,000,000	3,000,000
접대비관련매입세액			
면세사업과 관련된분			
토지의 자본적 지출 관련			
사업자등록 전 매입세액			
금.구리 스크랩 거래계좌 미사용 관련 매입세액			

19 [시스템관리] → [회사등록정보] → [사업장등록]에서 내용을 확인한다.

사업장등록

코드	사업장명
1000	(주)유명 본점
2000	(주)유명 지점

| 기본등록사항 | 신고관련사항 | 추가등록사항 |

주업종코드 322001 🔍 제조업
지방세신고지(행정동) [   ] 🔍
지방세신고지(법정동) [   ] 🔍
지방세개인법인구분 [   ] 🔍

20 [회계관리] → [부가가치세관리] → [건물등감가상각자산취득명세서]에서 기간(2021/01 ~ 2021/03)을 입력한 후 〈불러오기〉 아이콘을 클릭하여 내용을 확인한다.

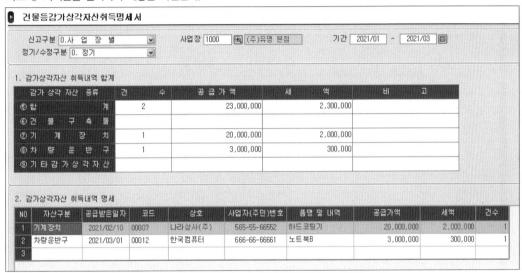

건물등감가상각자산취득명세서

신고구분 0.사 업 장 별 ▼   사업장 1000 🔍 (주)유명 본점   기간 2021/01 ~ 2021/03 📅
정기/수정구분 0. 정기 ▼

1. 감가상각자산 취득내역 합계

감가상각자산 종류	건 수	공급가액	세액	비고
⑤합 계	2	23,000,000	2,300,000	
⑥건 물 구 축 물				
⑦기 계 장 치	1	20,000,000	2,000,000	
⑧차 량 운 반 구	1	3,000,000	300,000	
⑨기타감가상각자산				

2. 감가상각자산 취득내역 명세

NO	자산구분	공급받은일자	코드	상호	사업자(주민)번호	품명 및 내역	공급가액	세액	건수
1	기계장치	2021/02/10	00007	나라상사(주)	565-55-66552	하드코팅기	20,000,000	2,000,000	1
2	차량운반구	2021/03/01	00012	한국컴퓨터	666-66-66661	노트북B	3,000,000	300,000	1
3									

부 록

ERP 회계 1급
대비

ERP
회계 1급

제1장 세무회계의 이해(이론)

1 부가가치세(VAT ; Value Added Tax)

1 부가가치세 특징 및 총칙

부가가치세란 재화나 용역의 생산 또는 유통단계에서 발생하는 부가가치에 대해 부과되는 조세를 의미한다.

(1) 부가가치세의 특징

구 분	내 용
국 세	국가가 부과하는 조세(≠ 지방세)
간접세	납세의무자는 부가가치세법상 사업자가 납세하지만 조세부담은 최종소비자가 지게 되는 간접세(≠ 직접세)
일반소비세	소비대상이 되는 모든 재화·용역의 소비에 대해 포괄적으로 과세(면세사업자 제외)되므로 일반소비세(≠ 개별소비세)
물 세	납세의무자의 인적사정이 전혀 고려되지 않는 물세(≠ 인세)
다단계거래세	재화·용역이 최종소비자에게 도달하기까지 모든 거래단계마다 부가가치세가 부가되는 다단계거래세
전단계세액공제법	매출세액에서 매입세액을 차감하여 납부세액이 계산됨
소비지국과세원칙	외국으로 수출하는 경우 영세율을 적용하여 수출국에서는 과세하지 않고, 외국에서 수입하는 경우에는 내국생산품과 동일하게 과세하는 소비지국과세원칙 적용(≠ 생산지국과세원칙)

(2) 과세대상

① 재화의 공급
② 용역의 공급
③ 재화의 수입

(3) 납세의무자

사업의 목적이 영리와 비영리 여부와는 관계없이 사업상 독립적으로 재화·용역을 공급하는 자를 사업자라고 하며 개인, 법인, 국가, 지방자치단체, 재단 등도 납세의무를 가진다. 단, 면세사업자의 경우는 면세규정에 의해 납세의무자의 범위에서 제외된다.

① **일반과세자** : 간이과세자가 아닌 개인사업자, 법인사업자

② **간이과세자** : 직전 연도 재화·용역의 공급대가가 8,000만원에 미달하는 개인사업자

③ **면세사업자** : 납세의무 없음

(4) 과세기간

과세기간이란 세법에 의해 과세표준을 계산하는 기초가 되는 기간을 의미한다.

① **일반과세자 중 계속사업자**

　㉠ 제1기 : 1월 1일부터 6월 30일까지

　㉡ 제2기 : 7월 1일부터 12월 31일까지

② **신규사업자**

　㉠ 원칙 : 사업개시일부터 그날이 속하는 과세기간의 종료일

　㉡ 사업개시일 이전에 사업자등록을 신청한 경우 : 신청한 날부터 신청일이 속하는 과세기간의 종료일

③ **폐업자** : 폐업일이 속하는 과세기간의 개시일부터 폐업일까지

④ **간이과세자** : 1기와 2기의 구분 없이 1월 1일 ~ 12월 31일까지를 과세기간으로 한다.

(5) 납세지

납세지는 납세의무자가 납세의무를 이행하고 세무관청이 과세권을 행사하는 기준이 되는 장소인 각 사업장의 소재지이며 원칙적으로 사업장마다 신고·납부하여야 한다.

① **사업장** : 사업장은 사업자가 사업을 하기 위해 고정된 장소에서 거래의 전부 또는 일부를 행하는 장소를 말하며, 직매장의 경우도 사업장으로 보고 있다. 단, 하치장과 행사가 개최되는 장소에 개설한 임시사업장은 사업장으로 보지 않는다.

② **사업장의 범위**

구 분	내 용
광 업	광업사무소의 소재지
제조업	최종제품을 완성하는 장소(단, 제품포장, 용기충전 장소는 제외)
건설업·운수업· 부동산매매업	• 법인 : 등기부상 소재지 • 개인 : 업무를 총괄하는 장소
부동산임대업	부동산의 등기부상 소재지
무인자동판매기를 통해 재화·용역 제공	사업에 관한 업무를 총괄하는 장소
비거주자 또는 외국법인	비거주자 또는 외국법인의 국내사업장
사업장이 없는 경우	사업자의 주소지 또는 거소지

③ **주사업장총괄납부** : 부가가치세는 사업장마다 신고·납부하는 것이 원칙이나, 사업장이 2개 이상일 때 주된 사업장의 관할 세무서장에게 신청하여 각 사업장의 납부세액 및 환급세액을 통산하고 주된 사업장에서 총괄하여 납부할 수 있는 제도이다. (단, 신고는 각 사업장에서 해야 한다)

④ **사업자단위과세제도** : 2개 이상의 사업장이 있는 사업자가 본점 또는 주사무소의 관할 세무서장에게 신청하여 본점 또는 주사무소에서 총괄하여 신고, 납부 및 사업자 등록, 세금계산서 발급 및 수취 등의 업무를 할 수 있는 제도이다.

(6) 사업자등록

① **사업자등록 신청**
  ㉠ 사업개시일로부터 20일 이내에 서면이나 온라인으로 신청해야 한다.
  ㉡ 사업장마다 신청하고 등록하여야 하며, 사업개시일 전이라도 사업자등록이 가능하다.
  ㉢ 신청일로부터 2일 이내 교부된다.

② **사업자등록 정정신고**
  ㉠ 신청일 당일에 처리되는 정정사유 : 상호 변경, 사이버몰 명칭, 인터넷도메인 이름 변경 등이 해당된다.
  ㉡ 신청일로부터 2일 내에 처리되는 정정사유 : 법인의 대표자 변경, 상속으로 명의 변경, 사업종류(종목) 변경, 사업장 이전, 공동사업자의 구성원 변경, 출자지분의 변경, 임대차기간의 변경, 사업자단위과세사업장의 본점 또는 주사무소의 신설 및 이전의 경우 등이 해당된다.

❷ 과세거래

부가가치세법에서는 재화의 공급, 용역의 공급, 재화의 수입에 대해 과세하도록 규정된다.

(1) 재화와 용역의 의의

① **재화** : 재화란 재산적 가치가 있는 물건 및 권리를 의미한다.
  ㉠ 물건 : 상품, 제품, 원재료, 기계 등 모든 유체물과 전기, 가스, 열 등의 관리할 수 있는 자연력이 해당된다.
  ㉡ 권리 : 광업권, 특허권, 저작권 등 물건 이외에 재산적 가치가 있는 것이 해당된다.

② **용역** : 용역이란 재화 외에 재산가치가 있는 모든 역무와 시설물, 권리 등의 재화를 사용하게 하는 것을 의미하며 다음의 업종의 경우가 해당된다.
  ㉠ 건설업, 숙박 및 음식점업, 운수업, 방송통신 및 정보서비스업, 금융 및 보험업, 부동산업 및 임대업(전, 답, 과수원, 목장용지, 임야 또는 염전임대업은 제외), 전문, 과학 및 기술서비스업, 사업시설관리 및 사업지원 서비스업, 공공행정, 국방 및 사회보장 행정, 교육 서비스업, 그 밖의 부가가치세법상 열거된 사업

(2) 재화의 공급

재화란 재산적 가치가 있는 물건 및 권리를 말하며 재화의 공급은 계약상 또는 법률상 모든 원인에 따라 재화를 인도하거나 양도하는 것을 말한다.

① 재화의 실질공급

구 분	내 용
매매계약에 의한 공급	현금판매, 외상판매, 할부판매, 장기할부판매, 위탁판매, 기타매매계약에 의해 재화를 인도하거나 양도하는 것
가공계약에 의한 공급	본인이 주요자재의 전부 또는 일부를 부담하고 상대방으로부터 인도받은 재화를 가공하여 새로운 재화를 만드는 가공계약에 따라 재화를 인도하는 것
교환계약에 의한 공급	재화의 인도 대가로서 다른 재화를 인도받거나 용역을 제공 받는 교환계약에 따라 재화를 인도하거나 양도하는 것
기타 계약상, 법률상 원인에 의한 공급	경매, 수용, 현물출자와 그 밖의 계약상 또는 법률상의 원인에 따라 재화를 인도 또는 양도하는 것

② 재화의 간주공급 : 재화의 실질적 공급에 해당되지는 않지만 일정한 사항에 해당하는 경우에 공급으로 간주하여 과세대상으로 보고 있는데, 이를 재화의 공급의제 또는 재화의 간주공급이라고 한다.

구 분	내 용
자가공급	사업자가 자기의 사업과 관련하여 생산하거나 취득한 재화를 자기 사업을 위해 직접 사용하거나 소비하는 경우 • 면세사업에 전용 • 비영업용 소형승용차 또는 그 유지를 위한 비용 • 판매목적 타사업장 반출
개인적 공급	사업자가 자기의 사업과 무관하게 개인적으로 사용하는 경우, 사용인 또는 기타의 자가 사용·소비하는 것으로 사업자가 그 대가를 받지 않거나 시가보다 낮은 대가를 받는 경우
사업상 증여	사업자가 자기의 사업과 관련하여 생산, 취득한 재화를 자기의 고객이나 또는 불특정다수에게 증여하는 경우
폐업 시 잔존재화	사업자가 폐업할 때의 잔존재화는 자기에게 공급한 것으로 봄

(3) 용역의 공급

용역이란 재화 외에 재산가치가 있는 모든 역무와 시설물, 권리 등의 재화를 사용하게 하는 것을 말하며 용역의 공급은 계약상 또는 법률상 모든 원인에 따라 용역을 제공하는 것을 의미한다.

① 용역의 공급범위

㉠ 건설업의 경우 건설업자가 건설자재의 전부 또는 일부를 부담하는 것

㉡ 본인의 주요자재를 전혀 부담하지 않고 상대방으로부터 인도받은 재화를 단순가공만 해주는 것

㉢ 산업상, 상업상 또는 과학상의 지식, 경험, 숙련에 관한 정보(노하우)를 제공

② 용역의 공급으로 보지 않는 거래

㉠ 용역의 무상제공

㉡ 고용관계에 따라 근로를 제공하는 것

(4) 재화의 수입

재화의 수입은 다음 중 어느 하나에 해당하는 물품을 국내에 반입하는 경우를 말한다. 단, 보세구역을 거치는 것은 보세구역에서 반입하는 것을 인취하는 경우에 해당한다.

① 외국으로부터 국내에 도착한 물품으로서 수입신고가 수리되기 이전의 것(외국선박에 의해 공해에서 채집되거나 잡힌 수산물을 포함한다)

② 수출신고가 수리된 물품(수출신고가 수리된 물품으로서 선적되지 않은 물품을 보세구역에서 반입한 경우는 제외한다)

(5) 공급시기

부가가치세는 과세기간을 단위로 과세가 되기 때문에 재화와 용역의 공급이 어느 과세기간에 속하는지 결정할 필요가 있으며, 이에 따라 세금계산서를 교부하게 된다.

① 재화의 공급시기

    ⊙ 재화의 이동이 필요한 경우는 재화가 인도되는 때

    ⓒ 재화의 이동이 필요하지 않은 경우는 재화가 이용 가능하게 되는 때

    ⓒ 그 외의 경우는 재화의 공급이 확정되는 때

거래형태	공급시기
현금판매·외상판매·할부판매	재화가 인도되거나 이용가능하게 된 때
상품권	재화가 실제로 인도되는 때
재화의 공급으로 보는 가공	가공된 재화를 인도하는 때
반환조건부·동의조건부 기타 조건부 및 기한부판매	그 조건이 성취되거나 기한이 지나 판매가 확정된 때
전력 등 공급단위를 구획할 수 없는 재화의 계속적 공급	대가의 각 부분을 받기로 한 때
장기할부판매	대가의 각 부분을 받기로 한 때
자가공급·개인적공급	재화가 사용 또는 소비되는 때
사업상 증여	재화를 증여하는 때
폐업 시 잔존재화	폐업하는 때
무인판매기를 이용하여 재화를 공급	무인판매기에서 현금을 인취한 때
수출의 경우	• 내국물품의 외국반출·중계무역방식 : 선(기)적일 • 원양어업 및 위탁판매수출 : 수출재화의 공급가액이 확정되는 때 • 위탁가공무역방식의 수출 또는 외국인도수출 : 외국에서 당해 재화가 인도되는 때
사업자가 보세구역 안에서 수입재화를 공급	수입신고수리일
위탁판매 또는 대리인에 의한 매매	수탁자 또는 대리인의 공급을 기준으로 위의 규정을 적용

② 용역의 공급시기 : 역무가 제공되거나 재화, 시설물 또는 권리가 사용되는 때를 말한다.

거래형태	공급시기
통상적 공급	역무의 제공이 완료되는 때
완성도기준지급·중간지급·장기할부 또는 기타조건부 용역의 공급, 그 공급단위를 구획할 수 없는 용역의 계속적인 공급	그 대가의 각 부분을 받기로 한 때
위 두 가지에 해당하지 않는 경우	역무의 제공이 완료되고 그 공급가액이 확정되는 때
간주임대료·2과세기간에 걸쳐 안분계산된 임대료	예정신고기간 또는 과세기간종료일
폐업 전 공급한 용역의 공급시기가 폐업일 이후에 도래한 경우	폐업일

❸ 영세율과 면세

(1) 영세율

일정한 재화 또는 용역의 공급에 대한 부가가치세 과세표준에 '0' 세율을 적용하는 것을 말하며, 재화와 용역의 부가가치세 부담이 완전히 제거되는 완전면세제도이다. 자국의 수출산업을 장려하고자 하는 데 목적이 있다.

① 적용대상자 : 일반과세자와 간이과세자에게 적용되며, 면세사업자에게는 적용되지 않는다.

② 영세율 적용대상

구 분	공급시기
수출하는 재화	• 내국물품을 외국으로 반출하는 것 • 중계무역수출, 위탁판매수출, 외국인도수출, 위탁가공무역수출 방식의 수출로서 국내의 사업장에서 계약과 대가 수령 등의 거래가 이루어지는 것 • 내국신용장 또는 구매확인서에 의해 공급하는 재화
용역의 국외공급	국외에서 공급하는 용역에 대해서 영세율을 적용함 예 해외건설공사
선박 또는 항공기 외국항행용역	선박 또는 항공기에 의해 여객이나 화물을 국내에서 국외로, 국외에서 국외로, 국외에서 국내로 수송하는 외국항행용역
기타 외화획득 재화 또는 용역	• 국내에서 비거주자 또는 외국법인에게 공급하는 일정한 재화·용역 • 수출재화 임가공용역

(2) 면 세

일정한 재화 또는 용역의 공급에 대해 부가가치세의 납세의무를 면제하는 제도로 불완전면세제도라 하며, 부가가치세의 역진성을 완화시키는 역할을 한다.

① 면세 적용대상

구 분	공급시기
기초생활 필수 재화 · 용역	• 미가공식료품(식용으로 제공되는 농산물, 축산물, 수산물, 임산물 등) • 국내생신 비식용 농산물, 축산물, 수산물, 임산물 등 • 수돗물(생수는 과세) • 연탄과 무연탄(유연탄, 갈탄, 착화탄은 과세) • 여성용 위생용품, 영유아용 위생용품 • 여객운송용역(항공기, 우등고속, 전세버스, 택시, 특수자동차 등은 과세)
국민후생 관련 재화 · 용역	• 의료보건용역과 혈액(약사가 의약품을 판매하는 것은 과세) • 정부의 허가, 인가를 받은 교육용역으로 학원, 강습소, 교습소, 훈련원, 청소년 수련시설, 미술관, 박물관 및 과학관 등이 해당됨(자동차 운전면허학원 및 무도학원은 과세)
문화관련 재화 · 용역	• 도서, 신문, 잡지, 관보, 뉴스통신(단, 광고는 제외) • 예술창작품, 예술행사, 문화행사와 아마추어 운동경기(골동품, 모조품은 과세) • 도서관, 과학관, 박물관, 미술관, 동물원 또는 식물원에 입장하게 하는 것
부가가치 구성요소	• 저술가, 작곡가 그 밖의 자가 직업상 제공하는 인적용역 • 토지공급(토사석 매매 및 토지의 임대는 과세) • 금융, 보험용역
기타의 재화 · 용역	• 우표, 인지, 증지, 복권과 공중전화(수집용 우표는 과세) • 판매가격이 200원 이하인 제조담배와 특수용담배 • 종교, 자선, 학술, 구호 그 밖의 공익을 목적으로 하는 단체가 공급하는 재화 또는 용역 • 국가, 지방자치단체, 지방자치단체조합 또는 공익단체에 무상으로 공급하는 재화 또는 용역 • 주택법에 따른 관리주체 또는 입주자대표회의가 제공하는 공동주택 내 복지시설인 어린이집의 임대용역
조세특례제한법상 면세대상	• 국민주택의 공급과 국민주택의 건설용역의 공급

② 면세의 포기

㉠ 면세의 포기란 면세되는 재화 또는 용역을 공급하는 사업자가 면세적용을 포기하고 과세로 전환하는 것을 말하며, 다음의 경우에 한해 면세포기를 인정한다.

- 영세율 적용대상인 재화와 용역
- 공익단체 중 학술연구단체 외 기술연구단체가 공급하는 재화 또는 용역

㉡ 면세포기의 절차

- 면세포기는 언제든지 가능하며 승인을 요하지 않는다(신고만 하면 된다).
- 면세포기신고서를 관할 세무서에 제출한 후 지체 없이 사업자등록을 해야 한다.

㉢ 면세포기의 효력

- 면세포기 사업자는 신고한 날부터 3년간 부가가치세를 면제받지 못한다. 3년이 지난 후 면세적용신고서와 발급받은 사업자등록증을 제출하여야 다시 부가가치세를 면제받을 수 있다.

4 과세표준

(1) 과세표준

과세표준이란 납세의무자가 납부해야 할 세액산출의 기준이 되는 과세대상, 즉 과세물건의 수량과 금액을 말한다.

(2) 재화 또는 용역에 대한 과세표준(공급가액)

구 분	내 용
재화 또는 용역의 공급	공급의 그 대가(공급가액)
외화로 받는 경우	• 공급시기 도래 전 원화로 환가한 금액 : 환가한 금액 • 공급시기 도래 후 외국환 상태로 보유하고 있는 금액 : 공급시기의 기준환율 또는 재정환율에 따라 계산한 금액
금전 외 대가	자신이 공급한 재화 또는 용역의 시가
폐업 시 잔존재화	폐업 시에 남아 있는 재화의 시가
판매목적 타사업장 반출	해당 재화의 취득가액. 단 취득가액에 일정액을 더하여 공급하는 경우는 그 취득가액에 일정액을 더한 금액
기타 과세표준 포함 항목	• 할부판매, 장기할부판매의 경우 이자상당액 • 대가의 일부로 받는 운송비, 포장비, 하역비, 운송보험료, 산재보험료 등 • 개별소비세, 주세, 교통·에너지·환경세, 교육세 및 농어촌특별세 상당액 • 사업자가 고객에게 매출액의 일정비율에 해당하는 마일리지를 적립해주고 그 대가의 일부 또는 전부를 적립된 마일리지로 결제하는 경우 해당 마일리지의 상당액

(3) 과세표준에 포함하지 않는 금액

① 매출할인, 매출에누리 및 매출환입액

② 국고보조금과 공공보조금

③ 공급받는 자에게 도달하기 전에 파손, 훼손, 멸실된 재화의 가액

④ 지급지연으로 인해 지급받는 연체이자

⑤ 반환조건의 포장용기

⑥ 사업자가 보세구역 내에서 국내에 재화를 공급하는 경우 수입재화의 과세표준

⑦ 용역의 대가와 구분하여 받는 봉사료

(4) 과세표준에서 공제하지 않는 금액

재화·용역의 공급 후 대손금, 판매장려금, 하자보증금과 이와 유사한 금액은 과세표준에서 공제하지 않는다.

(5) 과세표준 계산 특례

① 과세사업과 면세사업에 공통으로 사용하던 재화를 공급하는 경우 과세사업의 공급가액에 대해서만 부가가치세를 납부해야 한다.

$$\text{과세표준} = \text{공통사용재화의 공급가액} \times \frac{\text{과세공급가액(직전과세기간)}}{\text{총공급가액(직전과세기간)}}$$

② **부동산 임대용역에 대한 과세표준** : 사업자가 부동산 임대용역을 공급하고 받은 임대료 이외에 보증금 등을 운용하면서 발생하게 되리라고 예상되는 이자상당액을 임대료로 간주하여 포함한다.

$$\text{간주임대료} = \text{전세금 또는 임대보증금} \times \text{정기예금이자율} \times \frac{\text{과세기간의 일수}}{365}$$

③ **간주공급의 과세표준** : 자가공급, 개인적 공급, 사업상 증여, 폐업 시 잔존재화와 같은 간주공급의 경우 이들 재화가 감가상각대상 자산일 때 경과기간에 따라 감가상각한 후 계산한다.

- 건물 또는 구축물 : 과세표준 = 취득가액 × 1 − (5% × 경과된 과세기간의 수)
- 기타 상각성 자산 : 과세표준 = 취득가액 × 1 − (25% × 경과된 과세기간의 수)

④ **수입재화에 대한 과세표준** : 재화의 수입의 경우 관세의 과세표준은 다음과 같이 계산된다.

과세표준 = 과세가격 + 관세 + 개별소비세 + 주세 + 교통·에너지·환경세 + 교육세·농특세

⑤ **세율** : 우리나라 부가가치세는 10%의 기본세율을 원칙으로 하는 단일세율체계구조이다.

5 세금계산서

사업자가 재화 또는 용역을 공급할 때 거래사실을 증명하기 위해 발급하는 증서를 말한다.

(1) 세금계산서의 종류

구 분		내 용
세금계산서	세금계산서(종이 · 전자세금계산서)	공급하는 자가 공급받는 자에게 발급
	수입세금계산서	세관장이 수입하는 자에게 발급
영수증	신용카드매출전표 현금영수증	주로 최종소비자를 대상으로 거래하는 업종의 사업자 발급
	영수증	영세사업자 등이 발급

(2) 세금계산서의 기재사항

필수적 기재사항	임의적 기재사항
• 공급하는 자의 사업자등록번호와 성명 또는 명칭 • 공급받는 자의 등록번호 • 공급가액과 부가가치세액 • 작성 연월일	• 공급하는 자의 주소 • 공급받는 자의 상호 · 성명 · 주소 • 공급하는 자와 공급받는 자의 업태, 종목 • 공급품목 • 단가와 수량 • 공급 연월일 • 거래의 종류 등

(3) 세금계산서의 발급의무자

부가가치세 납세의무자로 등록한 과세사업자와 직전 연도 공급대가 합계액이 4,800만원 이상 8,000만원 미만인 간이과세자이며, 면세사업자는 납세의무가 없어서 세금계산서 발급을 할 수 없다.

(4) 세금계산서의 발급의무 면제

부가가치세가 과세되는 재화와 용역에 대해 세금계산서를 공급하는 것이 원칙이나, 다음의 경우는 발급의무가 면제된다.

① 택시운송사업자, 노점 · 행상, 무인자동판매기를 이용하여 재화 · 용역을 공급하는 자

② 소매업 또는 미용, 욕탕 및 유사서비스업을 영위하는 자가 공급하는 재화 · 용역

③ 자가공급, 개인적 공급, 사업상 증여, 폐업 시 잔존재화로서 공급의제 되는 재화

④ 수출하는 재화 및 영세율이 적용되는 재화와 용역 중 일정한 것

⑤ 부동산임대용역 중 간주임대료에 해당하는 부분에 대한 것

⑥ 전자서명법에 따른 공인인증기관이 공인인증서를 발급하는 용역. 단, 공급받는 자가 세금계산서 발급을 요구할 때는 해줘야 한다.

(5) 전자세금계산서

① **발급의무자** : 법인사업자와 직전 연도 사업장별 공급가액 합계액이 3억원 이상인 개인사업자가 해당된다.

② **발급기한** : 공급일이 속하는 달의 다음 달 10일까지 발급하여야 한다.

③ **발급명세 전송** : 전자세금계산서를 발급하였을 때에는 전자세금계산서 발급일의 다음 날까지 전자세금계산서 발급명세를 국세청에 전송해야 한다.

④ **혜택 및 가산세**
- ㉠ 혜택 : 매출·매입처별 세금계산서합계표 제출 면제, 세금계산서 보관의무 면제
- ㉡ 가산세
  - 공급자 : 미(지연)발급 시 공급가액의 2%(1%)
  - 공급받는자 : 미(지연)수취 시 매입세액 불공제(공급가액의 0.5%)

(6) 세금계산서 발급시기

① **원칙** : 세금계산서는 사업자가 재화 또는 용역의 공급시기에 발급해야 한다.

② **발급시기 특례**

구 분	내 용
공급시기 도래 전 세금계산서 발급	• 공급시기가 되기 전에 세금계산서를 발급하고, 발급일로부터 7일 이내에 대가를 받으면 해당 세금계산서 발급일로 한다. • 대가의 전부 또는 일부를 받고 발급 시 발급하는 때 • 대가의 수령 여부에 불문하고 교부 시 교부하는 때 예 장기할부
공급시기 도래 후 세금계산서 발급	다음 중 하나에 해당하는 경우 재화 또는 용역의 공급이 속하는 달의 다음 달 10일까지 세금계산서 발급이 가능하다. • 거래처별로 1역월의 공급가액을 합해 해당 달의 말일을 작성 연월일로 하여 세금계산서 발급을 하는 경우 • 거래처별로 1역월 이내에서 사업자가 임의로 정한 기간의 공급가액을 합해 그 기간의 종료일을 작성 연월일로 하여 발급 • 관계 증명서류 등에 따라 실제거래사실이 확인되는 경우로서 해당 거래일을 작성 연월일로 하여 발급하는 경우

③ **세금계산서 발급 특례**
- ㉠ 위탁판매 : 수탁자(대리인)가 위탁자(본인) 명의로 세금계산서 발급이 가능하다.
- ㉡ 위탁매입 : 공급자가 위탁자(본인)를 공급받는 자로 하여 세금계산서 발급이 가능하다.

(7) 수정세금계산서의 발급

① 당초 공급한 재화가 환입된 경우

② 계약의 해지로 재화 또는 용역이 공급되지 않은 경우

③ 계약의 해지 등의 사유로 공급가액이 추가되거나 차감되는 경우

④ 필요적 기재사항 등이 착오로 잘못 기입된 경우

⑤ 필요적 기재사항 등이 착오 외의 사유로 잘못 적힌 경우

⑥ 착오로 전자세금계산서를 이중으로 발급한 경우

⑦ 면세 등 발급대상이 아닌 거래 등에 대해 발급한 경우

⑧ 세율을 잘못 적용하여 발급한 경우 등

(8) 영수증

영수증이란 공급받는 자를 따로 기재하지 않은 증빙서류를 의미하며, 간이영수증과 신용카드매출전표 등이 해당된다.

① **영수증 교부대상자** : 간이과세자 중 신규사업자 및 직전 연도 공급대가 합계액이 4,800만원 미만인 간이과세자와 일반과세자 중 주로 사업자가 아닌 자에게 재화 또는 용역을 공급하는 사업자가 영수증 교부대상자에 해당되며, 다음과 같이 구분해볼 수 있다.

　㉠ 고객 요청 시 세금계산서를 발급해야 하는 사업 : 소매업, 음식점업(다과점업), 숙박업, 여객운송업(전세버스운송업 한정), 간이과세가 배제되는 전문자격사업 및 행정사업, 우정사업조직이 소포우편물을 방문접수하여 배달하는 용역을 공급하는 사업, 공인인증서를 발급하는 사업 등

　㉡ 고객이 요청하여도 세금계산서를 발급할 수 없는 사업 : 미용·욕탕 및 유사서비스업, 여객운송업(전세버스운송업 제외), 무도학원, 자동차운전학원, 입장권을 발행하여 경영하는 사업 등

6 납부세액

사업자가 납부하여야 할 부가가치세액은 매출세액에서 매입세액을 공제한 금액으로 한다.

(1) 매출세액

① 매출세액은 일정기간의 재화와 용역의 공급가액(과세표준)에 세율을 적용하여 계산한다.

$$\text{매출세액} = \text{과세표준} \times \text{세율}$$

② 대손세액공제 : 공급받는 자가 파산 등의 사유로 인해 매출채권 등의 회수가 불가능한 경우 대손이 확정된 날이 속하는 과세기간의 매출세액에서 차감한다.

$$\text{대손세액공제액} = \text{대손금액(부가세 포함)} \times 10/110$$

(2) 매입세액

① 공제받을 수 있는 매입세액

구 분	내 용
세금계산서 등 매입세액	• 자기의 사업을 위해 사용되었거나, 사용할 목적으로 공급받은 재화 또는 용역의 공급에 대한 세액 • 자기의 사업을 위해 사용되었거나, 사용할 목적으로 수입한 재화 또는 용역의 수입에 대한 세액
기타공제 매입세액	• 신용카드 매출전표 등 수령명세서 제출분 • 의제매입세액 : 사업자가 면제받아 공급받은 농·축·수·임산물을 원재료로 하여 제조·가공한 재화 또는 창출한 용역의 공급에 대해서 일정한 금액을 공제해주는 것을 의미한다. • 재활용폐자원 매입세액 : 재활용폐자원 및 중고자동차를 수입하는 사업자가 세금계산서를 발급할 수 없는 자 등으로부터 취득하여 제조·가공하거나 이를 공급한 경우에 일정금액을 매입세액으로 공제할 수 있다. • 과세사업전환 매입세액 • 재고매입세액 및 변제대손세액 • 외국인관광객에 대한 환급세액

② 공제받을 수 없는 매입세액

㉠ 세금계산서 미수취, 필요적 기재사항의 부실기재 및 사실과 다른 세금계산서

㉡ 매입처별세금계산서합계표 미제출 또는 부실기재 및 사실과 다르게 기재된 경우

㉢ 사업과 직접 관련이 없는 지출에 대한 매입세액

㉣ 비영업용 소형승용차의 구입과 유지에 관한 매입세액

㉤ 접대비 및 이와 유사한 비용의 지출에 관한 매입세액

㉥ 면세사업과 관련된 매입세액

㉦ 토지 관련 매입세액

㉧ 사업자등록 전의 매입세액

7 신고와 납부

사업자가 납부하여야 할 부가가치세액은 매출세액에서 매입세액을 공제한 금액으로 한다.

(1) 예정신고와 예정고지 및 납부

① **일반적인 경우(예정신고)** : 사업자는 각 과세기간 중 다음에 규정하는 예정신고기간이 끝난 후 25일 이내에 각 예정신고기간에 대한 과세표준과 납부세액 또는 환급세액을 납세지 관할 세무서장에게 신고하고 납부세액을 납부해야 한다.

 ㉠ 1기분 예정신고기간 : 1월 1일에서 ~ 3월 31일까지 기간 → 4월 25일

 ㉡ 2기분 예정신고기간 : 7월 1일에서 ~ 9월 30일까지 기간 → 10월 25일

② **예정고지의 경우** : 개인사업자와 직전 과세기간의 과세표준 1.5억원 미만인 법인사업자의 경우 납세편의와 신고부담 완화를 위해 각 예정신고기간마다 직전 과세기간 납부세액의 1/2에 상당하는 금액을 결정하여 고지한다(원칙은 예정신고).

 ㉠ 예정신고 선택 가능 사업자

 • 사업의 부진 등으로 인해 각 예정신고기간의 공급가액 또는 납부세액이 직전 과세기간의 공급가액 또는 납부세액의 1/3에 미달하는 경우

 • 각 예정신고기간분에 대해 조기환급을 받으려는 자

 ㉡ 징수 예외 사업자

 • 예정고지세액이 30만원 미만 또는 해당 과세기간 개시일 현재 간이과세자에서 일반과세자로 변경된 경우에는 부가가치세를 징수하지 않는다.

(2) 확정신고와 납부

사업자는 각 과세기간에 대한 과세표준과 납부세액 또는 환급세액을 그 과세기간이 끝난 후 25일 이내(폐업하는 경우 폐업일이 속하는 달의 말일부터 다음 달 25일 이내)에 각 사업장 관할 세무서장에게 신고 및 납부해야 한다. 단, 예정신고 또는 조기환급을 받기 위해 기 신고한 내역은 확정신고 대상에서 제외하여야 한다.

• 1기분 확정신고기간 : 4월 1일에서 ~ 6월 30일까지 기간 → 7월 25일

• 2기분 확정신고기간 : 10월 1일에서 ~ 12월 31일까지 기간 → 익년 1월 25일

(3) 환 급

① **일반환급** : 각 과세기간별로 환급세액이 발생한 경우 그 확정신고기간 경과 후 30일 이내에 사업자에게 환급해야 한다.

② 조기환급
  ㉠ 조기환급 대상 : 사업자가 영세율을 적용받는 경우와 사업설비(감가상각 적용자산)를 신설, 취득, 증축하고자 할 때 해당된다.
  ㉡ 조기환급 기간 : 예정신고기간 또는 과세기간 최종 3월 중 매월 또는 매 2월의 기간을 말한다.
  ㉢ 조기환급을 받고자 하는 자는 조기환급기간 종료일로부터 25일 이내에 과표와 환급세액을 신고해야 하며, 신고기한 이후 15일 이내에 환급해야 한다.

2 법인세

1 법인세 기본개념

법인세란 법인이 일정기간 벌어들인 소득에 대해 부가하는 조세를 의미한다.

> **The 알아두기**
>
> 과세권자에 따른 조세의 분류
> • 국세(과세권자 : 국가)
>   – 내국세 : 직접세(소득세, 법인세, 상속세, 증여세) / 간접세(부가가치세)
>   – 관 세
>   – 특별목적세(교육세, 농특세)
> • 지방세(과세권자 : 지방자치단체)
>   – 특별시세, 광역시세
>   – 도 세
>   – 구 세
>   – 시·군세

(1) 법인세의 납세의무자

납세의무자는 국내에 본점 또는 주사무소나 사업의 실질적 관리장소를 둔 법인인 내국법인과 국외에 본점 또는 주사무소를 둔 외국법인으로 구분되며 해당 사업연도에 귀속되는 소득에 대해 납부해야 한다.

구 분		각 사업연도 소득	토지 등 양도소득	청산소득
내국법인	영리법인	국내외 모든 소득	과 세	과 세
	비영리법인	국내외의 수익사업소득	과 세	비과세
외국법인	영리법인	국내원천소득	과 세	비과세
	비영리법인	국내원천소득 중 수익사업소득	과 세	비과세
국가, 지방자치단체		납세의무 없음(비과세)		

(2) 법인세법상 사업연도

법인의 존속기간을 구획하여 과세소득을 산출하기 위한 시간적 단위를 의미한다.

① 법인세법상 각 사업연도소득에 대한 법인세 계산 시 1회계기간을 사업연도로 인정하나 1년을 초과하지 못하도록 규정하고 있다.

② 법인의 최초사업연도는 설립등기일로부터 사업연도 종료일까지의 기간으로 한다.

③ 사업연도를 변경하고자 하는 경우 법인의 직전 사업연도 종료일부터 3월 이내에 변경신고를 해야 하며, 그 기간이 경과한 경우에는 변경되지 아니한 것으로 본다.

(3) 납세지

납세지란 관할 세무서를 결정하는 기준이 되는 장소를 의미하며, 납세지가 변경된 경우에는 그 변경된 날로부터 15일 이내에 변경 후의 납세지 관할 세무서장에게 신고해야 하며, 신고를 받은 관할 세무서장은 해당 신고내용을 변경 전 납세지 관할 세무서장에게 통보해야 한다.

(4) 법인세의 신고, 납부 절차

① 결산확정 → 세무조정 → 과세표준 신고 및 세액납부 → (수정신고 필요 시 진행)

② 과세표준 신고 및 세액납부 시 첨부서류

    ㉠ 재무상태표, 손익계산서

    ㉡ 이익잉여금처분계산서(또는 결손금처리계산서)

    ㉢ 세무조정계산서

    ㉣ 기타 부속서류 및 현금흐름표

(5) 누락 및 오류사항 발견 시 수정신고(증액수정신고, 감액수정신고)

❷ 법인세의 계산구조 및 세무조정

(1) 법인세의 계산구조

	손익계산서상 당기순이익	
(+)	익금산입·손금불산입	── 세무조정(소득처분)
(−)	손금산입·익금불산입	서식 : 소득금액조정합계표
	차가감소득금액	┌ 기부금조정명세서
(+)	지정기부금당기한도초과액	┤
(−)	기부금한도초과액이월액손금산입액	└ 이월결손금 : 해당 사업연도 개시일 전 10년 이내에 발생한 세무회계상 이월결손금(단, 2020.1.1. 이후 개시하는 사업연도에 발생하는 결손금부터는 이월 공제기간 15년으로 확대)
	각 사업연도 소득금액	
(−)	이월결손금	
(−)	비과세소득	── 비과세소득 : 이월결손금 공제한 잔액 내에서 공제하고, 미공제된 잔액은 차기로 이월되지 않고 소멸
(−)	소득공제	
	과세표준	
(×)	세 율	── 법인세율
	산출세액	
(−)	공제·감면세액	
(+)	가산세	
	총부담세액	
(−)	기납부세액	── 중간예납세액, 수시부과세액, 원천징수납부세액
	최종납부세액	

과세표준	세 율
2억원 이하	10%
2억원 초과 ~ 200억원 이하	20%
200억원 초과 ~ 3,000억원 이하	22%
3,000억원 초과	25%

(2) 기업회계와 세무회계와의 차이

구 분	기업회계	세무회계
목 적	정확한 당기순이익 계산 (주주에게 배당 가능한 금액)	과세소득금액의 계산 (세금 계산)
인식기준	발생주의 (수익 : 실현주의, 비용 : 발생주의)	권리의무확정주의 (익금 : 권리확정 시, 손금 : 의무확정 시 인식)
이익계산방법	수익 − 비용 = 이익	익금 − 손금 = 각 사업연도 소득금액
차이의 예시	회사가 계상한 비용 모두 인정	일정 한도 내에서 인정 예 감가상각비, 접대비, 기부금 등

(3) 세무조정

기업회계기준에 의해 작성된 결산서상 당기순손익을 기초로 하여 세법의 규정에 따라 익금과 손금을 조정하여 과세소득을 계산하기 위한 절차를 의미한다.

각 사업연도 소득금액 = 결산서상의 당기순이익 ± 익금산입, 손금불산입 / 손금산입, 입금불산입

① 소득금액조정항목

항 목	내 용	조 정
익금산입	결산서에 수익으로 계상되지 않았으나 세법상 익금에 해당하는 것	가 산
익금불산입	결산서에 수익으로 계상되었으나 세법상 익금에 해당하지 않는 것	차 감
손금산입	결산서에 비용으로 계상되지 않았으나 세법상 손금에 해당하는 것	차 감
손금불산입	결산서에 비용으로 계상되었으나 세법상 손금에 해당하지 않는 것	가 산

② 세무조정신고의 유형 : 결산조정항목과 신고조정항목으로 구분된다.

　㉠ 결산조정 : 결산 시 장부에 반영해야만 손금으로 인정받는 항목

　㉡ 신고조정 : 결산 시 장부에 반영되지 않아도 세무조정계산서에 익금 또는 손금을 반영하면 인정되는 항목

❸ 소득처분

세무조정되어 계산된 금액 등이 누구에게 귀속되는가를 확정하는 세법상의 절차를 말한다. 사외유출(외부로 유출)과 사내유보(외부로 유출되지 않은 것)로 구분하며, 사외유출된 경우 귀속자(출자자, 임원, 사용인 등)를 결정하여 소득세를 부과시킨다.

세무조정	소득처분종류		사후관리
익금산입 손금불산입	사외유출	배당, 상여, 기타소득	소득귀속자에게 소득세 과세 (귀속이 불분명한 상여는 인정상여로 대표자에게 귀속시킴)
		기타사외유출	사후관리 불필요
	사내유보	유 보	세무상 순자산 증가
		기타(잉여금)	사후관리 불필요
손금산입 익금불산입	△유보		세무상 순자산 감소
	기타(△잉여금)		사후관리 불필요

(1) 배 당

세무조정한 소득이 사외로 유출되어 출자자(사용인과 임원은 제외)에게 귀속된 경우 출자자에 대한 배당으로 처리한다. 비지정기부금의 경우 기부받은 자에 따라 배당으로 소득처분한다(2020년 개정).

(2) 상 여

세무조정한 소득이 사외로 유출되어 사용인 또는 임원에게 귀속된 것이 분명한 경우 상여로 처리하며, 귀속이 불분명한 경우는 인징상여로 대표자에게 귀속시킨다. 비시정기부금의 경우 기부받은 자에 따라 상여로 소득처분한다(2020년 개정).

(3) 기타소득

세무조정한 소득이 사외로 유출되어 출자자, 사용인, 임원 이외의 자에게 귀속된 것이 분명한 경우 귀속자에 대한 기타소득으로 처리한다.

(4) 기타사외유출

세무조정한 소득이 사외유출되어 법인 또는 개인사업자에게 귀속된 것이 분명한 때 그 금액과 법인세 시행령에 따른 각 목의 입금산입금액은 기타사외유출로 처리한다.

① 임대보증금 등에 대한 간주임대료 익급산입
② 기부금 한도초과액 및 비지정기부금 손금불산입
③ 접대비 한도초과 및 기준금액 초과 신용카드 미사용액 손금불산입
④ 벌과금 및 가산세 손금불산입
⑤ 법인세비용

(5) 유 보

세무조정한 소득이 사외로 유출되지 않고 법인 내부에 남아 있는 경우를 말하며, 다음 사항의 경우가 해당되고 그에 따른 금액을 관리하기 위해 자본금과 적립금조정명세서(乙)를 작성해야 한다.

① 퇴직급여충당금 한도초과액
② 대손충당금 한도초과액
③ 감가상각비 한도초과액
④ 재고자산평가감 등

(6) 기 타

세무조정한 소득이 사외에 유출되지 않고 사내에 남아 있으면서도 기업회계와 세무회계상에 순자산가액의 차이를 발생시키지 않는 경우 기타로 처리한다.

4 익금산입과 익금불산입

익금은 기업회계상 수익은 아니지만 법인세법상 익금인 금액을 순이익에 가산하여 과세처리하며, 익금불산입은 기업회계상 수익이지만 법인세법상 익금이 아닌 금액을 차감한다.

(1) 익금산입 항목

① 사업에서 발생한 수입금액(매출액)

② 자산의 임대료

③ 자산(자기주식)의 양도가액

④ 자산수증이익과 채무면제이익

⑤ 손금에 산입한 금액 중 환입한 금액

(2) 익금불산입 항목

① **자본거래로 인한 순자산 증가**

㉠ 주식발행액면초과액

㉡ 감자차익

㉢ 합병차익 및 분할차익(단, 합병(분할)평가차익은 익금항목)

㉣ 자산의 임의평가차익

② **이중과세의 방지**

㉠ 이월익금

㉡ 법인세 등의 환급액

③ **기 타**

㉠ 자산의 임의평가차익

㉡ 국세·지방세의 과오납금의 환급금에 대한 이자

㉢ 부가가치세 매출세액

㉣ 자산수증이익과 채무면제이익 중 이월결손금보전에 충당된 금액

5 손금산입과 손금불산입

자본 또는 출자의 환급, 잉여금의 처분 및 손금불산입항목을 제외하고 당해 법인의 순자산을 감소시키는 거래로 인하여 발생하는 손비의 금액을 의미한다.

(1) 손금산입 항목

① 판매한 상품 또는 제품에 대한 원료의 매입가액(기업회계기준에 의한 매입에누리금액 및 매입할인금액을 제외한다)과 그 부대비용(= 매출원가)

② 양도한 자산의 양도당시의 장부가액

③ 인건비

④ 고정자산의 수선비

⑤ 고정자산에 대한 감가상각비

⑥ 자산의 임차료

⑦ 차입금이자(채권자불분명 사채이자 등 일정한 이자는 손금불산입항목에 해당)

⑧ 대손금

⑨ 자산의 평가차손

⑩ 제세공과금

⑪ 영업자가 조직한 단체로서 법인이거나 주무관청에 등록된 조합 또는 협회에 지급한 회비

⑫ 광산업의 탐광비(탐광을 위한 개발비를 포함)

⑬ 보건복지부장관이 정하는 무료진료권 또는 새마을진료권에 의하여 행한 무료진료의 가액

⑭ 업무와 관련 있는 해외시찰·훈련비

⑮ 초·중등교육법에 의하여 설치된 근로청소년을 위한 특별학급 또는 산업체부설 중·고등학교의 운영비

⑯ 기타의 손비로서 그 법인에 귀속되었거나 귀속될 금액(순자산 증가설)

(2) 손금불산입 항목

① 자본거래로 인한 손비의 손금불산입
    ㉠ 잉여금 처분을 손비로 계상(단, 세법이 정하는 성과급은 손금산입)
    ㉡ 주식할인발행차금

② 제세공과금의 손금불산입
    ㉠ 법인세, 지방소득세 및 농어촌특별세
    ㉡ 벌금, 과료, 과태료, 가산금 및 체납처분비

③ 기타의 손금불산입
    ㉠ 자산평가차손(단, 천재지변·화재·수용·채진에 의한 폐광으로 파손·멸실된 고정자산의 평가차손은 제외)
    ㉡ 감가상각비 한도초과액
    ㉢ 기부금 한도조과액
    ㉣ 과다경비
    ㉤ 접대비 한도초과액
    ㉥ 업무와 관련이 없는 비용
    ㉦ 지급이자(단, 지급이자 부인 해당액)

6 법인세의 과세표준 및 납부세액

(1) 과세표준 계산 및 산출세액 계산 구조

	각 사업연도 소득금액	┌ 이월결손금 : 해당 사업연도 개시일 전 10년 이내에 발생한 세무회계상
(−)	이월결손금 ┘	이월결손금(단, 2020.1.1. 이후 개시하는 사업연도에 발생하는 결손
(−)	비과세소득 ┐	금부터는 이월 공제기간 15년으로 확대)
(−)	소득공제	└ 비과세소득 : 이월결손금 공제한 잔액 내에서 공제하고, 미공제된 잔
	과세표준	액은 차기로 이월되지 않고 소멸
(×)	세 율 ──	법인세율 : 과세표준 2억원 이하 10%, 2억원 초과 ~ 200억원 이하
	산출세액	20%, 200억원 초과 ~ 3,000억원 이하 22%, 3,000억원 초과 25%

(2) 사업연도가 1년 미만인 경우 법인세 산출세액 계산

① 법인세 산출세액 = {과세표준 × (12/사업연도의 월수) × 세율} × (사업연도의 월수/12)

　※ 월수는 역에 따라 계산하되, 1월 미만의 일수는 1월로 계산한다.

② 법인세 세율

　㉠ 법인세율 과표 2억원 이하 10%

　㉡ 2억원 초과 ~ 200억원 이하 20%

　㉢ 200억원 초과 ~ 3,000억원 이하 22%

　㉣ 3,000억원 초과 25%

(3) 세액감면과 세액공제

① **세액감면** : 세액을 감면해주는 제도로 조세특례제한법에 규정되어 있으며, 특정사업에서 생긴 소득에 대한 법인세를 감면해주는 제도를 말한다.

② **세액공제** : 산출세액에서 일정금액을 공제해주는 제도를 말하며 외국납부세액, 재해손실세액공제 등이 해당된다.

(4) 법인세 중간예납 · 원천징수 · 수시부과

① 중간예납

　㉠ 각 사업연도의 기간이 6월을 초과하는 법인은 당해 사업연도 개시일로부터 6월간을 중간예납 기간으로 하며, 중간예납기간이 경과한 날로부터 2월 이내에 납부해야 한다. 신고납부기간은 8월 1일에서 8월 31일까지이다.

  ⓛ 중간예납세액 계산방법
    • 직전 사업연도의 법인세 실적을 기준으로 하는 방법이다.
    • 중간예납기간의 실적을 기준으로 계산하는 방법이다(가계산방법).
  ⓒ 중간예납의무 제외대상 법인
    • 신설법인의 최초사업연도(단, 합병 또는 분할에 의한 신설은 중간예납 의무대상)
    • 청산법인, 사업수입금액이 없는 휴업법인
    • 국내사업장이 없는 외국법인
  ⓔ 중간예납세액의 분납 : 중간예납세액이 1,000만원 초과하는 경우 분납 가능

 ② **원천징수** : 원천징수의무자는 지급한 소득에 대해 법인세를 원천징수하여 다음 달 10일까지 이를 납세지 관할 세무서에 납부해야 한다.

 ③ **수시부과** : 다음의 사유로 인해 법인세포탈의 우려가 있다고 인정되는 경우에 해당 법인에 대한 법인세를 수시로 부과할 수 있다.
  ㉠ 신고를 하지 않고 본점 등을 이전한 경우
  ⓛ 사업부진 기타의 사유로 인해 휴업 또는 폐업상태에 있는 경우
  ⓒ 기타 조세를 포탈할 상당한 우려가 있는 경우

(5) 법인세 확정신고 및 납부

 ① **법인세 신고기한** : 각 사업연도 종료일이 속하는 달의 말일부터 3개월 이내에 당해 사업연도 소득에 대한 법인세의 과세표준과 세액을 납세지 관할 세무서장에게 신고 및 납부해야 한다. 또한 각 사업연도 소득이 없거나 결손법인인 경우에도 신고해야 한다.

 ② **법인세 분납**
  ㉠ 납부세액 1,000만원 초과 2,000만원 이하 : 1,000만원을 초과하는 금액은 납부기한이 경과한 날로부터 1월 이내에 분납이 가능하다(중소기업은 2개월).
  ⓛ 납부세액 2,000만원 초과 : 납부세액의 50% 이하의 금액은 납부기한이 경과한 날로부터 1월 이내에 분납이 가능하다(중소기업은 2개월).

 ③ **법인세 신고 시 제출서류**
  ㉠ 재무상태표
  ⓛ 손익계산서
  ⓒ 이익잉여금처분계산서(결손금처리계산서)
  ⓔ 세무조정계산서
  ⓜ 기타부속명세

T·E·S·T
01 단원평가문제

01 다음 중 현행 우리나라의 부가가치세법상 계속사업자인 간이과세자의 과세기간에 해당하는 것은?

① 1월 1일 ~ 3월 31일
② 4월 1일 ~ 6월 30일
③ 1월 1일 ~ 6월 30일
④ 1월 1일 ~ 12월 31일

■해설

간이과세자의 과세기간은 1월 1일부터 12월 31일까지이다.

02 다음 중 부가가치세법상 공급시기에 대한 설명으로 가장 올바르지 않은 것은?

① 통상적인 용역공급은 역무의 제공이 완료되는 때가 공급시기이다.
② 일반적인 수출재화의 공급시기는 수출신고 수리일이다.
③ 폐업 시 잔존재화의 공급시기는 폐업하는 때이다.
④ 무인판매기에 의한 판매는 무인판매기에서 현금을 인출하는 때가 공급시기이다.

■해설

일반적인 수출재화의 공급시기는 선(기)적일이다.

03 다음 중 현행 우리나라의 부가가치세법상 면세대상에 해당하지 않는 것은?

① 도서, 신문
② 주택의 임대
③ 상가 토지의 임대
④ 시내버스 운송용역

■해설

상업용 건물의 임대 및 상업용 건물의 부수 토지의 임대는 과세에 해당한다. 다만 주택임대의 소득은 일정규모 이하에 대해서는 면세에 해당한다.

04 다음 중 세금계산서에 대한 설명으로 가장 올바른 것은?

① 세금계산서는 전자세금계산서로 발행하는 것만 인정된다.
② 수입재화에 대하여는 세금계산서를 발급하지 아니한다.
③ 모든 영세율 적용대상거래는 세금계산서 발급의무가 없다.
④ 작성 연월일은 세금계산서의 필요적 기재사항에 해당된다.

해설

① 종이세금계산서, 수입세금계산서도 인정된다.
② 수입재화에 대해서는 세관장을 공급자로 하여 수입세금계산서를 발급한다.
③ L/C, 구매확인서에 의해 수출된 거래는 영세율 적용대상거래로서 세금계산서 발급의무가 있다.

05 다음 중 법인세 과세표준 및 세액신고서의 필수적 첨부서류에 해당하지 않는 것은?

① 재무상태표   ② 계정별 명세서
③ 세무조정계산서   ④ 이익잉여금처분계산서

해설

과세표준 신고 및 세액납부 시 첨부서류
• 재무상태표, 손익계산서
• 이익잉여금처분계산서(또는 결손금처리계산서)
• 세무조정계산서
• 기타 부속서류 및 현금흐름표

06 다음 중 법인세 세무조정 결과 소득처분사항에 대하여 자본금과적립금조정명세서(乙)에서 관리가 필요한 것은?

① 법인세비용   ② 임원상여 한도초과액
③ 채권자불분명 사채이자   ④ 재고자산평가이익

해설

자본금과적립금조정명세서(乙)에서 관리가 필요한 것은 유보 또는 △유보 등 일시적 차이에 대한 관리이므로 재고자산평가이익이 해당된다.
① 기타사외유출, ② 상여, ③ 상여로 영구적 차이에 해당된다.

07 부가가치세법상 사업자는 사업개시일로부터 며칠 이내에 사업장 관할 세무서장에게 사업자등록을 하여야 하는가?

① 7일   ② 10일

③ 14일   ④ 20일

■해설

사업개시일로부터 20일 이내에 관할세무서장에게 사업자등록을 해야 한다.

08 다음 중 세금계산서에 대한 설명으로 가장 올바르지 않은 것은?

① 세금계산서는 월별로 합계하여 발행할 수도 있다.

② 간이과세자의 경우 세금계산서를 발행할 수 없다.

③ 세금계산서는 재화와 용역의 공급시기를 작성일자로 하여 발급함이 원칙이다.

④ 목욕업의 경우에도 세금계산서를 발급할 수 있다.

■해설

미용·욕탕 및 유사서비스업, 여객운송업(전세버스운송업 제외), 무도학원, 자동차운전학원, 입장권을 발행하여 경영하는 사업 등은 고객이 요청해도 세금계산서를 발급할 수 없는 사업에 해당한다.

09 다음 중 법인세 세무조정 결과 소득처분사항에 대하여 자본금과적립금조정명세서(乙)에서 관리가 필요한 것은?

① 법인세비용   ② 임원상여 한도초과액

③ 채권자불분명 사채이자   ④ 감가상각비 한도초과

■해설

유보에 해당되는 경우 세무조정한 소득이 사외로 유출되지 않고 법인 내부에 남아있는 경우를 말하며, 자본금과 적립금조정명세서(乙)에서 관리가 필요하다. 퇴직급여충당금 한도초과액, 대손충당금 한도초과액, 감가상각비 한도초과액, 재고자산 평가감 등이 해당된다.

10 다음 중 부가가치세 영세율 제도와 관련된 설명 중 가장 적절하지 않은 것은?

① 영세율을 적용하면 매출세액이 발생하지 않는다.

② 영세율의 목적은 부가가치세의 역진성 완화에 있다.

③ 영세율 적용대상자는 부가가치세법상 납세의무자이다.

④ 영세율 적용대상자는 매입세액을 전액 공제받을 수 있다.

🖥️해설

부가가치세의 역진성 완화는 면세에 해당하는 내용이다.

11 A법인이 대주주인 갑(개인)으로부터 시가 5억원인 유가증권을 3억원에 매입하였다. 이 경우 법인세법상 필요한 세무조정은?

① 익금산입 2억원   ② 익금불산입 2억원

③ 손금산입 2억원   ④ 손금불산입 2억원

🖥️해설

대주주인 갑은 특수관계자이며 개인으로부터 유가증권을 저가로 매입한 경우에 해당하므로 세무조정은 익금산입이며, 소득처분은 유보로 처리한다.

제2장 관리회계의 이해(이론)

1 원가회계

1 원가회계의 의의와 목적

원가회계란 제품생산에 소요되는 원가를 파악하여 측정, 기록, 계산 정리하는 회계분야를 의미하며, 제조기업 등에서 경영의사결정에 필요한 원가정보를 얻을 수 있다. 원가회계의 목적은 재무제표 작성에 필요한 원가정보의 제공과 경영의사 결정에 필요한 원가정보의 제공 및 원가통제에 필요한 원가정보의 제공, 예산편성과 통제 등의 목적이 있다.

2 원가의 개념과 분류

(1) 원가의 개념

① 원가의 의의 : 원가란 제조기업이 제품 및 용역을 얻기 위해 소비한 모든 원재료, 노동력, 설비 등의 희생된 경제적 가치를 말한다.

② 원가의 대상

㉠ 재화나 용역을 생산하기 위한 과정에서 소비된 경제적 가치이다. 그러므로 일정기간의 수익을 얻기 위해 소비된 경제적 가치인 비용과는 다르다.

㉡ 제품의 생산을 위해 소비된 가치의 소비액이므로, 생산활동과 관계가 없는 광고선전비와 본사 직원의 급여 등은 원가의 대상이 될 수 없다.

㉢ 정상적인 제조활동과정에서 발생한 경제적 가치의 소비액이므로 화재, 파업 등 비정상적 상황에서의 가치감소액은 원가의 대상이 될 수 없다.

(2) 원가의 분류

① 원가의 요소에 따른 분류(발생형태)

㉠ 재료비 : 제품 제조를 위해 소비된 원가

　예 주요/보조재료비, 부분품, 소모품비 등

㉡ 노무비 : 제품 제조를 위해 소비된 노동력에 대한 원가

　예 임금, 급료, 각종 제수당 및 퇴직금 등

㉢ 제조경비 : 재료비와 노무비 이외에 소비된 원가요소

　예 감가상각비, 수도료, 전력비, 수선비, 보험료 등

② 추적가능성에 따른 분류

  ㉠ 직접비(직접원가) : 특정 제품 제조에 소비되어 추적이 가능한 원가

    예 직접재료비, 직접노무비, 직접경비 등

  ㉡ 간접비 : 여러 종류의 제품 제조에 공통적으로 소비되어 추적이 불가능한 원가

    예 간접재료비, 간접노무비, 간접경비 등

③ 원가행태에 따른 분류(조업도)

  ㉠ 고정비(간접원가) : 조업도(또는 생산량)의 증감과 관계없이 그 총액이 항상 일정하게 발생하는
    원가이며, 생산량이 증가하면 제품의 단위당 고정비는 감소한다.

    예 공장건물의 임차료, 보험료, 감가상각비, 재산세 등

  ㉡ 준고정비 : 일정 조업도별로 원가 총액이 불연속성(계단식)으로 변화하는 원가이다.

    예 포장비, 생산감독관 급여 등

  ㉢ 변동비 : 조업도(또는 생산량)의 증감에 정비례하여 발생하는 원가이며, 단위당 변동비는 생산
    량의 증감에 관계없이 일정하다.

    예 직접재료비, 직접노무비, 포장재료비 등

  ㉣ 준변동비 : 고정비와 변동비가 혼합적으로 발생하는 원가이다.

    예 전기요금, 전화요금, 가스수도료, 통신비 등

❸ 원가의 구성과 흐름

(1) 원가의 구성 및 구성도

① 원가의 구성

  ㉠ 직접원가(기초원가) = 직접재료비 + 직접노무비 + 직접제조경비

  ㉡ 가공비(전환원가) = 직접노무비 + 직접제조경비 + 제조간접비

  ㉢ 제조원가 = 직접원가(기초원가) + 제조간접비

  ㉣ 총원가 = 제조원가 + 판매비와관리비

  ㉤ 판매가격 = 총원가 + 영업이익

② 원가의 구성도

			판매이익	
		판매비와관리비		
	제조간접비			
직접재료비	직접원가 (기초원가)	제조원가	총원가 (판매원가)	판매가격
직접노무비				
직접제조경비				

(2) 원가의 흐름

당기에 발생한 제조원가(직접재료비, 직접노무비, 제조간접비)는 재공품(생산진행 중), 제품(생산 완료)의 자산으로 계상되었다가 제품이 판매되는 때에 매출원가(비용)로 인식된다. 왜냐하면 제조원가에 대응되는 수익이 제품을 판매하는 시점에 실현되기 때문이다(제품의 생산이 완료되는 시점과 수익인식시점이 일치하지 않는다).

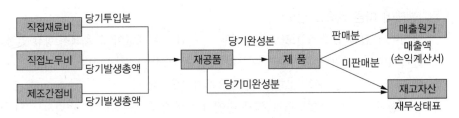

4 원가 관련 계정 및 원가계산식

(1) 원가 관련 계정

① 당기총제조원가 = 직접경비(직접재료비 + 직접노무비) + 제조간접비

직접재료비	
기 초	직접재료비
당기매입	기말

직접노무비	
	직접노무비

제조간접비	
	제조간접비

※ 제조간접비 계정은 직접경비를 제외한 모든 제조원가를 말하며, 간접재료비, 간접노무비, 간접제조경비 등이 해당된다.

② 당기제품제조원가 = 기초재공품재고액 + 당기총제조원가 - 기말재공품재고액

재공품	
기초재고액(전월이월)	완성품제조원가(당기제품제조원가)
당기총제조원가	기말재고액(차월이월)

※ 재공품 계정은 완제품의 제조를 위하여 발생된 모든 원가를 집계하는 계정으로서 생산된 제품의 제조원가를 계산하는 계정이다. 재공품 계정에서 계산된 당기제품제조원가는 제품 계정으로 대체된다.

③ 제품매출원가 = 기초제품재고액 + 당기제품제조원가 - 기말제품재고액

제 품	
기초재고액(전월이월)	매출원가(제품매출원가)
당기제품제조원가	기말재고액(차월이월)

※ 제품 계정은 제조과정이 완료된 완성품을 기록하는 계정이며, 완성된 제품은 재공품 계정의 대변으로부터 제품 계정의 차변으로 대체된다. 따라서 제품 계정의 차변금액(기초재고액 + 당기제품제조원가)은 당기의 원가를 나타내며 제품이 판매되면 제품 계정의 대변으로부터 매출원가 계정으로 대체된다.

④ 제조원가명세서 : 당기제품제조원가의 내역을 표시하기 위해서 작성하는 명세서로 재무제표의 부속명세서이다. 작성된 당기제품제조원가를 손익계산서에 반영해야 한다.

(2) 원가계산식

재료비소비액	기초재료 + 당월재료매입액 − 기말재료
기본원가(기초원가)	직접재료비 + 직접노무비
가공원가(전환원가)	직접노무비 + 제조간접비
당기총제조원가	직접재료비 + 직접노무비 + 제조간접비(또는 재료비 + 노무비 + 제조경비)
당기제품제조원가	기초재공품 + 당기총제조원가 − 기말재공품
매출원가	기초제품 + 당기제품제조원가 − 기말제품
매출액	매출원가 + 매출총이익
완성품수량	기초재공품수량 + 당월제조착수수량 − 기말재공품수량
	(매출수량 + 기말제품수량) − 기초제품수량
	(기초재공품수량 + 당월착수수량) − 기말재공품수량
제품단위당원가	당월제품제조원가 ÷ 완성품수량

5 부문별 원가계산

(1) 부문별 원가계산의 의의

부문의 발생원천이 되는 발생장소를 부문별로 분류·집계하여 각 제품에 배부하여 원가계산하는 것을 부문별계산이라고 하며, 제조부문과 보조부문으로 구분하여 원가를 산정한다.

(2) 부문별 원가계산의 설정

① 제조부문 : 제품의 제조활동이 이루어지는 부문을 의미한다.

> **예** 절단부문, 조립부문, 선반부문, 주조부문 등

② 보조부문 : 제품 제조와 직접적인 관계는 없지만 제조활동을 보조하기 위하여 용역제조부문에 제공하는 부문을 말한다.

> **예** 동력부문, 수선부문, 공장사무부문 등

(3) 부문별 원가계산의 절차

① 1단계 : 부문개별비(부문직접비)를 각 부문에 부과

② 2단계 : 부문공통비(부문간접비)를 각 부문에 배부

③ 3단계 : 보조부문비를 제조부문에 배부

④ 4단계 : 제조부문비를 각 제품에 배부

- 부문직접비(부문개별비) : 특정 부문에 대해 개별적으로 발생한 원가요소로서 발생액을 해당 부문에 직접 부과
- 부문간접비(부문공통비) : 두 개 이상의 부문에서 공통적으로 발생하는 원가요소로서 특정 부문별 추적이 불가능하므로 인위적 배부기준에 의하여 각 부문에 배부

(4) 보조부문비의 배분방법

직접배분법	보조부문 상호 간에 행하여지는 용역의 수수를 무시하고 보조부문원가를 각 제조부문에만 배분하는 방법
단계배분법	보조부문 간의 배분순서를 정하여 그 순서에 따라 보조부문원가를 다른 보조부문과 제조부문에 단계적으로 배분하는 방법
상호배분법	상호배분법이란 보조부문 간의 용역수수관계를 완전히 고려하는 방법

예제풀기

다음을 참고하여 보조부문비를 직접배분법, 단계배분법, 상호배분법으로 원가계산하기

구 분	보조부문		제조부문		합 계
	A(식당)	B(전력)	X(주물)	Y(용접)	
A(식당)		10%	45%	45%	100%
B(전력)	20%		50%	30%	100%
발생원가	156,000	200,000	500,000	600,000	1,456,000

해설 및 정답

① 직접배분법

구 분	보조부문		제조부문	
	A(식당)	B(전력)	X(주물)	Y(용접)
배분 전 원가	156,000	200,000	500,000	600,000
A(식당)	(156,000)	–	78,000	78,000
B(전력)	–	(200,000)	125,000	75,000
배분 후 원가	0	0	703,000	753,000

㉠ A의 원가배분(A → X, Y)
- A → X : 156,000 × 45/90 = 78,000
- A → Y : 156,000 × 45/90 = 78,000

㉡ B의 원가배분(B → X, Y)
- B → X : 200,000 × 50/80 = 125,000
- B → Y : 200,000 × 30/80 = 75,000

② 단계배분법(A(식당)부터 배분)

구 분	보조부문		제조부문	
	A(식당)	B(전력)	X(주물)	Y(용접)
배분 전 원가	156,000	200,000	500,000	600,000
A(식당)	(156,000)	15,600	70,200	70,200
B(전력)	–	(200,000)	134,750	80,850
배분 후 원가	0	0	704,950	751,050

※ 식당부문의 원가를 전력, 주물, 용접에 배분
※ 전력부문은 식당부문에서 배분받은 원가를 합하여 주물, 용접에 배분
㉠ A의 원가배분(A → B, X, Y)
  • A → B : 156,000 × 10/100 = 15,600
  • A → X : 156,000 × 45/100 = 70,200
  • A → Y : 156,000 × 45/100 = 70,200
㉡ B의 원가배분(B → X, Y)
  • B → X : (200,000 + 15,600) × 50/80 = 134,750
  • B → Y : (200,000 + 15,600) × 30/80 = 80,850

③ 상호배분법

구 분	보조부문		제조부문	
	A(식당)	B(전력)	X(주물)	Y(용접)
배분 전 원가	156,000	200,000	500,000	600,000
A(식당)	(200,000)	20,000	90,000	90,000
B(전력)	44,000	(220,000)	110,000	66,000
배분 후 원가	0	0	700,000	756,000

※ 연립방정식
  A = 156,000 + 0.2B
  B = 200,000 + 0.1A
  A = 156,000 + {0.2(200,000 + 0.1A)}
    = 156,000 + 40,000 + 0.02A
  ∴ A = 200,000, B = 220,000
㉠ A의 원가배분(A → B, X, Y)
  • A → B : 200,000 × 10/100 = 20,000
  • A → X : 200,000 × 45/100 = 90,000
  • A → Y : 200,000 × 45/100 = 90,000
㉡ B의 원가배분(B → A, X, Y)
  • B → A : 220,000 × 20/100 = 44,000
  • B → X : 220,000 × 50/100 = 110,000
  • B → Y : 220,000 × 30/100 = 66,000

6 개별원가계산

(1) 개별원가계산의 의의

개별원가계산은 개별생산형태의 기업에서 품질, 종류, 규격, 형태가 서로 다른 특정의 제품을 소량 생산하는 경우에 채택하는 원가계산방법이며 건설업, 조선업, 가구제조업, 항공기제조업 등과 같이 주문생산형태에서 주로 사용한다.

(2) 개별원가계산의 특징

① 개별작업별로 원가계산이 이루어지므로 제조직접비인 직접재료비와 직접노무비는 언제든지 원가 계산을 할 수 있고 발생원가를 그대로 집계할 수 있다.

② 제조간접비는 직접적으로 추적할 수 없으므로 기말의 원가계산 시에 적정하게 배부해야 한다.

③ 제조지시서 작성, 작업원가계산표 작성 등 작업에 대한 기록이 다소 복잡해지기는 하지만 해당 특정 제품과 관련한 원가를 집계 및 배부하게 되므로 종합원가계산보다 정확한 원가계산이 가능하다.

(3) 제조간접비의 배부

제조간접비란 해당 제품과의 관련성을 직접적으로 추적하기 어려운 원가를 말하며, 제품의 원가를 계산하기 위해서는 적절한 배부절차를 통해 제조간접비를 각 제품에 배부해야 한다.

① **제조간접비의 실제배부** : 실제조업도를 나타내는 배부기준에 입각해서 실제배부율을 구하고, 이를 바탕으로 특정제조지시서의 제조간접비를 산정하는 방법이다.

 알아두기

> 제조간접비 실제배부법의 단점
> • 제조간접비 실제발생의 총액은 월말에 집계되므로 월중에 제품이 완성되는 경우에는 월말까지 기다 려야지만 그 제품의 실제 제조원가를 계산할 수 있게 되므로 원가계산 시기가 지연된다.
> • 제조간접비에는 고정비가 많기 때문에 계절별로 제품의 생산량이 큰 차이가 있는 회사에서는 제품 단위당 배부액에 많은 차이가 생기게 되므로, 실제배부액보다는 예정배부액을 사용한다.

② 제조간접비의 예정배부

㉠ 예정배부방식은 실제배부방식의 한계를 극복하고자 예정배부방식을 사용하게 되었으며, 정상 원가계산이라고도 한다. 이를 통해 모든 제조간접비의 실제발생액이 집계되는 시점까지 원가 계산을 기다릴 필요 없이 기중에도 원가의 집계가 가능하여 정보를 시기적절하게 제공할 수 있게 되었다.

㉡ 제조간접비 예정배부의 공식

• 제조간접비 예정배부율(%) = 예정제조간접비 총액 ÷ 예정배부기준

• 제조간접비 예정배부액 = 예정배부율 × 배부기준의 실제 사용량(투입량)

ⓒ 제조간접비의 배부차이

- 실제배부액 < 예정배부액 : 과대배부(유리한 차이)

차 변		대 변	
제조간접비	×××	제조간접비배부차이	×××

- 실제배부액 > 예정배부액 : 과소배부(불리한 차이)

차 변		대 변	
제조간접비배부차이	×××	제조간접비	×××

The 알아두기

분개방법(불리한 차이 발생 시)

- 예정배부 시 :   (차) 재공품   ×××   (대) 제조간접비   ×××
- 실제발생 시 :   (차) 제조간접비   ×××   (대) 간접노무원가   ×××
                                                     간접경비   ×××
- 배부차이 조정 시 : (차) 제조간접비배부차이 ×××   (대) 제조간접비   ×××

→ 제조간접비배부차이는 추후에 매출원가조정법, 비례배분법, 영업외손익법 등으로 조정한다.

7 종합원가계산

(1) 종합원가계산의 의의

종합원가계산은 종류, 성질, 규격 등이 동일한 특정종류의 제품을 연속적으로 대량생산하는 정유업, 제지업, 제당업, 화학공업 등의 기업에서 채용되는 원가계산제도이다.

(2) 종합원가계산의 절차

총투입량 (월초재공품수량 + 당월투입수량)	=	총산출량 (당월완성품수량 + 월말재공품수량)

① 물량흐름을 파악한다.

② 원가요소별로 완성품환산량을 산출한다.

③ 원가요소별로 기초재공품원가와 당기발생원가를 집계한다.

④ 원가요소별로 완성품환산량 단위당 원가를 산출한다.

⑤ 완성품과 기말재공품 원가를 계산한다.

(3) 종합원가계산과 개별원가계산의 비교

구 분	종합원가계산	개별원가계산
생산형태	동종제품 연속 대량생산형태	개별적 주문에 따른 다품종 소량생산형태
적용업종	제지업, 정유업, 제분업, 시멘트, 철강업, 화학품 제조업 등	건설업, 조선업, 인쇄업, 기계제작업, 항공기제조업, 가구제작업 등
원가계산	• 제조공정별로 기간별 원가계산 • 원가를 직접재료비와 가공비로 구분	• 작업원가표별로 집계 • 원가를 직접비, 간접비로 구분
주요과제	완성품환산량 계산이 중요	제조간접비 배부가 중요
기말재공품 평가	평가문제 발생	발생치 않음
장단점	• 경제적이면서 단순함 • 책임회계 및 통제가 용이함 • 원가계산의 정확성이 떨어짐	• 원가계산의 정확성이 높음 • 상세한 기록이 필요하고 비용이 많이 발생 • 제품별 손익계분석 및 계산이 용이

(4) 종합원가계산방법

① **평균법** : 기말재공품 수량에 기초재공품과 당기투입분이 평균적으로 남아있다는 가정하에 완성품환산량 및 단위당 원가와 기말재공품의 원가를 계산하는 방법이다.

ㄱ 완성품환산량 = 당기완성품수량 + 기말재공품환산량

※ 재공품환산량 = 재공품수량 × 완성도

ㄴ 완성품환산량 단위당 원가 = $\dfrac{\text{기초재공품원가} + \text{당기총제조원가}}{\text{완성품환산량}}$

ㄷ 기말재공품원가 = 완성품환산량 단위당 원가 × 기말재공품환산량

② **선입선출법** : 기초재공품을 우선 가공하여 완성하고 난 다음에 당기에 착수한 물량을 가공하였다는 가정하에서 완성품환산량 및 단위당 원가와 기말재공품의 원가를 계산하는 방법이다.

ㄱ 완성품환산량 = 당기완성품수량 − 기초재공품환산량 + 기말재공품환산량

※ 재공품환산량 = 재공품수량 × 완성도

ㄴ 완성품환산량 단위당 원가 = $\dfrac{\text{당기총제조원가}}{\text{완성품수량} - \text{기초재공품환산량} + \text{기말재공품환산량}}$

ㄷ 기말재공품원가 = 완성품환산량 단위당 원가 × 기말재공품환산량

다음을 참고하여 선입선출법으로 가공비를 원가계산하시오.

- 기초재공품 : 수량 0개
- 당기총제조비용 : 재료비 300,000원을 공정초기에 모두 투입, 가공비 110,000원을 공정 전반에 균등하게 투입
- 당기완성품수량 : 500개
- 기말재공품 : 100개(완성도 50%)

해설
- 당기완성품 환산량 : 500개 + 0개 + (100개 × 50%) = 550개
- 완성품환산량 단위당 원가 : $\dfrac{110,000원}{550개}$ = 200원
- 기말재공품원가 : 200원 × 50개 = 10,000원

정답 10,000원

 알아두기

공손품
- 재료의 불량, 기계 등의 장비불량, 작업기술의 미숙 등으로 인해 품질검사에 불합격된 제품을 의미한다.
- 정상공손 : 생산과정에서 불가피하게 발생되는 공손을 말하며, 제품원가에 포함한다.
- 비정상공손 : 능률적인 작업조건하에서는 발생하지 않는 공손을 말하며, 영업외비용으로 회계처리한다.

8 표준원가계산

(1) 표준원가계산의 의의

직접재료비, 직접노무비, 제조간접비에 대해 미리 설정해 놓은 표준원가를 이용해서 제품원가를 계산하는 것을 말한다. 표준원가계산은 효율적인 원가의 관리와 통제를 위해서 사전에 정상적인 제품생산 과정에서 달성 가능한 성과를 과학적인 분석기법을 통하여 원가요소별로 표준을 설정해두었다가 실제 제품이 생산되면 제품의 원가를 표준원가로 계산하는 방법으로 예정원가의 개념에 해당된다.

(2) 표준원가계산의 유용성

① 제품의 제조원가 계산이 신속하고 용이하여 원가계산의 절차를 간소화할 수 있다.

② 실제발생원가와 표준원가의 차이분석을 통해 효율적인 원가의 통제와 관리에 유용한 정보를 얻을 수 있다는 점에서 원가의 통제 및 관리에 유용하다.

③ 제품 제조에 필요한 원가의 조달 및 현금의 필요액 등을 파악하는 데 도움을 준다는 점에서 예산편성에 유리하다.

(3) 표준원가계산의 단점

① 외부보고 시에 표준원가를 실제원가로 수정해야 하는 번거로움이 존재한다.

② 표준원가 계산에 추정이 개입되어 불확실성이 있다는 점에서 한계점을 가진다.

(4) 표준원가의 설정(표준수량 × 표준가격)

① 표준직접재료원가 = 제품단위당 표준재료수량 × 재료단위당 표준가격

※ 표준원가와 실제원가의 차이 : 가격차이, 수량차이

② 표준직접노무원가 = 제품단위당 표준직접노동시간 × 시간당 표준임률

※ 표준원가와 실제원가의 차이 : 임률차이, 능률차이

③ 표준변동제조간접원가 = 제품단위당 표준조업도 × 표준배부율

※ 표준배부율 : 변동제조간접원가예산 ÷ 기준조업도

※ 표준원가와 실제원가의 차이 : 소비차이, 능률차이

④ 표준고정제조간접원가 = 제품단위당 표준조업도 × 예정배부율

※ 예정배부율 : 고정제조간접원가예산 ÷ 기준조업도

※ 표준원가와 실제원가의 차이 : 예산차이, 조업도차이

(5) 원가차이 분석

원가차이 분석은 실제발생원가와 표준원가와의 차이의 원인을 밝혀내는 것을 의미하며, 직접재료비·직접노무비·변동제조간접원가·고정제조간접원가별로 계산된다.

① 원가 차이

 ㉠ 실제원가 > 표준원가 : 불리한 차이(U), 영업이익 감소

 ㉡ 실제원가 < 표준원가 : 유리한 차이(F), 영업이익 증가

② 직접재료비 차이

 ㉠ 가격차이 = (실제가격 − 표준가격) × 실제사용량 = (AP − SP) × AQ

 ㉡ 수량차이 = (실제사용량 − 표준사용량) × 표준가격 = (AQ − SQ) × SP

 ㉢ 직접재료비 차이 분석모형

AQ × AP = (실제원가)	AQ × SP(실제사용량 대비 표준원가)	SQ × SP = (표준원가)
가격차이	수량차이	

 AQ : 원재료의 실제사용량(투입량)　　AP : 원재료의 단위당 실제가격
 SP : 원재료의 단위당 표준가격　　SQ : 실제생산량에 허용된 원재료의 표준사용량(투입량)

③ 직접노무비 차이

 ㉠ 임률차이 = (실제임률 − 표준임률) × 실제직접노동시간 = (AR − SR) × AH

 ㉡ 능률차이 = (실제노동시간 − 표준직접노동시간) × 표준임률 = (AH − SH) × SR

 ㉢ 직접재료비 차이 분석모형

AH × AR = (실제임률)	AH × SR(실제시간 대비 표준임률)	SH × SR = (표준임률)
임률차이	능률차이	

 AH : 실제직접노동시간　　AR : 직접노동시간당 실제임률
 SH : 실제생산량에 허용된 표준직접노동시간　　SR : 직접노동시간당 표준임률

④ 변동제조간접비 차이

 ㉠ 소비차이 = (실제배분율 − 표준배분율) × 실제조업도 = (AP − SP) × AP

 ㉡ 능률차이 = (실제조업도 − 표준조업도) × 표준배분율 = (AQ − SQ) × SP

 ㉢ 직접재료비 차이 분석모형

AQ × AP = (실제배분율)	AQ × SP(실제조업도 대비 표준배분율)	SQ × SP = (표준배분율)
소비차이	능률차이	

 AQ : 실제조업도　　AP : 조업도 단위당 실제배분율
 SQ : 실제생산량에 허용된 표준조업도　　SP : 조업도 단위당 표준배분율

⑤ 고정제조간접비 차이

    ㉠ 예산차이 = (실제배분율 – 표준배분율) – 고정제조간접비 예산 = (AP – SP) – (MQ × SP)

    ㉡ 조업도차이 = (기준조업도 – 표준조업도) × 표준배분율 = (MQ – SQ) × SP

    ㉢ 직접재료비 차이 분석 모형

AQ × AP = (실제배분율)	MQ × SP(고정제조간접비 예산)	SQ × SP = (표준배분율)
	예산차이	조업도차이

AQ : 실제조업도   AP : 조업도 단위당 실제배분율

SQ : 실제생산량에 허용된 표준조업도   SP : 조업도 단위당 표준배분율

MQ : 기준조업도(고정제조간접비예정배부율 산정을 위해 미리 정해놓은 조업도)

9 변동원가계산과 전부원가계산

(1) 변동원가계산과 전부원가계산의 의의

변동원가계산은 변동제조원가만을 제품원가를 포함시키고 고정제조간접원가와 판매관리비는 기간비용으로 처리하는 계산방법이다. 반면 전부원가계산은 직접재료원가, 직접노무원가, 변동제조간접원가와 고정제조간접원가 모두를 제품원가에 포함시키고 판매관리비는 기간비용으로 처리하는 계산방법이다.

즉, 전부원가계산에서는 고정제조간접원가를 제품원가에 산입하여 판매되는 시점에 매출원가로서 처리하나, 변동원가계산에서는 고정제조간접원가 발생하는 기간에 곧바로 전액 기간비용으로 처리하게 된다.

(2) 변동원가계산과 전부원가계산의 장·단점

구 분	변동원가계산(원가회피개념에 근거)	전부원가계산(원가부착개념에 근거)
장 점	• 단기적 의사결정에 적합하다. • 제품단위당 제조원가가 일정하다. • 이익이 판매량에 의해서만 영향을 받는다.	• 외부보고 목적으로 대부분 인정되는 방법이다. • 장기적 의사결정에 적합하다. • 혼합원가의 주관적인 구분이 불필요하다.
단 점	• 고정제조간접원가의 중요성을 간과하였다는 점에서 장기적 의사결정에 부적합한 부분이 있다. • 대부분의 국가에서 외부보고목적으로 사용하지 못한다.	• 생산량이 달라지면 제품단위당 제조원가가 달라진다. • 영업이익이 판매량만이 아니라 생산량에 의해서도 영향을 받게 되어 재고과잉 문제가 발생될 수 있다.

(3) 변동원가계산(VC)과 전부원가계산(AC)의 차이점

수 량	재고자산	고정제조간접원가의 비용화	영업이익
생산량 > 판매량 (기초재고량 < 기말재고량)	증 가	전부원가계산 < 변동원가계산	전부원가계산 > 변동원가계산
생산량 < 판매량 (기초재고량 > 기말재고량)	감 소	전부원가계산 > 변동원가계산	전부원가계산 < 변동원가계산
생산량 = 판매량 (기초재고량 = 기말재고량)	불 변	전부원가계산 = 변동원가계산	전부원가계산 = 변동원가계산

예제풀기

다음 중 전부원가계산과 변동원가계산에 관한 설명으로 가장 옳지 않은 것은 무엇인가?

① 변동원가계산하에서의 영업이익은 생산량에 비례하여 변동한다.

② 전부원가계산은 외부보고목적으로 적절한 데 반하여 변동원가계산은 내부관리목적에 적절하다.

③ 고정제조원가를 전부원가계산에서는 제품원가로 처리하는 데 반해 변동원가계산에서는 기간비용으로 처리한다.

④ 생산량이 판매량보다 적은 경우에는 전부원가계산하에서의 당기순이익이 변동원가계산하에서의 당기순이익보다 작다.

해설

변동원가계산에서의 영업이익은 판매량에 비례하여 변동한다.

정답 ①

🔟 CVP 분석(이익분석)

(1) CVP 분석의 의의

원가·조업도·이익의 관계에서 조업도의 증가 또는 감소가 원가와 이익에 미치는 영향을 분석하는 기법을 CVP 분석(Analysis of Cost-Volume-Profit)이라고 한다. CVP 분석을 통해 가격결정, 제품선정, 설비투자결정, 자가제조 또는 외주결정 등의 의사결정을 할 수 있다.

(2) CVP 분석의 기본가정

① 모든 원가는 고정비와 변동비로 구분이 가능하다.

② 고정비는 관련 범위 내에서 일정하다.

③ 단위당 판매가격은 판매량과 관계없이 일정하다.

④ 생산량과 판매량은 같다. 즉, 재고수준의 변동은 없는 것으로 가정한다.

⑤ 단일제품을 생산하여 판매하는 것으로 가정한다. 여러 종류의 제품을 생산판매하는 경우에도 매출배합이 일정하다고 가정한다.

⑥ 변동원가는 조업도에 따라 비례적으로 변동한다.

(3) CVP 분석의 기본개념

① **공헌이익** : 공헌이익은 제품판매로 인한 수익이 고정비를 회수하고 이익을 창출하는 데 얼마나 공헌했는가를 나타내는 것을 의미하며, 이러한 공헌이익은 단위당 표시가 가능하다. 이를 단위당 공헌이익이라고 한다.

- 공헌이익 = 매출액 − 총변동비 = 고정비 + 이익
- 단위당 공헌이익 = 단위당 판매단가 − 단위당 변동비

② **공헌이익률** : 단위당 공헌이익을 단위당 판매단가로 나눈 금액을 의미한다. 즉, 공헌이익률은 매출액 중 몇 %가 고정비 회수와 이익 발생에 공헌했는가를 나타내는 지표이다.

$$
\begin{aligned}
공헌이익률 &= \frac{단위당\ 공헌이익}{단위당\ 판매단가} \\[2mm]
&= \frac{(단위당\ 판매단가 - 단위당\ 변동비) \times 판매량}{단위당\ 판매단가 \times 판매량} \\[2mm]
&= \frac{공헌이익}{매출액} = \frac{(매출액 - 변동비)}{매출액} = 1 - \left(\frac{변동비}{매출액}\right) = (1 - 변동비율)
\end{aligned}
$$

㉠ 판매량의 증감효과
- 판매량 감소 : 변동비율 불변, 공헌이익률 불변, 영업이익 감소
- 판매량 증가 : 변동비율 불변, 공헌이익률 불변, 영업이익 증가

㉡ 판매단가의 증감효과
- 판매단가 감소 : 변동비율 증가, 공헌이익률 감소, 영업이익 감소
- 판매단가 증가 : 변동비율 감소, 공헌이익률 증가, 영업이익 증가

㉢ 변동비의 증감효과
- 변동비 감소 : 변동비율 감소, 공헌이익률 증가, 영업이익 증가
- 변동비 증가 : 변동비율 증가, 공헌이익률 감소, 영업이익 감소

㉣ 고정비의 증감효과
- 고정비 감소 : 변동비율 불변, 공헌이익률 불변, 영업이익 증가
- 고정비 증가 : 변동비율 불변, 공헌이익률 불변, 영업이익 감소

③ **손익분기점 분석** : 손익분기점(BEP ; Break-Even Point)은 매출액과 총비용이 일치하여 영업이익이 '0'이 되는 판매량이나 매출액을 의미한다. 즉, 총공헌이익이 총고정비용과 같아지는 시점을 의미한다.

㉠ 등식법(총수익과 총비용을 비교하여 손익분기점 산출)

> 손익분기점 매출액 = 변동비 + 고정비

㉡ 공헌이익법(공헌이익과 고정원가를 비교하여 손익분기점 산출)

- 손익분기점 공헌이익 = 고정원가
- 손익분기점 판매량 × 단위당 공헌이익 = 고정원가
- (단위당 판매단가 − 단위당 변동비) × 수량 = 고정원가
- 손익분기점 판매량 $= \dfrac{\text{고정비}}{\text{단위당 판매단가 − 단위당 변동비}} = \dfrac{\text{고정비}}{\text{단위당 공헌이익}}$
- 손익분기점 매출액 $= \dfrac{\text{고정비}}{1 - \left(\dfrac{\text{단위당 변동비}}{\text{단위당 판매단가}}\right)} = \dfrac{\text{고정비}}{\text{공헌이익률}}$

㉢ 목표이익분석(목표이익을 고려하여 손익분기점 산출)

- 목표이익매출액 = 변동비 + 고정비 + 목표이익
- 목표이익판매량 $= \dfrac{\text{고정비 + 목표이익}}{\text{단위당 판매단가 − 단위당 변동비}} = \dfrac{\text{고정비 + 목표이익}}{\text{단위당 공헌이익}}$
- 목표이익매출액 $= \dfrac{\text{고정비 + 목표이익}}{1 - \left(\dfrac{\text{단위당 변동비}}{\text{단위당 판매단가}}\right)} = \dfrac{\text{고정비 + 목표이익}}{\text{공헌이익률}}$

㉣ 법인세를 고려한 손익분기점 분석(세전목표이익을 산출)

- 목표이익판매량 $= \dfrac{\text{고정비} + \left(\dfrac{\text{세후이익(목표이익)}}{1 - \text{법인세율}}\right)}{\text{단위당 판매단가 − 단위당 변동원가}} = \dfrac{\text{고정비} + \left(\dfrac{\text{세후이익(목표이익)}}{1 - \text{법인세율}}\right)}{\text{단위당 공헌이익}}$
- 목표이익매출액 $= \dfrac{\text{고정비} + \left(\dfrac{\text{세후이익(목표이익)}}{1 - \text{법인세율}}\right)}{1 - \left(\dfrac{\text{단위당 변동원가}}{\text{단위당 판매단가}}\right)} = \dfrac{\text{고정비} + \left(\dfrac{\text{세후이익(목표이익)}}{1 - \text{법인세율}}\right)}{\text{공헌이익률}}$

④ 안전한계(M/S) : 안전한계(Margin of Safety)는 현재의 매출액이 손익분기점 매출액과 어느 정도 떨어져 있는지 비율로 나타내는 지표이다. 즉, 안전한계 비율이 클수록 현재 매출액이 손익분기점 매출보다 많이 초과되어 있다는 의미이므로 안전하다고 볼 수 있다.

- 안전한계 = 매출액 − 손익분기점매출액
- 안전한계율 = $\dfrac{(\text{매출액} - \text{손익분기점매출액})}{\text{매출액}} = 1 - \left(\dfrac{\text{손익분기점매출액}}{\text{매출액}}\right) = \dfrac{\text{영업이익}}{\text{공헌이익}}$

⑤ 영업레버리지도 분석 : 영업레버리지도(DOL ; Degree of Operating Leverage)는 고정비가 지렛대 역할을 함으로써 매출액이 조금만 변화해도 영업이익의 변화율이 크게 확대되는 효과를 의미한다. 안정성 여부와 관련이 있는 지표이다.

- 영업레버리지도 = $\dfrac{\text{영업이익변화율}}{\text{매출액변화율}} = \dfrac{\text{공헌이익}}{\text{영업이익}}$

- 영업레버리지도 = $\dfrac{1}{\text{안전한계율}}$

예제 풀기

(주)사랑은 단위당 판매가격이 600원이고 단위당 변동비가 300원인 제품을 생산·판매하고 있다. 연간 고정비는 60,000원일 때 90,000원의 목표이익을 달성하기 위한 판매량은 얼마인가?

해설

$\dfrac{\text{고정비} + \text{목표이익}}{\text{단위당 판매단가} - \text{단위당 변동비}} = \dfrac{60,000\text{원} + 90,000\text{원}}{600\text{원} - 300\text{원}} = 500\text{개}$

정답 500개

(주)사랑의 손익분기점 매출액이 1,000,000원, 공헌이익률이 40%, 목표이익이 300,000원일 때 목표매출액은 얼마인가?

해설

- 손익분기점 매출액 = $\dfrac{\text{고정비}}{\text{공헌이익률}}$ → 1,000,000원 = $\dfrac{X}{40\%}$ → 고정비 = 400,000원

- 목표매출액 = $\dfrac{400,000\text{원} + 300,000\text{원}}{40\%} = 1,750,000\text{원}$

정답 1,750,000원

CVP 분석의 기본 가정으로 옳지 않은 것은?

① 모든 원가는 고정비와 변동비로 구분된다.
② 고정비와 변동비는 관련 범위 내에서 일정하다.
③ 단위당 판매가격은 판매량과 관계없이 일정하다
④ 세금이 존재하지 않는다.

해설
고정비만 관련 범위 내에서 일정하다.

정답 ②

---

2 책임회계와 예산회계

1 책임회계제도

(1) 책임회계의 개념

책임회계란 각 책임중심점별로 계획과 실제 성과를 비교하여 측정하고 통제하는 회계제도를 의미한다. 책임중심점이란 경영관리자에게 부과된 책임을 지는 일련의 활동을 말하며 책임범위에 대한 설정은 원가중심점, 수익중심점, 이익중심점, 투자중심점으로 구분한다.

(2) 책임범위

① **원가중심점** : 원가의 발생에 대해서만 책임을 지는 중심점을 말하며 원가부문의 성과평가는 변동 예산과 실제성과를 비교하여 이루어진다. 제조부문이 대표적인 원가중심점에 해당한다.

② **수익중심점** : 수익(매출)의 발생에 대해서만 책임을 지는 중심점을 말하며 판매부문이 대표적인 수익중심점이 된다. 그러나 매출에 대해서만 성과평가를 하게 되면 불량채권 발생이나 광고선전비 등의 지출이 많아지게 된다는 문제점이 발생하게 됨으로 이익중심점으로 운영하는 것이 일반적 이다.

③ **이익중심점** : 원가(비용)와 수익(매출) 모두에 대하여 통제책임을 지는 중심점을 말한다. 원가 또는 수익중심점보다 유용한 관리수단이며, 더 많은 책임과 권한이 경영자에게 위임되므로 이때의 성과 평가는 종합예산과 실제성과를 비교하여 이루어진다.

④ **투자중심점** : 원가(비용)와 수익(매출), 투자액까지 책임을 지는 중심점을 말하며 가장 포괄적인 개념이다. 기업이 분권화되어 제품별 또는 지역별로 사업부제를 운영하고 있는 경우의 분권화 조 직이 투자중심점이 된다.

2 예산회계

(1) 자본예산

① **자본예산의 의의** : 자본예산은 비교적 장기적인 투자에 대한 의사결정과 자금조달에 대한 문제를 다루게 되고 의사결정하는 것을 의미한다. 효과적인 투자수행을 위한 투자안의 현금흐름이나 이익에 미치는 영향을 평가하게 된다.

② **자본예산 과정** : 투자대상의 선정 → 투자안의 미래 현금흐름의 추정 → 투자안의 경제성 분석 → 최적의 투자안 선택 → 투자안의 재평가

③ **현금흐름의 추정시 기본원칙**

  ㉠ 세후 현금흐름을 기준으로 한다.

  ㉡ 기회비용, 자본적 지출액은 현금유출액에 포함한다.

  ㉢ 금융비용, 배당금 등은 제외한다.

  ㉣ 감가상각비, 평가이익 등은 제외한다.

  ㉤ 인플레이션은 일관성 있게 고려한다.

④ **자본예산 모형**

  ㉠ 비할인 모형(시간가치 미고려)

    • 회수기간법 : 투자액을 연평균 현금유입액으로 완전히 회수하는 데 소요되는 기간을 의미하며 회수기간이 짧은 투자안을 선택하는 방법이다.

$$회수기간 = \frac{투자액}{연평균현금유입액}$$

    • 회계적이익률법 : 세차감 후 연평균수익을 연평균투자액으로 나눈 금액으로 회계적이익률이 사전에 설정된 기준보다 크면 투자안을 선택하는 방법이다.

$$회계적이익률 = \frac{연평균순이익}{평균투자액} = \frac{연평균\ 현금유입액 - 연평균\ 감가상각비}{\dfrac{최초투자액 + 잔존가치}{2}}$$

  ㉡ 할인 모형(시간가치 고려)

    • 순현재가치법 : 투자로 인한 총현금유입액의 현재가치에서 총현금유출액의 현재가치를 차감하여 구하는 것으로 양수값이 나오면 투자안을 선택하고, 음수값이 나오면 기각하는 방법이다.

$$NPV = \sum_{t=0}^{n} \frac{CI_t}{(1+c)^t} = \sum_{t=0}^{n} \frac{CO_t}{(1-c)^t}$$

    ※ $CI_t = t$기의 현금유입액, $CO_t = t$기의 현금유출액, $c =$ 자본비용

- 내부수익률법 : 투자에 따른 현금유출액의 현재가치와 그로 인한 현금유입액의 현재가치를 일치시켜 주는 할인율을 의미하며, 내부수익률이 자본비용보다 클 경우에 투자안을 선택한다.

$$\sum_{t=0}^{n} \frac{CO_t}{(1+r)^t} = \sum_{t=0}^{n} \frac{CI_t}{(1+r)^t}$$

※ CI_t = t기의 현금유입액, CO_t = t기의 현금유출액, r = 내부이익률

- 수익성지수법 : 현금유입의 현재가치에서 현금유출의 현재가치를 고려하는 방법이다.

$$수익성지수 = \frac{현금유입액의\ 현재가치}{현금유출액의\ 현재가치}$$

(2) 종합예산

① **종합예산의 의의** : 기업의 장기계획을 기초로 하여 다음 연도의 경영계획을 구체적인 화폐단위로 나타낸 것을 의미하며 기업의 모든 부문의 예산활동을 종합한 것이다. 예산편성기간을 1회계기간으로 전제하고 있다는 점에서 단기이익계획과 밀접한 관계를 가진다.

② **종합예산의 편성** : 종합예산을 편성하기 위해서는 먼저 판매예측이 이루어져야 하며 판매예측을 시작으로 하여 제조예산, 제조원가 및 원재료 구입예산 등의 순서로 편성된다. 통상적으로 예산재무제표(예산 손익계산서, 예산 재무상태표, 예산 현금흐름표)를 작성하는 것으로 완성된다.

01 다음 자료에 의해 가공원가를 계산하면 얼마인가?

작업자임금	1,000원	제조감독자임금	200원
직접재료원가	2,000원	수선부 소모품비	100원
공장전력비	700원	기계감가상각비	800원
광고선전비	300원		

① 1,600원

② 1,800원

③ 2,800원

④ 4,800원

■해설

• 가공원가 = 직접노무비 + 제조간접비
• 1,000(작업자임금) + 200(제조감독자임금) + 100(수선부 소모품비) + 700(공장전력비) + 800(기계감가상각비)
  = 2,800

02 다음 보조부문비의 배분방법 중 보조부문 상호 간에 용역의 수수정도를 가장 크게 고려한 것부터 올바르게 배열한 것은?

① 상호배분법 > 단계적배분법 > 직접배분법

② 직접배분법 > 단계적배분법 > 상호배분법

③ 단계적배분법 > 상호배분법 > 직접배분법

④ 상호배분법 > 직접배분법 > 단계적배분법

■해설

• 직접배분법 : 직접배분법이란 보조부문 상호 간에 행하여지는 용역의 수수를 무시하고 보조부문 원가를 각 제조부문에만 배분하는 방법이다.
• 단계배분법 : 단계배분법이란 보조부문 간의 배분순서를 정하여 그 순서에 따라 보조부문원가를 다른 보조부문과 제조부문에 단계적으로 배분하는 방법이다.
• 상호배분법 : 상호배분법이란 보조부문 간의 용역수수관계를 완전히 고려하는 방법이다.

03 다음은 개별원가계산을 종합원가계산과 비교한 특징이다. 이에 대한 설명 중 가장 적절한 것은?

① 개별원가계산은 공정별 제조원가보고서를 작성한다.
② 개별원가계산은 개별작업별 제조간접비 배부가 중심이 된다.
③ 개별원가계산은 완성품환산량을 기준으로 기말재공품 원가를 계산한다.
④ 개별원가계산은 제지, 유리, 전자제품 등을 소품종 대량생산할 때 적합하다.

해설
①·③·④ 종합원가계산에 대한 설명이다.

04 표준원가계산의 직접노무원가의 원가차이분석과 관련하여 다음 설명 중 가장 적절하지 않은 것은?

① 직접노무원가 원가차이는 임률차이와 능률차이로 구성된다.
② 직접노무원가 표준배부액이 실제발생액보다 크면 불리한 차이이다.
③ 직접노무원가 표준배부액은 시간당 표준임률 × 실제산출량에 허용된 표준시간이다.
④ 직접노무원가 표준배부액은 실제산출량에 허용된 표준조업도에 따른 변동예산금액에 해당된다.

해설
직접노무원가 표준배부액이 실제발생액보다 크면 유리한 차이이다.

05 다음 중 재공품 계정의 대변에 기록되는 항목으로 가장 적절한 것은?

① 제품매출원가   ② 당기총제조원가
③ 제품기말재고액   ④ 당기제품제조원가

해설
① 제품매출원가는 제품 계정 대변에 기록된다.
② 당기총제조원가는 재공품 계정 차변에 기록된다.
③ 제품기말재고액은 제품 계정 대변에 기록된다.

06 예산회계에 대한 다음 설명 중 가장 적절하지 않은 것은?

① 자본예산이란 단기적인 투자의사결정으로 투자안의 타당성평가가 중심이다.

② 자본예산의 기법으로 현금할인모형에는 순현재가치법과 내부수익률법이 활용된다.

③ 종합예산은 기업의 장기계획을 기초로 다음 연도의 경영계획을 화폐단위로 표시한 것으로 각 부문 예산을 통합 조정하여 편성한다.

④ 종합예산의 편성절차는 판매예측에서 출발하고 판매예산에 기초하여 제조예산과 매출원가예산 그리고 판매관리비예산을 수립한다.

■해설

자본예산은 비교적 장기적 의사결정 문제를 다룬다.

07 (주)백제는 원가계산을 위해 종합원가계산을 채택하고 있다. 이번 기의 제조관련 자료는 다음과 같고 기초재공품 수량은 없다. 직접재료원가 230,000원은 공정초기에 모두 투입되며 가공원가 360,000원은 공정전반에 균등하게 발생된다. 선입선출법에 의한 경우 기말재공품 가공원가는 얼마인가?

구 분	수 량
기초재공품	0개
당기산출량	1,500개
기말재공품	500개(완성도60%)

① 30,000원   ② 40,000원

③ 50,000원   ④ 60,000원

■해설

• 당기완성품 환산량 : 1,800개 = 당기완성품 1,500개 − 기초재공품 0개 + 기말재공품 300개
• 완성품 환산량 단위당 원가 : 200원 = 가공원가 360,000원 / 1,800개
• 기말재공품 가공원가 : 60,000원 = 300개 × 200원

08 다음 부문별 원가계산에 대한 설명 중 가장 적절하지 않은 것은 무엇인가?

① 부문별 원가는 부문직접원가와 부문간접원가로 구분된다.

② 부문간접원가는 배부기준에 따라 해당 부문에 배부된다.

③ 부문별 원가계산은 부문간접원가를 먼저 배부한 다음 보조부문원가를 배부한다.

④ 보조부문원가 배부에서는 부문별 원가 중 제조부문의 원가가 보조부문으로 배부된다.

해설

보조부문원가 배부에서는 부문별원가 중 보조부문의 원가를 제조부문으로 배부하는 것을 의미한다.

09 다음 중 원가회계시스템의 특징에 대한 설명으로 옳은 것은?

① 전부원가계산은 변동원가계산에 비해 계획수립과 원가통제에 유용하다.

② 개별원가계산은 공정별 중심으로 원가계산이 이루어진다.

③ 표준원가계산은 사전에 신속한 원가계산이 가능하나 종합원가계산에서는 적용이 불가능하다.

④ 활동기준원가계산은 원가동인을 원가배부기준으로 사용하므로 제조간접원가의 비중이 클수록 사용효익이 크게 나타난다.

해설

① 전부원가계산은 외부보고목적에 적합하고, 변동원가계산은 계획수립과 원가통제에 유용하다.

② 개별원가계산은 특정제조지시서별 중심으로 원가계산이 이루어진다.

③ 표준원가계산은 사전에 신속한 원가계산이 가능하고 종합원가계산에서도 적용이 가능하다.

10 다음 [보기]를 이용하여 계산할 경우 목표이익을 달성하기 위한 목표매출액은 얼마인가?

보 기

- 손익분기점 매출액   1,000,000원
- 공헌이익률   50%
- 목표이익   250,000원
---

① 1,000,000원   ② 1,250,000원
③ 1,500,000원   ④ 1,625,000원

■ 해설

- 목표이익 대비 공헌이익 : 250,000원 / 50% = 500,000원
- 목표이익 달성 위한 목표매출액 : 1,000,000원 + 500,000원 = 1,500,000원

11 종합원가계산에 대한 다음 설명 중 가장 적합한 것은 무엇인가?

① 생산주문별로 원가를 집계하는 방법이다.
② 제품별로 정확한 원가계산이 가능한 방법이다.
③ 다품종 소량생산에 적합하며 주로 건설업, 조선업, 가구제조업 등에서 사용한다.
④ 제품을 계속적으로 대량생산을 행하는 기업에서 사용되는 방법으로 원가계산기간에 발생한 총원가를 그 기간의 총생산량으로 나누어 제품단위당 원가를 산정하는 방법이다.

■ 해설

①·②·③은 개별원가계산제도에 적합한 설명이다.

12 (주)매탄의 다음 제조원가명세서와 제품원가 자료를 이용하여 당기제품제조원가를 계산하면 금액은 얼마인가?

제조원가명세서	
• 직접재료원가	100,000원
• 직접노무원가	100,000원
• 제조간접원가	250,000원
• 기초재공품재고액	200,000원
• 기말재공품재고액	205,000원

① 445,000원 ② 455,000원

③ 465,000원 ④ 475,000원

해설

• 당기총제조원가 : 100,000원 + 100,000원 + 250,000원 = 450,000원
• 당기제품제조원가 : 200,000원 + 450,000원 − 205,000원 = 445,000원

13 다음은 (주)사랑의 직접노무원가에 대한 원가 및 표준설정자료이다. 이 중 능률차이에 대한 설명으로 옳은 것은 무엇인가?

구 분	표준시간	표준임률
직접노무원가	2.4hr	11,000원

• 실제생산량   2,600단위
• 실제직접노무원가 발생액 68,440,000원
• 실제직접노무시간   6,000시간

① 2,440,000원(불리) ② 2,440,000원(유리)

③ 2,640,000원(불리) ④ 2,640,000원(유리)

해설

• 실제시간 × 실제임률 : 6,000시간 × (X) = 68,440,000원
• 실제시간 × 표준임률 : 6,000시간 × 11,000원 = 66,000,000원
• 표준시간 × 표준임률 : (2,600단위 × 2.4hr) × 11,000원 = 68,640,000원
∴ 직접노무원가 임률차이 = 68,440,000원 − 66,000,000원 = 2,440,000원(불리)
∴ 직접노무원가 능률차이 = 68,640,000원 − 66,000,000원 = 2,640,000원(유리)

제**3**장 | 회계관리(실무)

1 업무용승용차관리

1 업무용승용차관리의 도입 목적과 관련 세법

(1) 업무용승용차관리의 도입 목적

업무용승용차에 대한 사적 사용의 방지와 과도한 법인세 비용인정을 차단하고자 하는 목적으로 [법인세법 27조의2] 및 [법인세법시행령 제50조의2]에 의거하여 [업무용승용차 관련 비용 등의 손금불산입 특례]가 신설되어 2016년 귀속분부터 시행되었다.

(2) 업무용승용차 관련 세법

① **적용대상 승용차** : 부가가치세법상 매입세액불공제 대상에 해당되는 승용차만 해당된다. 즉, 영업용 (운수업, 자동차판매업, 자동차임대업, 운전학원, 경비업의 출동차량, 장의업의 운구차량 등)으로 사용하는 차는 적용대상에서 제외된다. 그리고 연구개발을 목적으로 사용하는 승용차로서 대통령령이 정한 것도 제외대상이다(2020년 추가 개정).

② **업무용승용차 관련 비용** : 감가상각비, 임차료, 리스료, 유류비, 보험료, 수리비, 자동차세, 통행료, 주차비, 금융리스에 대한 이자비용 등 승용차의 취득 및 유지를 위한 일체의 비용이 해당된다.

③ **업무용승용차 사용금액 비용인정 관련 내용**

    ㉠ 임직원 전용 자동차보험 가입 시에 1,500만원(부동산임대업은 500만원) 이내는 전부 비용처리한다.

    ㉡ 업무용승용차 운행기록부를 작성하여 보관하는 경우에는 1,500만원을 초과해도 업무사용비율만큼은 손금으로 인정해준다.

> 손금인정금액 = 업무용승용차관련비용 × 업무사용비율(업무용 사용거리 ÷ 총 주행거리)

    ※ 업무용 사용거리 : 제조·판매시설 등 해당 법인의 사업장 방문, 거래처 및 대리점 방문, 회의참석, 판촉활동, 출·퇴근, 직원들의 경조사 참석 등 직무와 관련한 업무수행을 위해 사용한 주행거리를 말한다.

④ 감가상각비 인정 관련 내용

　　㉠ 2016년 1월 이후에 취득한 승용차는 내용연수 5년, 정액법 상각이 의무화되었다. 해당 감가상 각비상각액을 손금으로 인정한다.

　　㉡ 감가상각비는 연간 800만원을 한도로 손금이 인정되며, 한도초과액은 이월하여 손금에 산입한다.

> (감가상각비 × 업무사용비율) − 800만원 × (해당사업연도월수 ÷ 12)

　　㉢ 리스차량의 감가상각비

> 임차료 − (보험료, 자동차세, 수선유지비)

　　※ 수선유지비 구분이 어려운 경우에는 임차료에서 보험료, 자동차세 제외금액의 7%를 인정한다.

　　㉣ 렌트차량의 감가상각비

> 임차료(렌트비용) × 70%

⑤ **소득처분** : 업무용승용차의 감가상각비 등 관련 비용이 손금불산입된 경우에는 귀속자에게 소득처 분으로 소득을 귀속시킨다.

2 업무용승용차 차량등록

[회계관리 → 업무용승용차관리 → 업무용승용차 차량등록]

업무용승용차를 등록하는 메뉴이다.

실습예제 [업무용승용차 차량등록]

아래의 정보를 바탕으로 업무용승용차 차량등록하기

ⓐ 업무용승용차 관련 비용을 관련 계정과목에 관리항목 'L1.업무용승용차' 코드를 [계정과목 등록]에 입력하기

코 드	20800	81700	81800	81900	82100	82200.
계정과목명	차량운반구	세금과공과	감가상각비	지급임차료	보험료	차량유지비

ⓑ 업무용승용차에 대한 자료를 등록하고 이력관리에 내역 입력하기

- 이력관리 사용기간 : 2020.01.01. ～ 2020.12.31.
- 고정자산 등록 시 취득가액 : 20,000,000원
- 상각법 : 정액법 / 내용연수 5년

코 드	차량번호	차 종	부 서	사 원	임차구분	사용구분
H002	21러9845	그랜저	관리부(본사)	김관리	0.자가	0.일반업무용

계정과목	취득일자	경비구분	보험여부	보험회사	보험기간
차량운반구	2020.02.01.	800번대	1.여	(주)우리화재	2020.02.01. ～ 2021.02.01.

ⓒ 5월 31일에 업무용승용차 '21러9845'에 주유하고, 주유대금 100,000원을 민국법인카드로 결재한 내역 전표처리하기

ⓐ 업무용승용차 관련 비용 관련 계정과목 처리

- 경 로
  회계관리 → 기초정보관리 → 계정과목등록 → 해당 계정과목 선택 → 하단의 관리항목명 입력창에 'L1. 업무용승용차' 입력

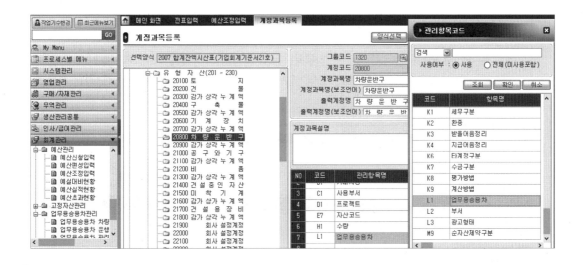

ⓑ 업무용승용차에 대한 자료를 등록하고 이력관리에 내역 입력하기

• 경로 1
자산유형(20800.차량운반구) 입력 → 자산코드(20800), 자산명(차량운반구), 취득일(2020.
02.01.) 입력 → '주요등록사항' 탭에서 취득원가, 전기말상각누계액, 상각방법, 내용연수, 경
비구분, 관리부서 입력

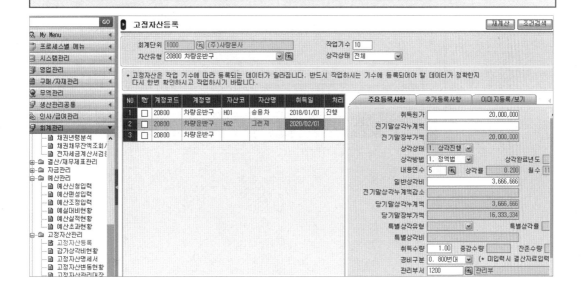

- 경로 2

  회계관리 → 업무용승용차관리 → 업무용승용차 차량등록 → 상단 '고정자산불러오기' 클릭해
  해당 내역 불러오기 → 차량번호, 보험가입 사항 등을 입력한 후 하단의 이력관리에 사용기간
  (2020.02.01. ~ 2020.12.31.) 입력

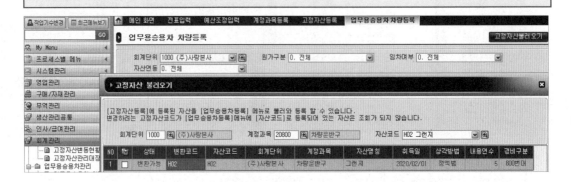

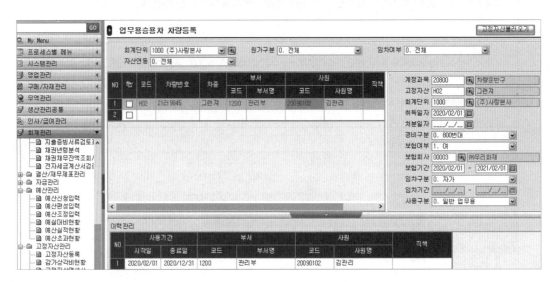

ⓒ 5월 31일에 업무용승용차 '21러9845'에 주유하고, 주유대금 100,000원을 민국법인카드로 결재한 내역을 전표처리하기

• 분 개

  (차) 82200.차량유지비   100,000   (대) 25300.미지급금   100,000

• 경 로

  회계관리 → 전표/장부관리 → 전표입력 → 날짜(5.31) 입력 → 유형(1.일반) 입력 → 분개장 구분(3.차변), 코드/계정과목(82200.차량유지비), 금액(100,000), 적요명(유류비 법인카드 결재) 입력 → 분개장 구분(4.대변), 코드/계정과목(25300.미지급금), 거래처명(98205.민국카드(법인)), 금액(100,000), 적요명(유류비 법인카드 결재) 입력 → 하단의 관리항목에서 사원(김관리), 업무용승용차(H002.21러9845) 입력

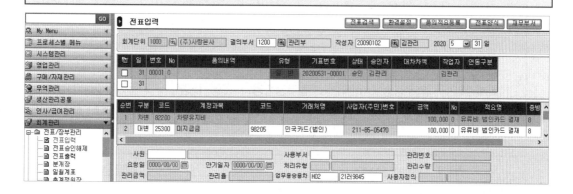

3 업무용승용차 운행기록부

[회계관리 → 업무용승용차관리 → 업무용승용차 운행기록부]

업무용승용차를 차량별로 운행기록부를 작성하는 메뉴이다. 출·퇴근용, 업무용 사용거리를 합산하여 업무용 사용거리를 산정한다. 입력된 내용에 따라 업무사용비율을 계산한다.

실습예제 [업무용승용차 운행기록부]

아래의 정보를 바탕으로 업무용승용차 운행기록부 작성하기(주행 전 km : 100km)

월	일	구 분	시작시간	출발지	도착지	주행 km	운행내역
4	13	출·퇴근	07 : 30	자 택	(주)사랑본사	20	출·퇴근
4	13	업 무	10 : 00	(주)사랑본사	금천세무서	30	일반 업무용
4	13	업 무	13 : 30	금천세무서	(주)에이스상사	40	일반 업무용
4	13	업 무	16 : 00	(주)에이스상사	(주)사랑본사	20	일반 업무용

• 경 로

회계관리 → 업무용승용차관리 → 업무용승용차 운행기록부 → 사용기간(2020.04.01. ~ 2020.04.30.) 입력 → 도움키(F2)를 이용하여 차량 입력 → 상단의 업무사용비율(%) 자동계산되는 것 확인 가능

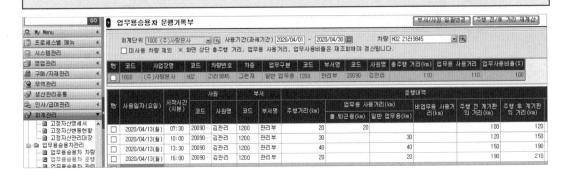

❹ 업무용승용차 관련비용 명세서(관리용)

[회계관리 → 업무용승용차관리 → 업무용승용차 관련비용 명세서(관리용)]

업무용승용차와 관련된 비용 및 전표의 사용내역을 한눈에 확인할 수 있으며, 명세서 작성을 통해 손금불산입 계산금액을 확인할 수 있는 메뉴이다.

- 명세서 탭 조회화면

  - 기표기간(2020.01.01. ~ 2020.12.31.) 입력 후 '불러오기' 클릭하여 내용 불러오기

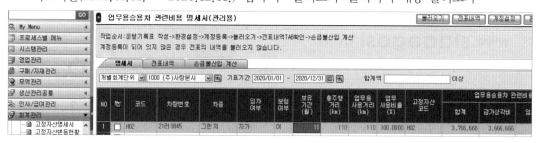

- 전표내역 탭 조회화면

  - 더블클릭하면 [전표입력] 화면으로 넘어가서 조회가 가능하다.

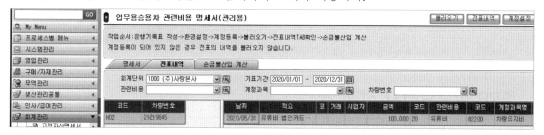

- 손금불산입 계산 탭 조회화면

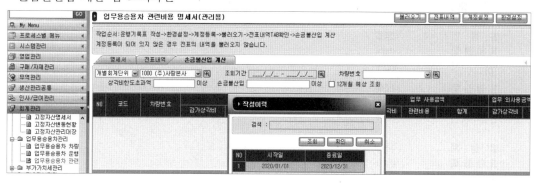

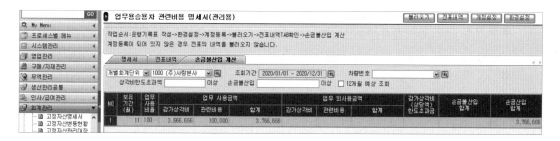

좋은 책을 만드는 길
독자님과 함께하겠습니다.

도서나 동영상에 궁금한 점, 아쉬운 점, 만족스러운 점이
있으시다면 어떤 의견이라도 말씀해 주세요.
시대고시기획은 독자님의 의견을 모아 더 좋은 책으로 보답하겠습니다.

www.sidaegosi.com

ERP 정보관리사 회계 2급

개정3판1쇄 발행	2021년 05월 10일 (인쇄 2021년 04월 22일)
초 판 발 행	2018년 08월 10일 (인쇄 2018년 05월 16일)
발 행 인	박영일
책 임 편 집	이해욱
저 자	최민주
편 집 진 행	김준일 · 김은영 · 백한강 · 최석진
표지디자인	김도연
편집디자인	임하준 · 안아현
발 행 처	(주)시대고시기획
출 판 등 록	제 10-1521호
주 소	서울시 마포구 큰우물로 75 [도화동 538 성지 B/D] 9F
전 화	1600-3600
팩 스	02-701-8823
홈 페 이 지	www.sidaegosi.com
I S B N	979-11-254-9669-4(13320)
정 가	19,000원

시대고시와 함께하는
합격의 STEP

Step. 1 회계를 처음 접하는 당신을 위한 도서

★☆☆☆☆
회계 입문자

동영상 강의 없이
혼자서도 쉽게 합격하는
The 쉽게 합격하는
전산회계 2급

최신기출과 핵심꿀팁
요약집으로 쉽게 정리한
[기출이 답이다]
FAT 2급

진짜 초보도
한 번에 합격하는
hoa 회계관리 2급

회계 왕초보자를 위한
절대필독서
왕초보 회계원리

Step. 2 회계의 기초를 이해한 당신을 위한 도서

★★☆☆☆
회계 초급자

공식으로 쉽게 푸는
전산회계 1급
기출문제 27회

자세한 해설로
동영상이 필요 없는
[기출이 답이다]
FAT 1급

3주 초단기 합격의
필살 전략이 수록된
hoa 전산회계
운용사 2급(실기)

회계기준이
완벽 반영된
hoa 전산회계
운용사 2급(필기)

성공의 NEXT STEP
시대고시와 함께라면 문제없습니다.

Step. 3 회계의 기본을 이해한 당신을 위한 도서

★★★☆☆
회계 중급자

핵심이론이 완벽 정리된
가장 완벽한 준비
hoa 세무회계 2 · 3급

기출 트렌드를
분석하여 정리한
hoa 기업회계 2 · 3급

기출유형으로
3주만에 합격하는
hoa 회계관리 1급

동영상 강의 없이
혼자서도 쉽게 합격하는
**The 쉽게 합격하는
전산세무 2급**

Step. 4 회계의 전반을 이해한 당신을 위한 도서

★★★★★
회계 상급자

합격으로 가는 최단 코스
**hoa 재경관리사
한권으로 끝내기**

기출유형이 완벽 적용된
**hoa 재경관리사
3주 완성**

※ 도서의 이미지 및 세부사항은 변경될 수 있습니다.

AI면접
이젠, 모바일로

win시대로

기업과 취준생 모두를 위한 평가 솔루션 윈시대로! 지금 바로 시작하세요.

www.winsidaero.com